관광경영정보시스템과 e-Business

박상현, 문승일, 서민정 공저

이프레스

머리말

관광정보와 IT(Information Technology)는 관광산업의 발전에 지대한 영향을 미치고 있다. 미지의 세계에 대한 정보는 호기심을 불러일으켜 관광욕구를 자극한다. 여행을 떠나기로 마음먹은 관광객에게 현지에 대한 상세 정보는 안전하고 즐거운 여행을 보장한다. 관광산업과 관광정보를 연결하는 IT는 관광활동을 촉진한다. 관광정보와 IT가 결합된 관광정보시스템은 관광산업의 생태계와 관광행태를 변화시키고 있으며 갈수록 그 중요성이 더해지고 있다. 정보기술의 발전 속도는 늘 우리의 예측을 앞질러 왔다. 빠르게 변화하고 있는 정보 세상에 적응하지 못하면 정보빈민층으로 전락하여 경쟁환경에서 뒤처질 수밖에 없다.

이렇게 중요한 시점에 관광정보와 IT에 관한 지식은 관광학도에게 필수적이다. 그러나 시대적 요구를 반영한 교재는 찾아보기 힘들다. 1990년대 중반부터 인터넷이 보편화되면서 관광 분야에서도 관광정보론이라는 이름의 교재들이 출간되었으나 상당수가 관광정보와 IT에 관한 핵심 내용을 담지 못하고 흔글, 엑셀(excel), 파워포인트(power point)의 사용 방법을 모아놓은 것에 지나지 않았다. 시간이 지남에 따라 이들 대부분은 사라지고 극소수의 교재가 남아있다. 관광정보와 IT에 관한 중요성이 갈수록 높아지고 있다는 시점에서 교재의 발전이 아니라 퇴보되고 있다는 것이 아이러니하다.

본 교재는 이런 시대적 요구에 부응하기 위해 관광학도들이 관광정보와 IT를 쉽게 이해할 수 있도록 집필되었다. 본 교재에는 관광정보 환경의 변화, 관광정보의 이해, 여행업 정보시스템, 호텔업정보시스템, 외식업정보시스템, 항공업정보시스템, e비즈니스와 e커머스, 정보통신과 네트워크, 클라우드와 빅데이터 분석, 사물인터넷, 디지털 광고 마케팅 등 관광정보와 IT에 관련된 지식과 기술에 관한 내용이 수록되었다. 이 시점에도 정보기술이 시시각각 새롭게 변화하고 있어서 본 교재가 다 아우를 수는 없으나 최근 이슈를 최대한 다루려고 노력하였으며, 앞으로 개정판이 나올 때마다 최신 정보를 업데이트하여 제공할 예정이다.

본 교재 집필에 아낌없는 성원을 보내주신 이프레스 최용구 사장님과 친절하고 정성을 다해 교재를 만들어 주신 편집부 여러분께 감사를 드린다. 끝으로 이 책을 읽는 모든 분에게 유익한 정보가 되기를 기원한다.

2019년 2월

저자 일동

차례

CHAPTER 04 호텔업 정보시스템

CHAPTER 05 외식업 정보시스템

CHAPTER 07 e비즈니스와 e커머스

CHAPTER 10 사물인터넷

CHAPTER 01

관광정보 환경의 변화

학습목차

1. 구전 정보 시대
2. 문자 정보 시대
3. 디지털 정보 시대
4. 네트워크 정보 시대
5. 인터넷 정보 시대
6. 스마트 정보 시대
7. 인공지능 정보 시대

CHAPTER

01 관광정보 환경의 변화

학/습/목/표

1. 관광정보 환경의 시대별 특징을 설명할 수 있다.
2. 관광정보 환경의 미래를 예측하고 대비할 수 있다.

들어가는 말

상업 우주여행 시대의 관광정보

민간인의 우주여행 시대가 도래하고 있다. 2018년 12월 13일 영국의 민간 우주 여행기업인 버진갤럭틱(Virgin Galactic)이 세계 최초로 민간인을 태우고 우주여행을 다녀왔다. 캘리포니아 모하비 사막에서 이륙한 유인 우주선 스페이스십2는 고도 82km까지 올라갔다가 돌아왔다. 탑승 인원은 조종사 2명을 비롯해 총 8명이었으며 90분간의 우주여행 비용은 1인당 2억 8천만 원이다. 이 여행에 레오나르도 디카프리오, 레이디 가가 등 유명 인사를 포함해 600여 명이 신청서를 제출했다.

민간 우주 여행기업은 버진갤럭틱 이외에도 블루오리진(blue origin)과 스페이스X(SpaceX)가 경쟁하고 있으며 이들의 성공 여부에 따라 앞으로 더 늘어날 수 있다. 블루오리진은 2020년 캡슐 형태의 우주 여행선을 발사할 예정이며 스페이스X는 2023년 달 여행을 추진하고 있다. 일본인 마에자와 유사쿠가 1호로 예약한 이 여행은 6일간 달을 한 바퀴 도는 여정이다. 달 여행뿐만 아니라 화성 여행도 2024년을 목표로 하고 있다.

우주여행에 대한 가능성이 높아지면서 그에 대한 정보도 점점 생성되고 있다. 우주여행 기업의 홈페이지뿐만 아니라 신문방송, 과학 잡지, 블로그, 유튜브 등을 통해서 우주여행 정보가 공개되고 있는데 우주여행이라는 특수성과 위험성이 결부되어 관심도가 매우 높으며 앞으로 우주여행이 빈번해질수록 정보의 양과 질이 높아질 것으로 보고 있다. 우주여행을 다녀온 사람들이 보여주는 지구, 달, 화성, 우주의 사진 및 정보가 여행의 새로운 지평을 열 날이 멀지 않았다.

출처: Virgin Galactic 홈페이지(https://www.virgingalactic.com).

1 구전 정보 시대

문자가 없던 원시 시대에는 정보를 기록할 수 없었으므로 주로 말로 정보를 전달하였다. 어디에서 식량을 구할 수 있는지, 어떻게 사냥을 하는지, 어떤 지역이 안전한지, 무슨 도구를 사용해야 하는지 등 모두 구전에 의존해야 했다. 구전 정보를 많이 가질수록 생존율이 높고 부족의 리더가 되었다. 그러나 말로 전달하는 정보는 제한적이어서 정보의 양 자체도 적거니와 축적되기 어렵고 소수에게만 도달하였다.

인류가 문명화되기 시작하면서 그림이나 조각을 활용해 스토리를 전하였다. 그림이나 조각은 시간이 흘러도 원형을 보존할 수 있어서 세대를 넘어 일관된 스토리를 전해줄 수 있었다. 선사시대의 그림으로 알려진 스페인 알타미라(Altamira) 동굴 벽화에는 생동감 넘치는 소 그림이 있는데 소를 많이 잡을 수 있도록 기원함과 동시에 구성원들에게 사냥해야 할 대상을 알려주려는 의도가 있었다고 한다. 캐나다 인디언들은 나무 기둥으로 만든 토템폴(Totem Pole)에 전설, 인물, 사건 등을 새

겨서 후손에게 전하였다. 토템폴은 오늘날에도 당시를 이해하는 중요 정보가 되며 관광자원으로도 활용되고 있다.

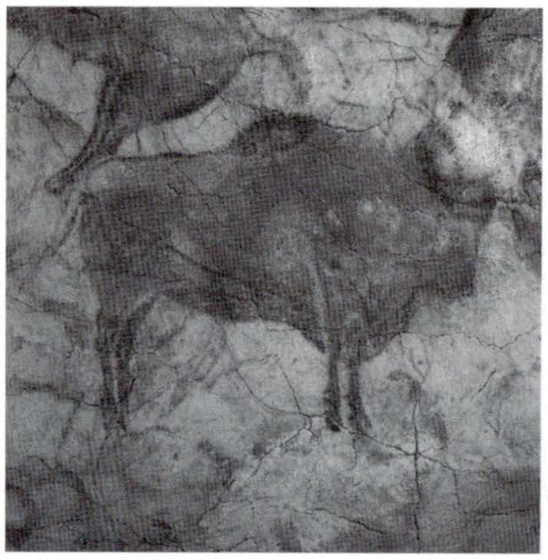

[그림 1-1] **알타미라 동굴 벽화와 캐나다 인디언 토템폴**

출처: (좌) 알타미라 국립박물관 이미지 연구센터(http://www.culturaydeporte.gob.es);
(우) 저자 촬영.

▲ 이집트 파라오의 무덤이나 고구려의 왕릉에는 당시의 신화, 업적, 생활 등이 벽화로 남아있다.

[그림 1-2] **이집트 벽화**

▲ 미켈란젤로의 벽화를 비롯해서 많은 화가들이 성경 속의 스토리를 그림으로 그려서 신도들에게 설명했다.

[그림 1-3] **미켈란젤로의 아담의 창조**

2 문자 정보 시대

문자는 정보를 생산하고 축적하고 전파하는 데 큰 역할을 했다. 문자는 다른 지역에 관한 설명과 묘사를 가능하게 함으로써 사람들에게 그 지역에 관한 정보를 제공하였다. 예를 들어 13세기 베네치아의 마르코 폴로(Marco Polo)가 동방을 여행하면서 기록한 『동방견문록』은 유럽인에게 생소한 아시아를 소개하는 정보가 되었다. 17세기 네덜란드 하멜(Hendrik Hamel)이 제주도에 표류하면서 작성한 『하멜표류기』 또한 서양에 조선의 문화를 알려주는 계기가 되었다. 18세기 박지원이 청나라의 열하를 여행하고 돌아와서 작성한 『열하일기(熱河日記)』는 현지의 문물, 인물, 생활을 재미있게 상세하게 묘사하고 있어서 오늘날에도 정보의 가치가 높다.

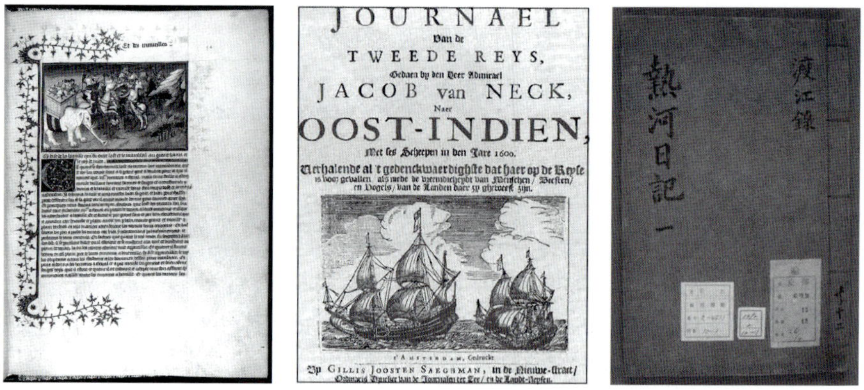

[그림 1-4] 동방견문록, 하멜표류기, 열하일기

출처: (좌) 위키백과. 동방견문록; (중) Hendrick Hamel, Hamel's Journal and a Description of the Kingdom of Korea, 1653-1666, trans. Brother Jean-Paul Buys of Taizé(Seoul: Royal Asiatic Society, 1993); (우) 한국민족문화대백과사전.

인쇄술의 발달과 더불어 문자 정보는 서적으로 만들어져 정보를 대중화하는 데 크게 기여하였다. 서적은 신속하고 저렴하고 대량으로 만들 수 있어서 일반인도 쉽게 소유할 수 있었다. 보관하기도 편해서 다른 사람에게 빌려주거나 후대에 전달하는 것도 수월해졌다. 서적을 통해서 접하는 신세계에 관한 정보는 사람들의 호기심을 유발하고 여행 욕구를 자극하였다. 20세기의 대표 작가 헤밍웨이(Ernest Hemingway)의 소설 『노인과 바다』의 배경이 된 쿠바와 『태양은 다시 떠오른다』의 배경이 된 스페인은 전 세계 수많은 독자가 찾아가는 관광지가 되었다. 오늘날 여행안내 서적은 본격적으로 여행지 정보를 제공하는 역할을 하고 있다.

[그림 1-5] 작가 헤밍웨이와 소설 〈노인과 바다〉, 〈태양은 다시 떠오른다〉

3 디지털 정보 시대

문자를 통해 정보가 많이 축적되었지만 그중에 자신이 원하는 정보를 얼마나 빠르게 찾을 수 있느냐가 관건이 되었다. 책 제목을 알파벳순으로 정리해서 검색 속도를 높일 수 있었지만 정보가 방대해질수록 시간도 오래 걸렸다. 또한, 한 공간에 서적을 무한정 보관하기가 불가능해 도서관이 아니라면 개인은 많은 책을 보관할 수 없었다. 그렇다고 정보를 얻기 위해 도서관까지 가서 책을 검색하고 대출하기 위해 기다리는 것은 너무 소모적이었고 일일이 서적을 구입하기에는 비용도 만만치 않았다.

때마침 컴퓨터가 등장하면서 정보의 디지털(digital)화가 시작되었다. 컴퓨터 파일 형태로 저장된 디지털 정보는 검색, 부피, 보관성, 복사 등 거의 모든 측면에서 서적을 뛰어넘는 정보 전달 도구가 되었다. 세계 최초의 컴퓨터로 알려진 에니악(ENIAC)은 숫자를 빠르게 계산하는 전자계산기 수준이었으나 점차 발전하여 기관이나 기업에서 사용할 수 있는 컴퓨터가 개발되었고 이어서 개인이 사용할 수 있는 PC(Personal Computer)가 보급되었다. PC는 IBM에서 1981년 5150모델을 출시하면서 Personal Computer라는 홍보 문구를 사용했던 것이 오늘날 개인용 컴퓨터를 일컫는 대명사가 되었다. PC 보급 이후 컴퓨터를 활용한 정보 저장 및 검색이 보편화되기 시작했다.

[그림 1-6] 에니악과 IBM 5150

4 네트워크 정보 시대

네트워크(Network)가 도입되면서 관광정보의 효용성이 높아졌다. 네트워크는 컴퓨터와 컴퓨터를 연결하여 정보의 송수신이 가능하게 되면서 다른 컴퓨터에 저장되어 있는 관광정보를 자신의 컴퓨터에서 검색할 수 있게 되었다. 네트워크는 관광 기업들에게도 유용하였는데 본사의 메인 컴퓨터와 지점의 단말기를 연결해서 관광 정보를 검색하고 좌석이나 객실의 예약 상태를 조회하고 예약 및 결제를 할 수 있게 되었다.

네트워크의 장점 중 하나는 실시간으로 좌석 상태를 파악하여 예약할 수 있다는 점이다. 이전에는 항공사를 방문하거나 전화 또는 팩스로 좌석 상태를 문의하였는데 이것은 시간과 비용이 소요될 뿐만 아니라 중복 예약, 누락, 지연 등의 오류가 있었다. 그러나 네트워크가 도입되면서 좌석 상태를 실시간으로 조회할 수 있어 이런 문제가 해소되었다. 항공사뿐만 아니라 호텔, 렌터카, 크루즈, 공연 등 연관 산업들도 네트워크로 연결하여 고객에게 원스탑(one-stop) 서비스를 제공할 수 있게 되었다. 또한 현지의 국가정보, 날씨, 통화, 문화, 여행지, 호텔 정보 등 최신 관광 정보도 제공할 수 있게 되었다. 우리나라에서는 1987년 대한항공이 토파스(TOPAS)라는 CRS(Computer Reservation System)를 개발하여 항공사와 여행사를 네트워크로 연결하였다.

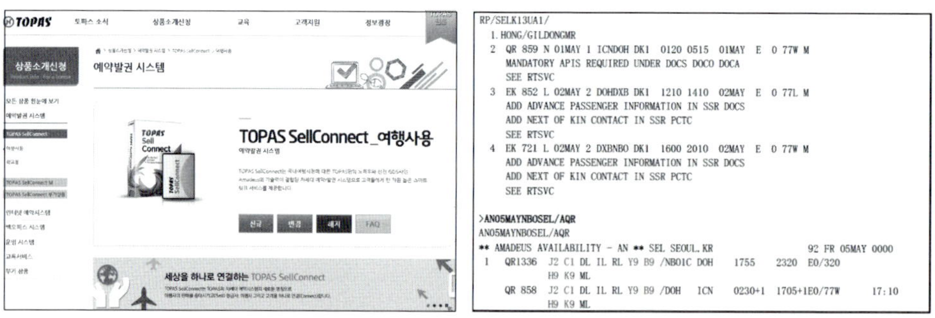

[그림 1-7] 토파스 홈페이지와 항공좌석 예약 화면

출처: 토파스 홈페이지(https://www.topasweb.com).

5 인터넷 정보 시대

인터넷(Internet)은 네트워크의 네트워크로서 전 세계 네트워크를 하나로 묶어 정보의 바다를 창조했다. 검색어만 입력하면 인터넷에 연결된 수많은 네트워크로부터 정보를 얻을 수 있게 된 것이다. 기존의 네트워크가 기업 위주의 폐쇄적 시스템이어서 정보 공유가 제한적이었지만 인터넷은 일반인도 자유롭게 사용하는 개방적 시스템이서 정보 공유가 원활해졌다. 그동안 일반인은 정보의 소비자였으나 인터넷이 등장한 이후 정보를 창출하는 생산자의 역할도 수행하고 있다. 기관과 기업 그리고 개인 모두가 정보의 생산과 소비에 참여하면서 인터넷의 역할은 갈수록 커지고 있으며 거의 모든 산업이 인터넷에 통합되고 있다.

인터넷은 산업의 구조도 변경시켰다. 인터넷으로 인해 기존의 기업이 사라지고 새로운 형태의 기업이 탄생하였다. 인터넷을 통해 기업과 고객이 직접 거래가 가능해지면서 중간 유통 기능을 하던 기업의 역할이 축소되었다. 예를 들어 항공사와 고객이 인터넷으로 직접 거래를 하게 되면서 중간 역할을 하던 여행사가 사업을 축소하거나 폐업하였다. 반면 고객에게 다양한 호텔의 가격을 비교해 주는 OTA(Online Travel Agency) 기업이 생겨나고 있다. 호텔스닷컴이나 부킹닷컴 등이 그 예이다.

[그림 1-8] 호텔스닷컴과 부킹닷컴

6 모바일 정보 시대

스마트폰(Smart phone)의 등장으로 관광정보는 새로운 전기를 맞게 된다. 컴퓨터가 없어도 스마트폰만 있으면 언제 어디서나 인터넷을 사용할 수 있게 된 것이다. 작은 휴대용 전화기가 이동 중에도 인터넷을 사용할 수 있는 컴퓨터인 셈이다. 스마트폰으로 관광정보의 검색, 조회, 예약이 가능하게 되자 정보의 소비도 폭발적으로 늘어났고 그만큼 공급도 크게 증가하였다. 이에 따라 모바일 광고가 늘어나는 등 인터넷 산업의 비중이 모바일로 이동하고 있다.

스마트폰의 강점은 이동성이나 상시 접속도 있지만 무엇보다 애플리케이션(application)을 빼놓을 수 없다. 기관, 기업, 개인 누구나 애플리케이션을 만들어서 앱스토어(App store)에 탑재할 수 있기 때문에 새롭고 다양한 기능이 계속 추가되고 있다. 인터넷에서 사용하던 관광정보의 검색, 조회, 예약도 스마트폰 앱(App)으로 더욱 간편하게 사용할 수 있게 되었다. 모바일이라는 특성을 십분 발휘한 앱도 등장하고 있는데 통번역, 지도, 내비게이션, 택시 호출 앱 등이 그 예이다. 이런 앱들은 관광산업을 패키지여행(Package tour)에서 FIT(Free Independent Traveler)로 전환하고 있는데 해외여행에서 언어 및 대중교통 이용의 어려움 때문에 패키지여행을 선택

[그림 1-9] 구글지도와 그랩(Grab)

했던 사람들이 구글지도나 그랩(Grab)과 같은 앱을 사용하면서 FIT 여행이 수월해졌다.

7 인공지능 정보 시대

인공지능(Artificial Intelligence: AI)은 컴퓨터가 인간의 지적 능력을 갖추게 되는 것이다. 인공지능에 대한 담론은 과거에도 있었지만 실현되기까지는 아주 먼, 그래서 공상영화에서나 나오는 것으로 여겼지만 2016년 알파고와 이세돌의 바둑대결을 보면서 우리 생활에 성큼 다가왔음을 알게 되었다. 인공지능의 학습능력은 시간이 지날수록 인간을 뛰어넘고 있다. 영화에서처럼 인공지능 로봇이 인류를 점령하지 않을까라는 우려와 두려움이 있지만 오히려 인간의 한계를 극복하여 인류에 큰 도움이 될 것이라는 전망과 기대감도 높다. 관광정보 분야에서도 인공지능 기능을 통해 관광객 개인별 특성에 맞춘 서비스가 등장할 것으로 예상하고 있다.

인공지능은 빅데이터(Big Data)와 밀접한 관계가 있다. 인공지능 프로그램은 빅데이터를 바탕으로 학습을 하면서 유사성을 발견하고 추론 능력이나 문제 해결능력을 키운다. 예를 들어 어마어마한 양의 인간의 음성을 학습하여 고객이 말하는 문장을 이해하고 그에 대해 적절히 대답하거나 조치를 취하는데, 이를 응용한 것이 음성 인식 번역기나 관광안내 시스템이다. 인공지능은 사물인터넷(Internet of Things: IoT), 모바일(Mobile), 웨어러블(Wearable)과 같은 정보통신기술(Information and Communication Technologies: ICT)과 증강현실(Augmented Reality: AR)이나 가상현실(Virtual Reality: VR), 혼합현실(Mixed Reality: MR)과도 협업 관계에 있다. 이들을 결합한 다양한 상품이 계속 개발되고 있다.

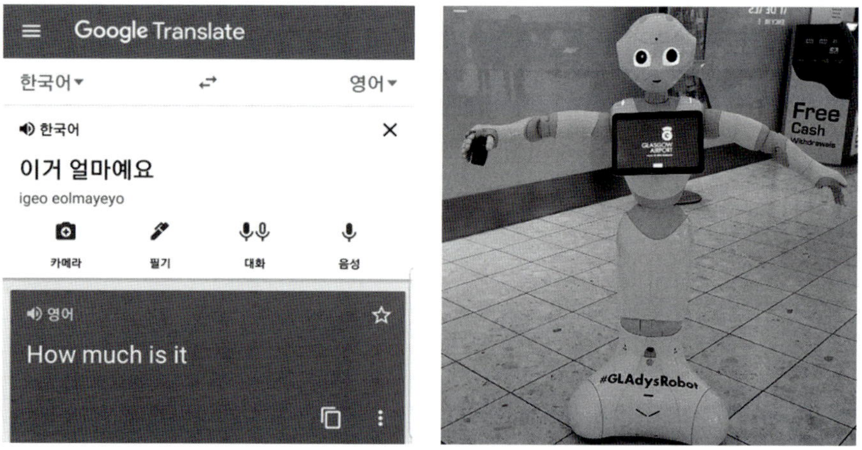

[그림 1-10] 구글 음성인식 번역기와 글래스고공항 인공지능 안내 로봇

■ ■ ■ 필수용어

- **구전**: 말로 정보를 전달함
- **디지털 정보(digital information)**: 아날로그 정보를 컴퓨터가 처리할 수 있도록 0과 1, 이진법 숫자로 전환한 정보
- **네트워크(network)**: 상호 통신을 위해 2개의 컴퓨터 장치를 유선 또는 무선으로 연결함
- **인터넷(internet)**: 전 세계 소규모 네트워크를 연결한 거대 네트워크
- **애플리케이션(application)**: 스마트폰이나 태블릿 PC에서 사용하는 응용 소프트웨어
- **인공지능(Artificial Intelligence: AI)**: 컴퓨터가 인간의 학습 능력, 추론 능력, 음성 인식 능력 등 지적 능력을 갖게 하는 기술

CHAPTER

02

관광정보

학습목차

CHAPTER

02 관광정보

학/습/목/표

1. 관광정보에 대해 설명할 수 있다.
2. 다양한 경로로 관광자원 정보를 얻을 수 있다.
3. 관광지에 관한 기초 정보를 얻을 수 있다.
4. 관광상품 정보에 따라 예약할 수 있다.
5. 관광객 정보를 수집하고 분석할 수 있다.

들어가는 말

관광객 정보 활용

관광객에 관한 정보는 관광정책을 수립할 때 매우 중요하다. 그중에서도 관광객 수는 시설과 서비스를 준비하고 예산과 인력을 계획하는 데 필요한 핵심 정보다. 만약 예상보다 관광객 수가 많으면 시설이 부족하고 서비스가 나빠져 관광객이 불만족하게 되고 반대로 예상보다 관광객 수가 적으면 시설, 인력, 예산이 낭비되어 적자에 빠지게 된다. 따라서 각 지자체에서는 관광객 수를 측정하는 것에 민감한데 대부분의 관광지가 입장료 없이 무료 관람이기 때문에 실질적인 관광객 수를 측정하기가 쉽지 않다. 특히 지역 축제와 같이 일시적으로 사람들이 몰리고 이리저리 들락날락하는 행사는 더더욱 관광객 수를 가늠하기가 어렵다.

[그림 2-1] **보령머드축제**

출처: 보령머드축제 홈페이지 (http://www.mudfestival.or.kr).

문화체육관광부는 1995년부터 지역마다 문화관광축제를 지정하여 지원하고 있는데 관광객 수를 성과로 여기다 보니 지자체에서 실제보다 부풀린 숫자를 제출한다는 지적이 많았다. 예를 들어 5일간 개최하는 한 축제는 평일 낮에는 관광객이 거의 없고 주말에만 붐비는데도 100만 명이 넘는 관광객이 방문했다고 성과를 제시하기도 하였다. 이런 문제를 해결하기 위하여 문화체육관광부는 이동 통신사에 의뢰하여 축제 방문객에 대한 빅데이터를 제공받아 실질적인 관광객 수를 측정하고 아울러 방문객의 성별, 연령, 거주지역까지도 분석하여 마케팅에 활용하고 있다.

1 관광정보

정보(information)의 영어 표현인 in+form+ation에서 알 수 있듯이 정보는 어떤 모양이나 형태를 갖추는 과정을 의미하는데 자료를 어떤 기준이나 목적에 따라 가공한 것이라고 말할 수 있다. 자료(data)는 관찰이나 측정을 통해서 수집된 사실, 수치, 값이다. 산발적으로 흩어져있는 자료를 일정한 규칙으로 처리(process)하여 정보화함으로써 어떤 현상을 파악하거나 의사 결정을 할 때 중요한 정보로 사용할 수 있다. 예를 들어 우리나라를 입국한 관광객의 자료를 국적별로 정리하면 관광객 분포를 파악할 수 있는 유용한 정보를 얻을 수 있다. 정보(I), 자료(D), 처리(P)의 관계를 공식으로 설명하면 다음과 같다.

$$I = P(D)$$

I: 정보, P: 처리, D: 자료

자료를 구조화하여 여러 사용자가 이용할 수 있도록 저장한 것을 데이터베이스(data base)라고 한다. 데이터베이스는 통합성과 공용성의 특징을 가지고 있는데 분산된 자료를 한 곳에 통합하여 여러 사람이 공동으로 소유하고 이용할 수 있도록 해준다. 컴퓨터 프로그램을 통하여 데이터베이스에 자료의 입력, 가공, 저장, 조회를 할 수 있다. 예를 들어 한국관광공사는 관광지식정보시스템(http:// tour.go.kr)을 구축하여 국내외 관광객의 출입국 현황을 월별, 연도별, 성별, 국적별, 연령별로 구조화하여 데이터베이스로 제공하고 있다. 이 데이터베이스는 일반인에게도 공개하여 누구나 접근할 수 있는데 사용자가 조건을 지정하여 용도에 맞게 정보를 조회하여 사용할 수 있다.

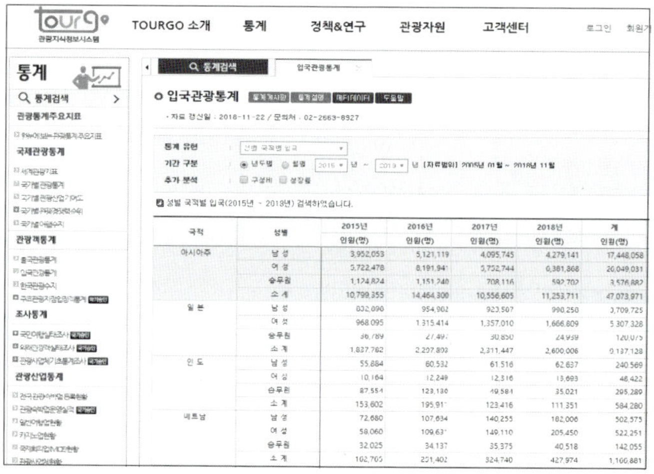

[그림 2-2] 한국관광공사 관광지식정보시스템

출처: 관광지식시스템 홈페이지(http://tour.go.kr).

관광정보는 관광자원 정보, 관광지 기초 정보, 관광상품 정보, 관광객 정보 등 관광과 관련된 제반 정보를 일컫는다. 이 중에서 관광자원 정보, 관광지 기초 정보, 관광상품 정보는 수요자, 즉 관광객이 여행을 위해 얻으려는 현지 정보 및 상품 정보이며 관광객 정보는 공급자, 즉 정부, 지자체, 기업 등이 관광정책 수립, 상품 기획, 마케팅 계획을 위해 사용하는 정보다. 관광자원 정보는 관광객을 유인할 정도로 훌륭한 매력이 있는 현지의 자연, 건축, 유적, 유물, 전통, 문화, 축제, 공연, 현지인, 음식 등을 포함한다. 관광지 기초 정보는 현지를 이해하고 안전하게 여행할 수 있는 현지의 역사, 종교, 신화, 지리, 기후, 통화, 환율, 물가, 치안, 법, 질병, 위생, 교통, 예절에 관한 정보이다. 관광상품 정보는 관광객이 여행을 위해 구매하는 항공권, 호텔 / 리조트 객실, 패키지 / 부분 패키지 / 배낭여행 상품 등에 관한 정보다. 관광객 정보는 관광객의 특성 및 의견을 수집하기 위한 것으로 관광객의 국적, 성별, 연령, 관광활동, 쇼핑, 만족도, 중요도, 선호도 등을 조사하여 얻는다. 이상의 내용을 정리하면 〈표 2-1〉과 같다.

〈표 2-1〉 **관광정보 유형**

관광정보 유형		내용
수요자 관심 정보	관광자원 정보	현지의 자연, 건축, 유적, 유물, 전통, 문화, 축제, 공연, 현지인, 음식 정보
	관광지 기초 정보	현지의 역사, 종교, 신화, 지리, 기후, 통화, 환율, 물가, 교통, 치안, 질병, 위생 정보
	관광상품 정보	항공권, 호텔 / 리조트 객실, 패키지 / 부분 패키지 / 배낭 여행상품 정보
공급자 관심 정보	관광객 정보	관광객의 국적, 성별, 연령, 관광활동, 쇼핑, 만족도, 중요도, 선호도 등을 조사하여 얻는 정보

2 관광자원 정보

관광객은 관광지의 매력적인 자연자원이나 문화자원을 향유하려고 여행을 한다. 관광객은 여행에 앞서 다양한 경로를 통해 이들에 대한 정보를 얻는다. 관광자원 정보를 얻는 경로는 구전, 여행안내서, 공공기관 홈페이지, 인쇄 및 영상 광고, 인터넷 관광 정보, TV 프로그램 등이 있다. 구전의 경우 이미 방문 경험이 있는 지인으로부터 관광정보를 얻는 것이어서 믿을 수 있고 질문이 가능한 장점이 있으나 주관적인 경험에 기초한 것이기 때문에 사실과 다를 수 있다는 단점이 있다. [그림 2-3]과 같이 여행안내서는 여행 루트, 주요 여행지, 숙박, 음식 등 여행자 입장에서 상세히 설명되어 있지만 구매 비용이 소요되고 부피와 무게가 부담스러울 수 있다. [그림 2-4], [그림 2-5]와 같이 관광청이나 지자체 등 공공기관의 홈페이지에서 최근에 업데이트된 현지 정보를 제공하지만 공급자의 관점에서 제작되기 때문에 여행객의 욕구를 충족시키지 못할 수 있다. 인쇄 및 영상 광고를 통해 상업적 이미지의 관광정보를 제공하면 관광지를 극적으로 표현해서 관광객의 주의를 끌 수 있지만 제작비용이 높고 관광객이 관심 없이 지나칠 수 있어 실효성이 낮을 수 있다. 최근 가장 이용도가 높은 관광정보는 블로그(blog), 페이스북(facebook), 유튜브(youtube) 등 인터넷 관광 정보라고 할 수 있다([그림 2-6] 참조). 이들은 정보의 양이 방대하고 관광객이 직접 자신이 경험한 것을 글, 사진, 동영상으로 설명하고 있어서 생생하지만 종종 기업이 마케팅 수단으로 오용하여 왜곡된 정보가 되기도 한다. 한편 TV의 드라마, 예능 프로그램, 여행 프로그램에서 노출되는 관광정보는 연예인이 출연해서 관광지를 경험하는 모습을 보여주기 때문에 집중도가 높다([그림 2-7] 참조). 그러나 방영시간의 한계로 인해 제한된 정보만 노출되는 단점이 있다. 이상의 내용을 정리하면 〈표 2-2〉와 같다.

〈표 2-2〉 **관광자원 정보 원천과 장단점**

정보 원천	장점	단점
구전	생생함, 질문 가능	주관성
여행 안내서	여행자 입장에서 작성된 상세한 설명	구매 비용, 부피, 무게
공공기관 홈페이지	업데이트된 현지 정보	공급자의 관점에서 제작
인쇄 및 영상 광고	상업적 이미지를 통해 관광지를 극적으로 표현	제작비용이 높고 관광객이 무시하고 지나칠 수 있음
인터넷 관광 정보	방대한 정보, 글, 사진, 동영상 정보	마케팅 수단으로 오용되어 왜곡될 수 있음
TV 프로그램	연예인이 출연해서 관광지를 경험하는 모습을 보여줌	방영시간의 한계로 인해 제한된 정보

[그림 2-3] 여행안내서

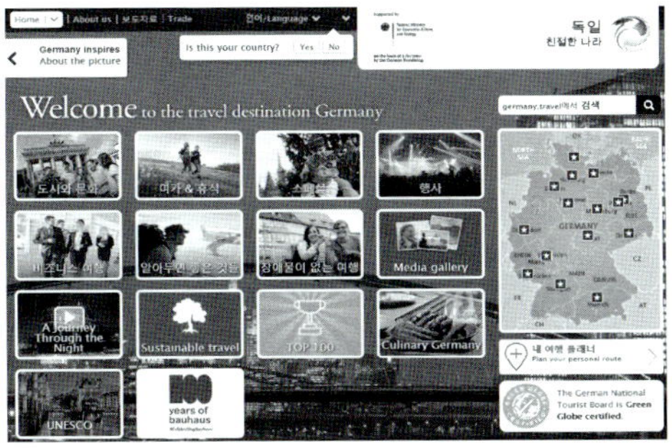

[그림 2-4] 독일 관광청 홈페이지

[그림 2-5] 말레이시아 관광청 인쇄 광고

[그림 2-6] 인터넷 블로그 관광정보

[그림 2-7] 여행 관련 TV 프로그램

3 관광지 기초 정보

관광지의 기초 정보는 역사 · 종교 · 신화 · 지리와 같은 인문 정보, 기후 · 통화 · 환율 · 물가 · 교통과 같은 실용 정보, 치안 · 질병 · 위생과 같은 안전 정보로 구성된다. 인문 정보는 현지의 문화관광자원을 이해하는 배경 지식인데 이런 인문 정보를 통해 산산이 부서진 고대 건물이라도 한 편의 드라마를 떠올릴 수 있게 된다. 예를 들어 그리스 아테네의 파르테논 신전은 폭발로 인해 뼈대만 남아있으나 신화와 역사적 스토리가 있기 때문에 수많은 관광객이 방문하고 있으며 유네스코 세계문화유산 1호로 등재되었다. 인문 정보가 없는 문화관광자원은 외형이나 조형미로밖에 가치를 판단할 수 없어서 의미가 반감된다. 실용 정보는 현지에서 관광 활동을 할 때 유용하게 활용할 수 있는 정보다. 예를 들어 현지의 기후 정보를 통해 적절한 복장을 준비하고 현지의 통화, 환율, 물가 정보에 따라 여행 예산을 세우고 현지의 교통 인프라 정보를 통해 교통수단을 계획할 수 있게 된다. 안전 정보는 관광객의 안전을 위한 필수 정보로, 관광객은 현지의 치안, 질병, 위생 정보에 민감하므로 세심하게 제공해야 한다.

〈표 2-3〉 **관광지 기초 정보**

종류	내용
인문 정보	역사, 종교, 신화, 지리
실용 정보	기후, 통화, 환율, 물가, 교통
안전 정보	치안, 질병, 위생

관광지 기초 정보는 각 대사관, 관광청, 지자체 등의 홈페이지에서 얻을 수 있다. 이들은 공공기관이므로 공신력이 있으나 개괄적인 소개만 하는 경우가 있어 역사적 사건 등 특정 내용을 상세하게 알기 위해서는 다른 수단이 필요할 수 있다. 인터넷 포털사이트에서도 국가나 지역의 기초 정보를 제공하고 있는데 링크로 연결된 페이지를 따라가면 상세 설명도 얻을 수 있다. TV의 여행 또는 역사 프로그

램에서도 관광지 기초 정보를 얻을 수 있는데 방송 후에 유튜브에 동영상 형태로 올리는 경우가 많아서 쉽게 이용할 수 있다. 개별 여행객이 블로그나 페이스북과 같은 소셜 미디어(social media)에 관광지 기초 정보를 올리기도 한다. 대부분의 여행 안내서에도 관광지 기초 정보를 앞부분에 제시하고 있다. 신문이나 잡지의 여행 기사에서도 유용한 기초 정보를 얻을 수 있다.

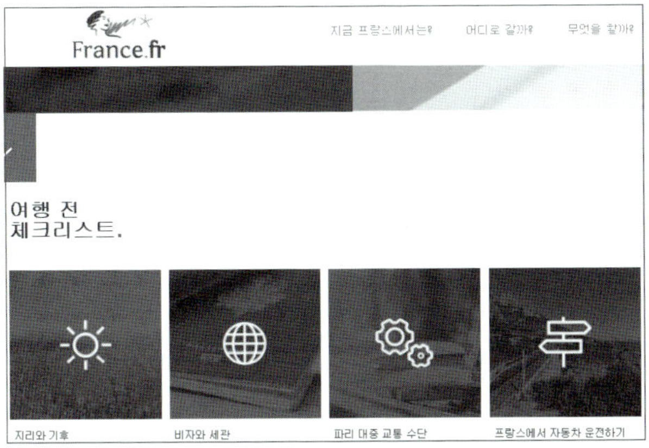

[그림 2-8] 프랑스 관광청 홈페이지의 기초 정보

4 관광상품 정보

관광상품 정보는 관광객이 합리적인 상품을 구매할 수 있도록 도움을 준다. 관광상품은 항공권, 호텔 / 리조트 객실, 패키지 / 부분 패키지 / 배낭여행 상품 등 다양한데 관광객은 가격, 일정, 부가 혜택 등을 비교하여 최적의 상품을 선택한다. 관광상품은 공산품과 달리 무형(intangible)상품이어서 직접 만져보고 비교할 수 없다 보니 관광지 이미지, 가격, 브랜드 이미지가 중요 정보가 된다. 이미지는 인지적 이미지(cognitive image)와 정서적 이미지(affective image)로 나눌 수 있는데 인지적 이미지는 사실에 입각하여 관찰 가능한 대상에 대해 만들어지며 현지의 기후, 자연, 건축, 음식, 쇼핑 등이 이에 해당한다. 정서적 이미지는 대상에 대해 느끼는 감정에 의해 만들어지며 즐거움, 활기찬, 단조로운, 시끄러운 등을 포함한다. 예를 들어 파리(Paris)를 떠올리며 에펠탑, 개선문, 몽마르트르, 샹젤리제가 생각났다면 이는 인지적 이미지이고 낭만적인, 우아한, 고풍스러운 느낌이 들었다면 이는 정서적 이미지이다. 이미지는 광고, 기사, TV 프로그램, 구전 등에 의해서 형성되는데 특히 관광객은 관광지의 사진과 영상에 영향을 많이 받는다. 왜냐하면 실제 가보기 전에는 관광지의 사진과 영상에 의존할 수밖에 없기 때문이다. 그래서 관광기업은 멋진 사진과 동영상을 넣어서 광고를 제작하고 관광정보를 제공한다.

[그림 2-9] 아난타라 호텔앤리조트 광고 이미지

출처: 아난타라 호텔앤리조트 홈페이지(https://www.anantara.com).

그런데 관광기업마다 제공하는 광고 내용이나 정보가 유사하여 많은 관광객이 가격 정보를 비교하여 구매를 결정한다. 상품의 내용이 비슷하다면 굳이 비싸게 구매할 필요가 없으므로 저렴한 상품, 즉 가성비가 높은 상품을 구매하려고 한다. 이로 인해 관광기업들의 가격 경쟁이 치열해지고 종종 출혈경쟁도 일어난다. 심지어 원가 이하의 저렴한 가격을 제시하여 관광객을 유인한 뒤 현지에서 옵션 투어나 쇼핑으로 메꾸려고 하다가 관광객의 불만족을 야기하여 분쟁이 되기도 한다. 이를 방지하기 위하여 일정표 내에 포함 사항, 불포함 사항, 쇼핑 횟수, 옵션투어

가격 등을 일정표나 계약서에 명시하고 있다. 가격이 관광기업의 판매 전략으로 사용되고 관광객도 가격에 민감하다 보니 가격 비교 사이트나 가성비가 높은 상품을 골라주는 업체가 생겨나고 있다. 다음 그림은 호텔 가격을 비교해 주는 사이트와 저렴한 항공 티켓을 제시하는 사이트이다.

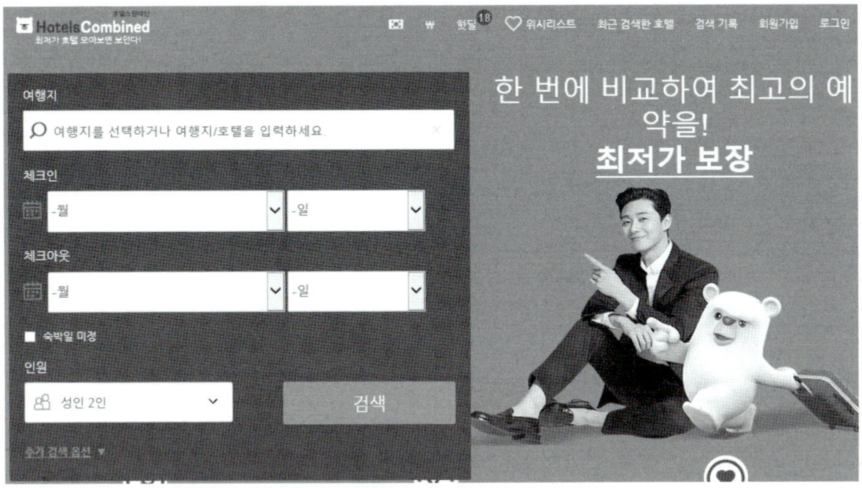

[그림 2-10] 호텔 가격 비교 사이트

출처: 호텔스컴바인(https://www.hotelscombined.co.kr).

[그림 2-11] 항공 티켓 비교 사이트

출처: 스카이스캐너(https://www.skyscanner.co.kr).

관광기업의 브랜드 이미지는 무형상품을 구매하는 관광객에게 중요한 고려사항이다. 관광상품은 빈번하게 구매하는 상품이 아니고 가격도 높으므로 관광객은 실패한 구매로 이어지지 않도록 신중하게 결정한다. 이때 관광기업의 브랜드 이미지도 고려하여 시장점유율, 고객만족도, 사회공헌, 노출빈도가 높은 기업일수록 신뢰하는 경향이 있다. 따라서 관광기업은 이와 관련된 정보를 광고나 기사를 통해 제공하는 전략을 사용한다. 아래 여행사 광고에서 제공하는 정보를 살펴보면 유명연예인을 광고모델로 사용하여 해당 모델의 이미지를 기업의 이미지로 오버랩시키고, 이 정도의 톱스타를 사용할 만큼 재정적으로나 사회적으로 건전하다는 이미지를 주고 있으며 'NO.1'이라는 단어를 사용하여 다른 관광객도 매우 선호하는 여행사라는 신뢰감을 표현하고 있다. 아울러 '거품 없는'이라는 단어를 사용하여 가성비가 높은 상품이라는 메시지를 전달하고 있다. 관광기업의 브랜드 이미지는 광고의 노출빈도가 높을수록 강화된다.

[그림 2-12] 노랑풍선 여행사 광고

출처: 노랑풍선 여행사(http://www.ybtour.co.kr).

5 관광객 정보

관광객에 관한 정보는 공공기관과 관광기업 모두에게 유용하다. 공공기관은 관광정책이나 계획을 수립할 때 관광객의 특성과 의견을 참조한다. 관광기업은 상품을 개발하고 마케팅 전략을 수립하기 위해 관광객 정보를 활용한다. 관광객 정보는 국적 · 성별 · 연령 등과 같은 인구통계 정보, 관광지 방문 · 쇼핑 · 레저스포츠와 같은 관광활동 정보, 만족도 · 중요도 · 선호도와 같은 의견 정보로 구성된다.

인구통계 정보는 주요 관광객이 누구인가를 분석하기 위한 것이며 그 결과를 통해 관광정책이나 마케팅 계획을 세우게 된다. 예를 들어 일본은 과거에 한국 관광객이 가장 많아서 관광지마다 한국어를 표기했으나 2010년대에 들어 가장 많은 외래관광객이 중국인이 되자 관광지에 중국어를 병기했다. 인구통계 정보는 출입국 정보, 회원가입 정보, 설문조사, 관찰, 신용카드 사용 정보 등을 통해서 얻을 수 있다.

관광활동 정보는 관광객이 무엇을 하는가를 분석하기 위한 것으로 상품 기획 및 자원의 배분, 확장, 축소에 관한 정보로 활용될 수 있다. 예를 들어 우리나라를 방문하는 중국 관광객이 쇼핑을 많이 하자 면세점을 확장하였다가 정치적 이슈로 중국 관광객 수가 줄어들자 면세점을 축소하였다. 관광활동 정보는 입장티켓 정보, 관찰, 설문조사, 신용카드 사용 정보를 통해서 얻을 수 있다.

관광객의 의견 정보는 관광객의 경험을 측정하기 위한 것으로 시설, 상품, 서비스의 품질을 높이기 위해 사용할 수 있다. 예를 들어 관광축제를 방문한 관광객에게 항목별 만족도를 설문조사하여 만족도가 낮은 부분을 보완한다. 관광객의 의견 정보는 설문조사, FGI(focus group interview), 빅데이터 분석 등을 통해서 얻을 수 있다. FGI는 6~8명 정도의 면접 대상자를 한 자리에 모아놓고 1~2시간 토론하면서 의견을 듣는 조사법이다. 관광객의 의견 정보를 수집하기 위한 빅데이터 분석은 블로그, 페이스북, 트위터, 인스타그램에 올린 관광객의 후기를 수집하여 분석한다.

공공기관은 다양한 경로로 수집한 관광객 정보를 원자료 또는 보고서 형태로 공개하곤 한다. 공공기관이 작성하는 보고서 중에 세계관광기구(UNWTO)의 Tourism Highlights, 문화체육관광부의 외래관광객 실태조사, 국민여행실태조사 등이 유명하다. 한편 관광기업은 고객의 개인정보 보호와 영업 기밀을 유지하기 위해 공개하지 않는다.

〈표 2-4〉 **관광객 정보**

종류	내용	조사 방법
인구통계 정보	국적, 성별, 연령, 직업, 소득 등	출입국 정보, 회원가입 정보, 설문조사, 관찰, 신용카드 사용 정보
관광활동 정보	관광지 방문, 쇼핑, 레저스포츠 등	입장티켓 정보, 관찰, 설문조사, 신용카드 사용 정보
의견 정보	만족도, 중요도, 선호도 등	설문조사, FGI, 빅데이터 분석

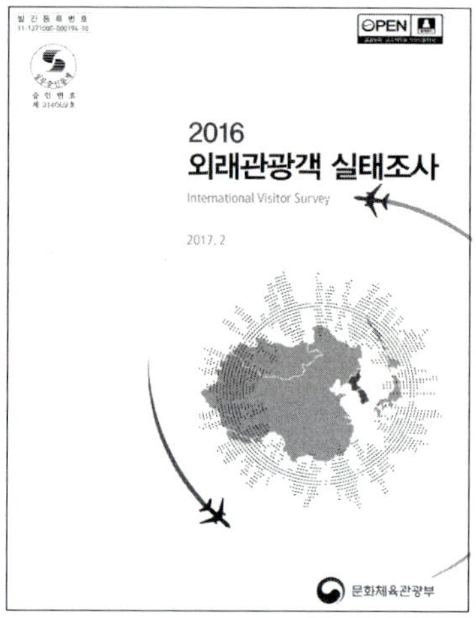

[그림 2-13] Tourism Highlights와 외래관광객 실태조사

■ ■ ■ 필수용어

- **정보(information):** 자료를 어떤 기준이나 목적에 따라 가공한 것
- **자료(data):** 관찰이나 측정을 통해서 수집된 사실, 수치, 값
- **데이터베이스(database):** 자료를 구조화하여 여러 사용자가 이용할 수 있도록 저장한 것
- **관광정보:** 관광자원 정보, 관광지 기초 정보, 관광상품 정보, 관광객 정보 등 관광과 관련된 제반 정보
- **소셜 미디어:** 페이스북이나 트위터 등 의견과 경험을 나누는 온라인 플랫폼
- **인구통계 정보:** 국적, 성별, 연령, 직업, 소득 등 관광객의 기본 특성에 관한 정보

CHAPTER 03

여행업 정보시스템

학습목차

1. 관광정보시스템
2. 여행업 정보시스템
3. 여행업 정보시스템의 기능별 특성

CHAPTER

03 여행업 정보시스템

학/습/목/표

1. 관광정보시스템에 대해 설명할 수 있다.
2. 여행업 정보시스템에 대해 설명할 수 있다.
3. 여행업 정보시스템의 다양한 기능을 사용할 수 있다.

들어가는 말

하나투어 IT 투자

[그림 3-1] 하나투어 홈페이지
출처: 하나투어(http://www.hanatour.com).

1993년에 설립한 하나투어는 불과 10년 만에 업계 1위로 등극하였는데 여기에는 여러 요인이 있으나 IT(information technology) 투자를 빼놓을 수 없다. 1990년대까지 일반 여행사 대리점(travel agent)이 홀세일(wholesale) 여행사의 상품을 조회하고 예약하는 주요 수단은 전화와 팩스였다. 대부분의 여행사들은 영세하여 IT 투자에 대해 엄두를 내지 못했지만, 하나투어는 공격적인 투자를 통해 투어토탈이나 여행매니저와 같은 B2B 시스템을 구축하였다. 그 결과 대리점에서 하나투어의 여행상품을 실시간으로 조회하고 예약할 수 있게 되어 엄청난 경쟁력을 갖게 된 하나투어는 급성장하게 되었고 이후에도 CRM(Customer Relationship Management), 재난복구 시스템, 항공 예약시스템, 호텔 예약시스템, 여행매니저 모바일 버전 등을 선도적으로 개발함으로서 1위의 자리를 유지하고 있다.

1 관광정보시스템

관광정보시스템(Tourism Information System: TIS)은 관광기업의 경영자 및 직원, 대리점, 거래처, 관광객을 위해 관광지 정보 검색, 상품 검색, 예약, 결재, 고객관리 등을 수행할 수 있는 시스템이다. 관광정보는 컴퓨터 및 정보기술과 결합하여 정부, 지자체, 여행사, 항공사, 호텔 등 공공기관과 관광기업에게 다양한 기회를 주고 있다. 한동안 인터넷을 활용한 온라인 서비스가 크게 성장하였으나 갈수록 스마트폰을 활용한 모바일 서비스의 비중이 커지고 있다.

관광정보시스템은 경영자, 직원, 고객에게 다양한 혜택을 준다. 경영자 입장에서 보면 초기에는 관광정보시스템 구축에 필요한 비용과 유지비가 들고 즉각적인 이익을 기대할 수는 없으나 장기적으로는 수익이 증가한다. 관광정보시스템은 업무효율을 향상시켜 직원의 업무처리 속도가 빨라져 더 많은 고객을 응대할 수 있게 되고 양질의 서비스 덕분에 매출과 이익이 증가된다. 또한 종업원의 수를 최소화하고 장단기 경영정보를 얻을 수 있다. 직원 입장에서는 관광정보시스템에 익숙해지기까지 처음에는 다소 시간이 걸리지만 점차 단순반복 업무를 줄이고 신속하게 업무를 처리할 수 있게 된다. 특히, 관광지 정보와 상품내용을 다 기억할 수 없기 때문에 관광정보시스템은 원활한 상담에 큰 도움이 된다. 고객의 입장에서는 관광정보시스템을 갖춘 기업에 대해 신뢰감과 전문성을 느끼고 다양한 정보도 얻을 수 있다.

관광정보시스템을 통한 관광정보 제공은 관광욕구를 가진 현재 그리고 잠재 관광객에게 효과적인 마케팅 수단이 된다. 관광정보 제공은 흡인요인(pull factor)에 해당하는데 관광지의 시설, 자연경관, 건축, 이벤트 등에 대한 정보로 관광객을 유인한다. 관광정보시스템에 저장된 고객정보는 고객의 성향을 파악하는 데 도움이 되며 사후에도 메일이나 문자 발송을 통해서 고객에게 신상품, 할인상품, 생일쿠폰, 할인쿠폰을 제공하여 재구매를 유도할 수 있다. 체인 호텔은 고객의 정보를 상호 공유하여 영업에 활용하는데 한 고객이 A도시의 호텔에서 요청했던 사항을 시스템에 입력해 두었다가 B도시의 호텔을 이용할 때 동일 서비스를 제공할 수 있다. 가령 A도시의 호텔에서 고객이 딱딱한 베개를 요청했던 것을 시스템에 입력해 두었다가 B도시의 호텔에서 고객의 요청에 앞서 같은 베개를 제안한다면 만족도를 높일 수 있다. 또한 관광정보시스템을 통해 구매 실적에 따른 단골 고객을 파악해서 더욱 세심한 배려와 혜택을 줄 수도 있다. 아울러 고객의 의견을 수렴해서 불만족스러운 부분을 보완하고 신상품에 대한 아이디어도 얻을 수 있다.

관광정보시스템은 운영주체에 따라 다양한 목적으로 운영된다. 공공기관은 국가 또는 지자체의 기초 정보와 관광 자원에 관한 정보를 제공하여 지역 관광을 홍보하기 위해 관광정보시스템을 운영한다. 이를 위해 키오스크(Kiosk), 홈페이지, VR 등의 수단을 사용한다. [그림 3-2]는 공공기관인 한국관광공사에서 홈페이지를 통해 관광정보를 제공하는 것을 보여주고 있다.

[그림 3-2] 한국관광공사 관광정보 제공

출처: 한국관광공사(http://www.visitkorea.or.kr).

여행사, 호텔, 항공사 등 관광기업은 수익이 주요 목적이며 사업 특성에 따라 여행업 정보시스템, 호텔정보시스템, 항공예약시스템 등을 구축하여 운영하고 있다. [그림 3-3], [그림 3-4], [그림 3-5]는 각각 여행사, 호텔, 항공사의 정보시스템이다.

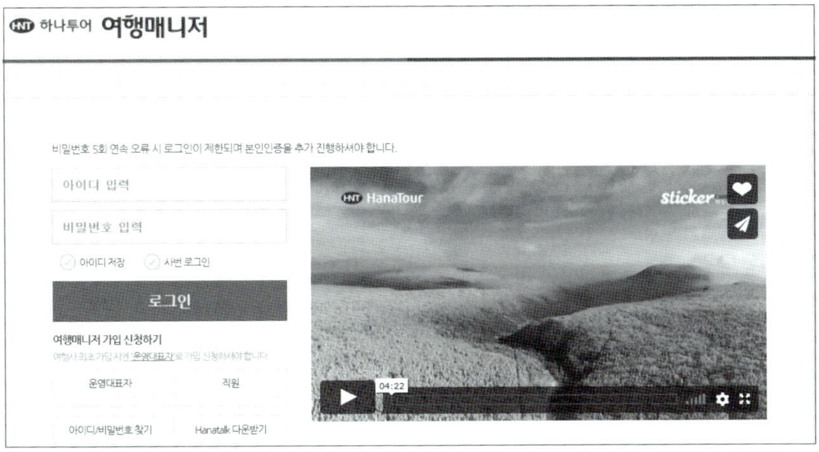

[그림 3-3] 하나투어 여행업 정보시스템

출처: 하나투어 여행매니저(http://manager.hanatour.com).

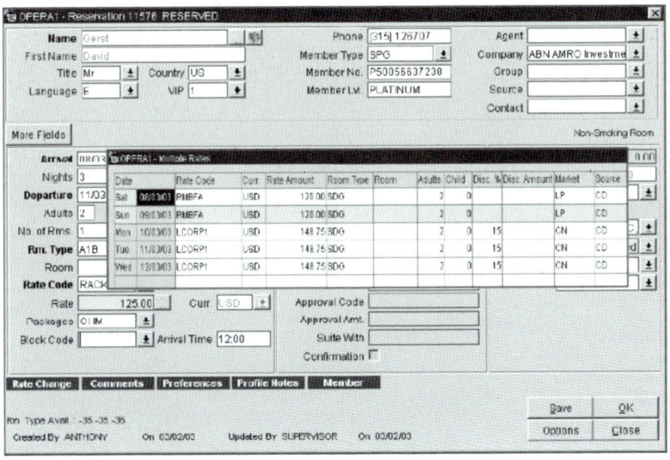

[그림 3-4] 오페라 호텔정보시스템

출처: 오라클 홈페이지(https://www.oracle.com).

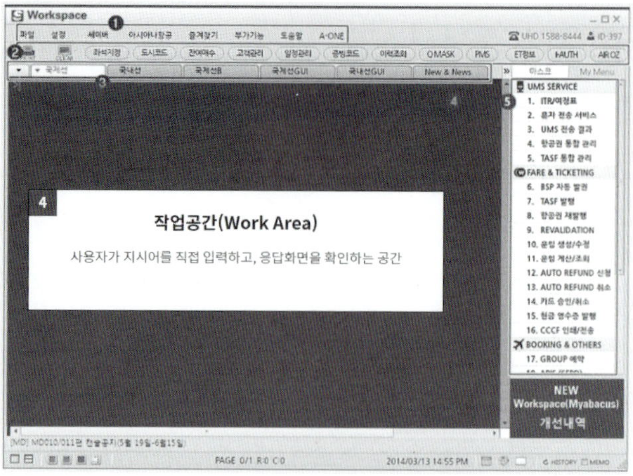

[그림 3-5] 아시아나세이버 항공예약시스템
출처: 아시아나세이버(https://www.asianasabre.co.kr).

일반 관광객은 다른 사람들과 후기를 공유할 목적으로 소셜 미디어를 활용한다. [그림 3-6]은 일반 관광객이 블로그에 후기를 올린 장면이다.

[그림 3-6] 관광객 블로그 후기
출처: 네이버 블로그(http://blog.naver.com/lightseeing).

2 여행업 정보시스템

여행업 정보시스템은 여행사에서 고객관리, 예약관리, 정산관리, 업무관리를 하기 위해 구축한 시스템이다. 고객관리 기능은 고객과의 상담내용 및 고객의 인적사항을 입력하여 상품 예약, 정산, 사후 활동을 지원한다. 예약관리 기능은 여행상품을 지역이나 키워드에 따라 검색하고 세부사항을 조회하고 예약 및 결제를 할 수 있도록 구성된다. 정산관리 기능은 결제내역을 조회하고 기간별 조회 등을 통해 추세를 파악할 수 있는 기능을 갖추고 있다. 업무관리는 사내 업무, 사원 관리, 공문 처리 등을 지원한다.

국내 최대 여행사인 하나투어는 여행매니저라는 시스템을 대리점에 제공하여 하나투어의 상품을 실시간으로 검색하고 온라인 예약 및 관리가 가능하도록 지원하였다. 여행매니저의 주요 기능은 예약 및 예약관리, 고객관리, 영업지원, 정산관리 및 통계관리로 구성된다. 예약 및 예약관리 기능은 상품명 검색, 다른 상품과 비교, 상품코드 검색, 직접 의뢰 예약 조회 등 통합적인 예약관리를 지원하고 고객관리 기능은 고객관리 대장 및 상담대장을 활용하여 체계적인 고객관리를 지원하고 있으며 고객의 여권, 비자, 여행이력을 파악할 수 있도록 함으로써 접점 관리를 도와준다. 영업지원 기능은 새소식, 집중상품, 긴급상품, 상품관련 정보, 해외여행정보 등을 실시간으로 업데이트해서 대리점의 영업을 지원한다. 정산관리 및 통계관리 기능은 하나투어 내부시스템과 연동하여 결제내역과 정산 과정을 실시간으로 보여주고 일별, 월별, 상품별, 지역별 통계를 제공하여 여행 수요의 트렌드를 파악하고 마케팅 전략을 수립할 수 있도록 지원하고 있다. [그림 3-7]은 여행매니저의 기능을 요약한 것이다.

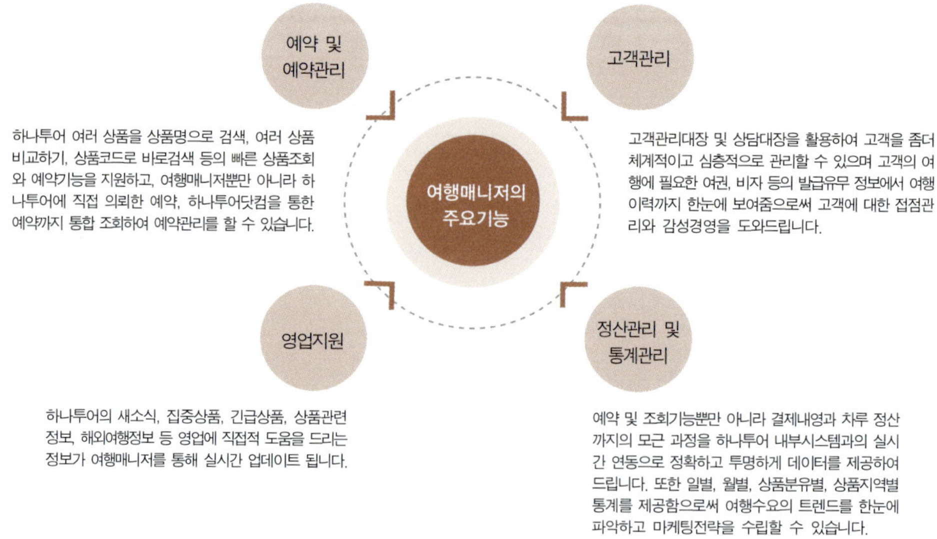

[그림 3-7] 하나투어 여행매니저 기능

출처: 하나투어(http://www.hanatourcompany.com).

스마트폰의 이용도가 높아짐에 따라 하나투어는 모바일 버전의 여행매니저를 개발하였다. [그림 3-8]에 제시하는 바와 같이 기본 기능을 살펴보면 다음과 같다. ① 대리점 전용 아이디와 패스워드를 입력하여 로그인을 한다. ② 새소식, 상품검색, 예약확인, 오늘의HOT 메뉴를 이용할 수 있다. ③ 새소식의 하위 메뉴인 베스트NO., 프로모션, 지역별 정보, 속성별 정보, FIT / 국내정보, 마케팅, 시스템, AD투어를 통해 유용한 정보를 얻을 수 있다. ④ 여행상품을 검색한다. ⑤ 상품을 선택한 후 세부 일정을 살펴볼 수 있다. ⑥ 고객 수를 입력하고 예약을 한다.

[그림 3-8] 하나투어 여행매니저 모바일 버전

3 여행업 정보시스템의 기능별 특성

여행업 정보시스템을 솔루션으로 개발하여 중소 여행사에 판매하는 업체도 있는데 트래피아(Trapia)라는 기업은 [그림 3-9]와 같이 사원관리, 고객관리, 그룹관리, 거래처관리, 입출금집계, 입출금관리, 상담관리, 업무대장, 일정관리, 업무지시관리, 오늘업무스케줄, 알람설정, 알람기능, 자동분석 기능을 여행사 통합 관리 솔루션으로 개발하여 판매하고 있다. 이런 시스템을 통해 영세 여행사들은 수기로 관리했던 업무를 시스템으로 처리할 수 있게 되어 여행사 경영에 필요한 제반 업무를 효율적으로 수행하고 업무 손실을 줄일 수 있다. 솔루션 형태의 정보시스템은 이미 만들어진 기성 상품을 이용하는 것이기 때문에 여행사가 마음대로 기능이나 디자인을 바꾸기는 어려우나 초기 투자비용이 저렴하고 안정화된 시스템을 사용할 수 있다는 장점이 있다.

트래피아의 솔루션을 중심으로 고객관리 기능, 예약관리 기능, 정산관리 기능, 업무관리 기능을 살펴보면 다음과 같다(트래피아 홈페이지, http://www.trapia.co.kr). 먼저 고객관리는 상담관리와 인적사항 관리로 구분되는데 상담관리는 고객과의 상담 내용을 기입하고 저장할 수 있는 기능이다. 아울러 진행 사항을 기록하고 상담 내용을 조회할 수 있으며 다음에 처리할 사항을 설정해서 팝업 알림이 나오도록 할 수 있다. 또한 진행, 완료, 보류, 연기 상태를 설정할 수 있고 상담 내용을 인쇄할 수 있다([그림 3-10] 참조).

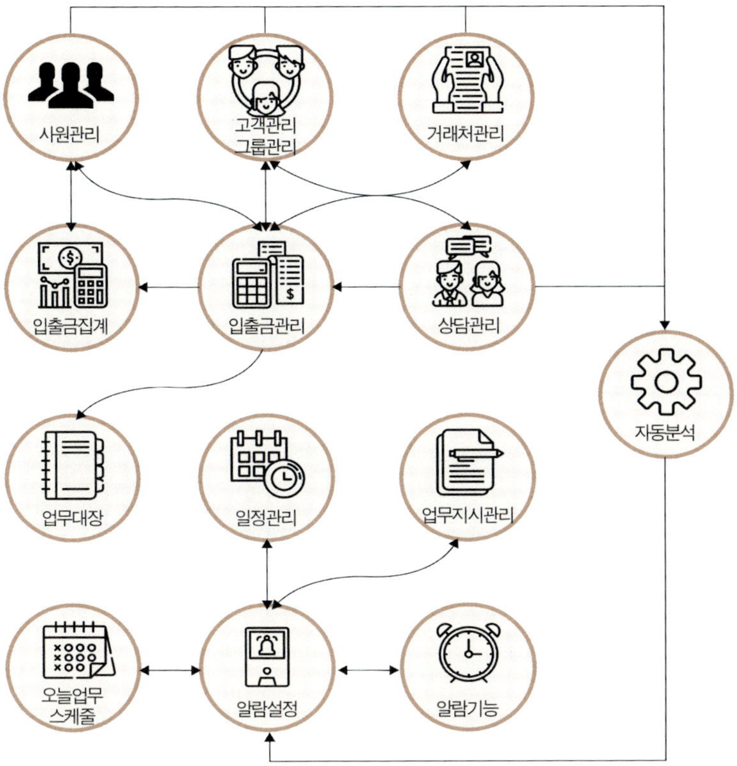

[그림 3-9] 트래피아 여행사 통합 관리 솔루션

출처: 트래피아 홈페이지(http://www.trapia.co.kr).

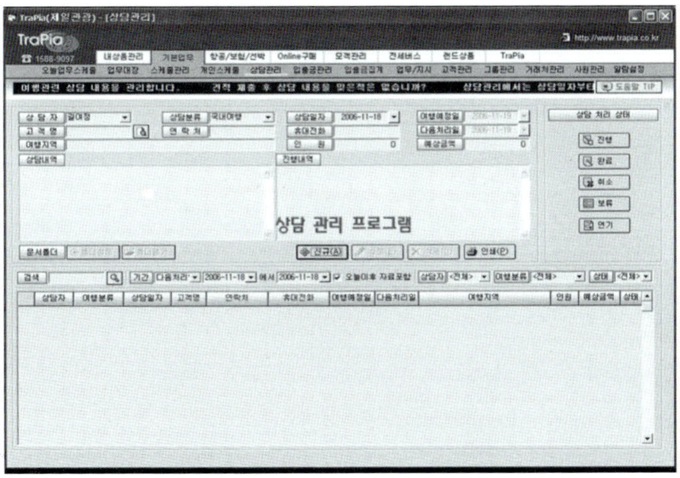

[그림 3-10] 고객 상담관리

고객의 인적사항을 관리하는 고객관리 프로그램은 고객의 성명, 생년월일, 성별, 주소, 전화, 이메일, 기념일, 여권 번호, 여권 만기일, 비자 만기일 등을 입력하고 고객에게 등급을 부여할 수 있다. 성명 등의 키워드로 고객을 검색할 수 있으며 고객의 기념일에 맞춰 알림 기능을 이용할 수 있다. 고객의 명단을 인쇄할 수 있으며 문자와 이메일을 발송할 수 있다. 고객이 단체로 예약을 하면 그룹으로 묶어서 관리할 수 있다. 이를 위해 그룹 생성 / 추가 / 삭제 / 조회 등의 기능을 사용할 수 있다([그림 3-11] 참조).

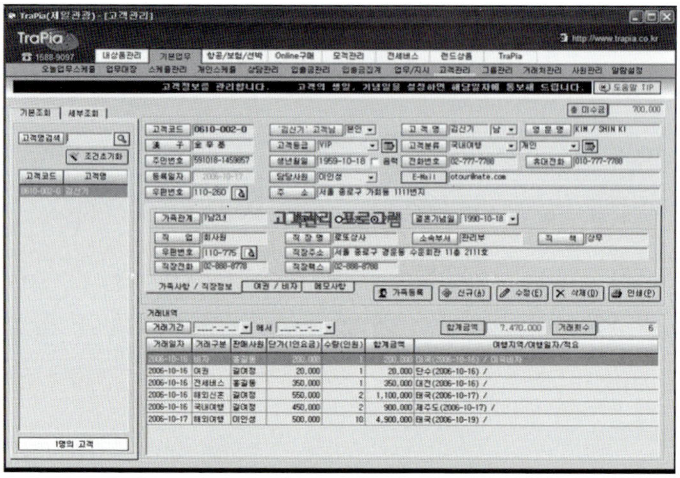

[그림 3-11] 고객 인적사항 관리

예약관리 기능은 상품 조회, 예약, 견적, 입금, 설명회 자료 전송 등을 포함한다. 상품 조회 기능은 랜드사(land operator)에서 등록한 일반상품, 패키지상품, 허니문상품을 조회할 수 있고 국가 / 지역 / 월별 / 출발 가능 일자별로 상품을 조회할 수 있고 항공권 포함 / 비포함 / 지방출발 / 인천출발별로 구분하여 조회할 수 있다. 그리고 상품별로 예약할 수 있고 고객에게 견적을 제시하고 고객의 입금 상황을 조회할 수 있고 설명회 자료를 고객의 이메일로 전송할 수 있다([그림 3-12] 참조).

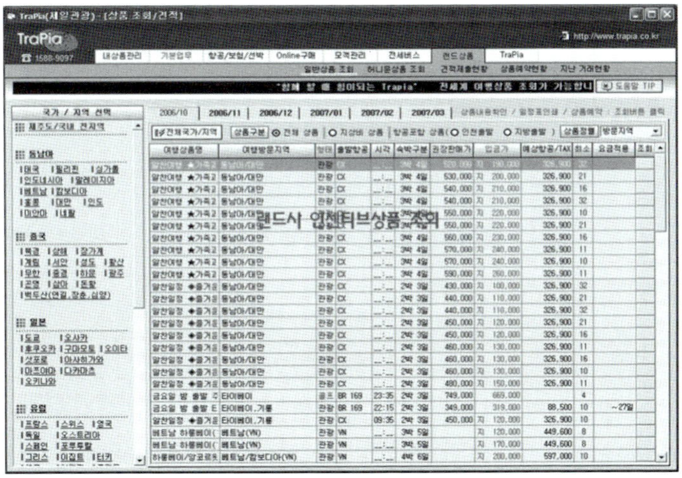

[그림 3-12] 상품 조회

정산관리 기능은 상품원가 계산, 판매내역 조회, 수익금 조회, 건별/계정별/사원별/판매구분별/기간별 입금 및 지출 집계, 입출금 항목 세분화, 미수금/미지급금/미회수금 관리, 입금 및 출금 일보 인쇄, 세금계산서 발행 내역 관리, 현금영수증 발행 내역 관리, 신용카드 승인 내역 관리 등을 포함한다. 정산관리 기능은 고객관리, 오늘업무 스케줄, 사원관리, 거래처관리, 업무대장 등과 연동되어 있다([그림 3-13] 참조).

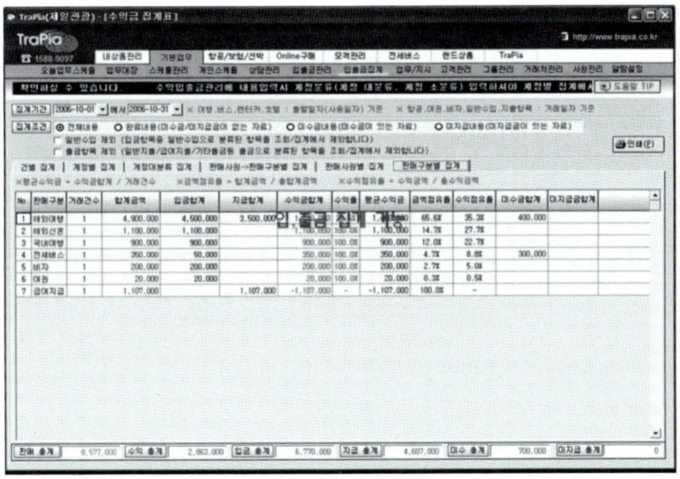

[그림 3-13] 입출금 집계

업무관리 기능은 사원관리, 업무지시, 업무대장, 업무스케줄, 알람설정 등의 기능을 포함한다. 사원관리 기능은 사원의 신상, 자격, 급여, 사원 카드, 기념일, 판매실적 등을 관리하는 것이고 업무지시 기능은 업무지시, 업무보고, 업무 완료/보류/연기 처리, 매출 보고, 업무일지 인쇄 등의 기능을 제공한다. 업무대장 기능은 국내여행 대장, 해외여행 대장, 여권 대장, 비자 대장, 항공 대장, 국내신혼 대장, 해외신혼 대장, 버스 배차 대장을 조회하고 인쇄할 수 있는 기능이다. 업무스케줄 기능은 알람 설정에 따라 일자별 업무 조회, 미처리 업무 조회, 생일, 기념일, 여권/비자 만기일, SMS 문자발송, 알람 통보 기능을 수행한다. 알람설정 기능은 업무별 예약, 승인, 확정, 메일 접수 등 업무별 설정내용에 따라 알람을 사용할 수 있다([그림 3-14], [그림 3-15] 참조).

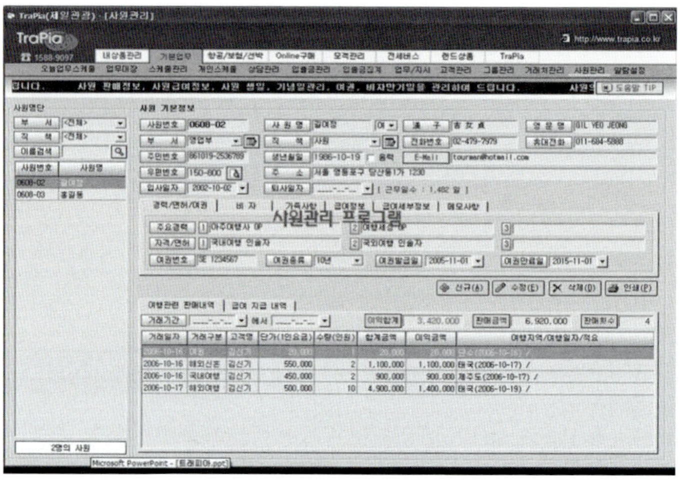

[그림 3-14] 사원관리

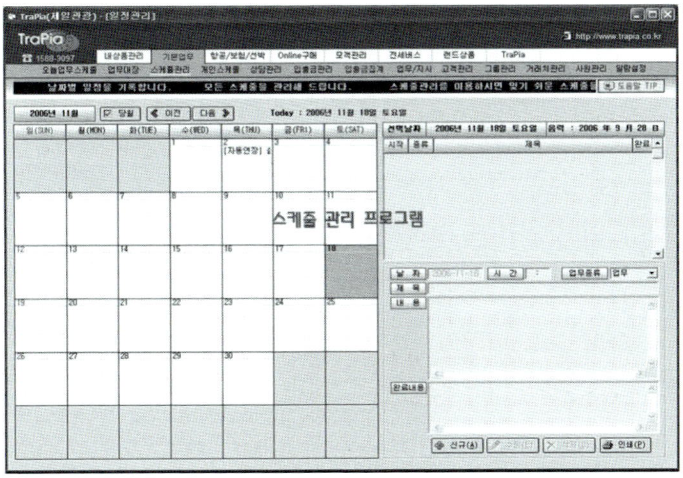

[그림 3-15] 스케쥴 관리

■ ■ ■ 필수용어

- IT(information technology): 인터넷의 성장으로 발달한 정보통신 기술
- CRM(Customer Relationship Management): 고객관계관리라고 하며 고객의 특성을 분석하여 마케팅 활동을 전개함
- B2B: 기업과 기업 사이에 이루어지는 전자상거래
- **홀세일러**(wholesale): 도매업 여행사. 여행상품을 기획하여 대리점을 통해 판매함
- **랜드사**(land operator): 여행 지상수배업자. 현지의 교통, 숙박, 관광시설을 수배하며 홀세일러나 대리점에 판매함
- **대리점**(travel Agent): 여행 소매업자. 랜드사 또는 홀세일러로부터 여행상품을 제공받아 관광객에게 판매함
- **관광정보시스템**(Tourism Information System: TIS): 관광기업의 경영자 및 사원, 대리점, 거래처, 관광객을 위하여 관광지 정보검색, 상품 검색, 예약, 결재, 고객관리 등을 수행할 수 있는 시스템
- **여행업 정보시스템**: 여행사에서 고객관리, 예약관리, 정산관리, 업무관리를 위해 사용하는 시스템

CHAPTER 04

호텔업 정보시스템

학습목차

1. 호텔업의 일반적 이해
2. 호텔의 PMS
3. 호텔업무의 정보시스템화
4. 호텔업 정보시스템 설계 및 적용
5. 호텔업 정보시스템의 향후 전망

CHAPTER

04 호텔업 정보시스템

학/습/목/표

1. 호텔업 정보시스템 특징에 대해 설명할 수 있다.
2. 호텔업 정보시스템의 주요업무를 설명할 수 있다.

들어가는 말

호텔서비스도 인공지능(AI)이 한다

하이원리조트가 고객의 편의성 향상과 고객 맞춤형 서비스 강화를 위해 인공지능 기반 호텔 서비스 구축에 박차를 가한다.

이와 관련해 하이원리조트는 2018년 12월 하이원 컨벤션타워에서 KT와 인공지능 기반 호텔 서비스 구축을 위한 업무협약을 체결했다. 이날 양사는 하이원리조트의 호텔관리제어시스템과 KT의 정보통신기술을 융합한 인공지능(AI) 기반 호텔 신규 서비스 개발을 위해 표준화 모델 수립, 마케팅 협력 등을 추진키로 약속했다.

하이원리조트는 앞으로 시스템 연동과 커스터마이징, 현장시공 등을 거쳐 2020년 3월 하이원 그랜드호텔 메인타워 10여 개 객실에 태블릿 PC와 AI 스피커를 결합한 KT의 호텔전용 기가지니(GiGA Genie) 서비스를 시범적으로 선보일 예정이다.

고객들은 객실에 비치된 단말기를 통해 음성 또는 간단한 터치만으로 모닝콜 설정, 전등·냉난방 등 객실 시설 제어, 리조트 시설 안내, 주변 관광지 정보, 지니뮤직과 같은 멀티미디어 콘텐츠 등 수십 가지 서비스를 이용할 수 있게 된다.

출처: 경향신문(2019. 1. 3.)에서 발췌.

1 호텔업의 일반적 이해

1) 호텔의 개념

호텔의 개념을 기업의 측면에서 이해하면, 고객에게 숙박과 음식을 제공하고 고객은 그 대가로 일정금액을 해당 기업에 지불하는 경제적 소비행위가 이루어지는 것을 말하며 호텔기업은 영리를 추구하지만 오늘날은 공공성과 공익성의 성격이 매우 강할 뿐 아니라 고객의 욕구를 충족시켜 줄 수 있는 서비스가 요구된다. 또한 자기의 집처럼 심리적으로 안정되고 편안한 공간으로서 분위기를 조성할 수 있는 환경이 요구된다. 주요 국가별로 호텔업의 법규적 정의를 살펴보면 다음과 같다.

한국의 경우 관광진흥법에서는 "관광객의 숙박에 적합한 시설을 갖추어 이를 관광객에게 제공하거나, 숙박에 부수되는 음식, 운동 오락, 휴양, 공연 또는 연수에 적합한 시설 등을 함께 갖추어 이를 이용하게 하는 영업"으로 규정하고 있다.

일본의 경우는 국제관광호텔정비법에서 "호텔이란 외래객의 숙박에 적합하도록 양식의 구조 및 설비로 만들어진 시설을 말하며, 호텔이라 함은 호텔에 의하여 사람으로 하여금 숙박 및 음식을 하게 하는 영업"이라고 정의하고 있다. 이탈리아, 포르투갈, 싱가포르, 미국의 뉴욕주 판례문에서는 "호텔이란 예의바르게 행동하고 접대에 대하여 지불능력이 있으며, 또한 지불할 용의가 있는 자에게 설비의 여유가 있는 한 누구라도 접대를 받으며, 체재기간 동안은 성문화된 계약 없이 그에 타당한 요금을 지불하고 식사, 숙박 그리고 임시의 가정으로 집을 사용함에 있어 필연적으로 부수되는 각종의 서비스와 요구 등이 제공되는 장소"라고 정의하고 있다.

국내외의 학자들의 호텔 개념정의를 살펴보면 쿤즈(Kunz)는 호텔을 "여행객의 다양한 욕구에 부응하기 위하여 여행객이 요구하는 조건이나 설비, 인테리어, 건물 등의 환대시설을 갖춘 숙박업"으로 정의하고 있다. S. medlik은 "호텔은 일정한 대가를 받고 여행객이나 투숙객에게 숙소, 음료 및 식사를 제공하고 또한 이용자에게 식음료와 부대시설을 제공하는 기업이다"라고 정의했다. 법률상으로는 "지불능력이 있는 자에게 적당한 시설과 설비를 갖추고 숙박 및 식사와 함께 서비스를 제공할 수 있는 기업"으로 이해되고 있다.

오늘날의 호텔기업의 경영은 급변하는 인적·물적 환경에 탄력적으로 잘 대응할 수 있는 호텔관리자와 자본시설 그리고 접근성의 효율성이 중요한 요소들이라고 말할 수 있다. 이를 바탕으로 인적 서비스와 물적 서비스를 잘 조화시켜 호텔상품이 만들어져 고객의 만족도를 충족시킴과 동시에 고객의 유효수요 창출을 증대시켜 호텔기업의 영리추구를 증가시킬 수 있는 기업경영이 필요하다. 또한 호텔기업은 공공성과 공익성의 역할이 이루어지고 있는 인적·물적·문화적 교류의 장이기도 하다.

2) 호텔업의 기능

전통적인 의미에서 호텔업의 기능은 여행자에게 수면, 음식, 생명과 재산보호 등의 기본적인 기능을 갖고 여행자들을 위한 역할을 하는 것이 주요기능이었다. 이와 같은 기능을 하는 시기는 고대사회나 중세사회에서 인간의 생존권적 기본권을 보호하는 차원이었다고 볼 수 있다. 그러나 산업혁명 이후 사회의 모든 것들이 급속도로 변화하면서 호텔이용객의 다양한 욕구충족과 호텔업의 영리추구에 부응하는 시스템으로 변환하지 않을 수 없었다.

현대적 의미에서 호텔업은 다음과 같은 기능을 제공한다.

- **숙박 제공기능**: 호텔이용객의 숙박욕구의 충족에 부합하면서 법규에 의한 적합한 시설을 갖추고 종업원에 의한 수준 높은 인적 서비스와 물적 서비스가 제공됨과 동시에 숙박 관련 정보서비스 등을 제공한다.

- **식음료 제공기능**: 호텔이용객의 식음료욕구의 충족에 부합하면서 법규에 의한 적합한 시설을 갖추고 종업원에 의한 수준 높은 인적 서비스와 물적 서비스가 제공됨과 동시에 식음료 관련 정보서비스 등을 제공한다.

- **집회장소 제공기능**: 호텔이용객으로 하여금 모임 · 집회 등의 욕구충족에 부합하면서 법규에 의한 적합한 시설을 갖추고 종업원에 의한 수준 높은 인적 서비스와 물적 서비스가 제공됨은 물론이고 집회 관련 정보서비스 등을 제공한다.

- **문화 서비스기능**: 호텔이용객에게 교양, 예술, 공예, 학습 등의 욕구충족에 부합하면서 법규에 의한 적합한 시설을 갖추고 종업원에 의한 수준 높은 인적 서비스와 물적 서비스가 제공됨은 물론이고 문화 관련 정보서비스 등을 제공한다.

- **레포츠 제공기능**: 호텔이용객에게 즐거움, 오락, 휴양 등의 욕구충족에 부합하면서 법규에 의한 적합한 시설을 갖추고 종업원에 의한 수준 높은 인적 서비스와 물적 서비스가 제공됨은 물론이고 레포츠 관련 정보서비스 등을 제공한다.

- **상업 서비스기능**: 호텔이용객을 위한 생활정보의 수집, 쇼핑, 패션 등의 욕구충족에 부합하면서 법규에 의한 적합한 시설을 갖추고 종업원에 의한 수준 높은 인적 서비스와 물적 서비스가 제공되며 상업 관련 정보서비스 등을 제공한다.

- **건강관리 서비스기능**: 호텔이용객을 위한 건강 관련 의료, 헬스, 미용 등의 욕구충족에 부합하면서 법규에 의한 적합한 시설을 갖추고 종업원에 의한 수준 높은 인적 서비스와 물적 서비스가 제공되며 건강 관련 정보서비스 등을 제공한다.

- **비즈니스 서비스기능**: 호텔이용객을 위한 상담, 회의, 전시회, 비즈니스 정보교환, 비즈니스 업무보조 등의 욕구충족에 부합하면서 법규에 의한 적합한 시설을 갖추고 종업원에 의한 수준 높은 인적 서비스와 물적 서비스가 제공되며 비즈니스 관련 정보서비스 등을 제공한다.

- **지역사회 봉사기능**: 해당 지역의 호텔기업은 지역사회의 고용창출 증대효과,

지역주민 소득증대효과, 해당 지방자치단체의 세수입 등의 증대효과를 가져올 뿐 아니라 타 지역의 문화를 흡수하면서 지역주민에 대한 순기능과 역기능 작용을 한다.

호텔의 전반적인 기능을 살펴본다면 호텔기업의 최우선 목적은 영리추구와 기업의 사회적 책임으로 공공성, 공익성을 대변하는 역할이 매우 중요하다.

3) 호텔상품의 특징

① 공급장소의 고정성

고객이 직접 호텔까지 방문해야 서비스가 이루어질 수 있다. 따라서 호텔상품은 이른바 흡인형의 상품이라고 할 수 있으며, 이러한 의미에서 호텔업은 손님이 직접 와서 체험하는 '비이동적 고정산업'이라고 할 수 있다.

② 상품의 비재고성

호텔상품은 서비스이며, 이러한 상품의 일반적 특징은 유형재 생산품과 달리 재고처리가 불가능하며, 과잉공급은 판매의 기회를 영원히 잃게 된다.

③ 상품의 비균일성

호텔 상품의 특성 중 가장 대표적인 것은 서비스를 제공하는 종업원에 의해 품질이 좌우된다는 점이다. 한편 호텔을 찾는 고객은 패스트푸드점에서 행해지는 로봇과 같은 완전히 균일화된 서비스에 만족하지 않는다.

④ 공급량의 고정성

수용인원 등 시설규모에 의해 공급량이 결정되며 수요의 변화에 대응하여 민첩하게 공급량을 조절하기 어렵다. 특히 객실은 만실이 되면 그 이상 판매가 불가능하다. 한편 그날 판매되지 않은 객실은 그것으로 소멸하고 만다. 따라서 객실 가동률을 향상시켜 재고 객실을 최소화시키는 노력이 수익으로 이어지게 되는 것이다.

2 호텔의 PMS

일반적으로 호텔 자산관리시스템(PMS)은 호텔 또는 호텔 그룹에서 예약, 고객 체크인 / 체크아웃, 객실 배정, 객실 요금 및 청구 관리 등의 프런트 오피스 기능을 관리하는 데 사용하는 플랫폼으로 정의되었다. 호텔 PMS는 시간이 오래 걸리는 종이 및 스프레드시트 중심 프로세스를 대체하는 소프트웨어 플랫폼을 제공하는 데 그쳤다. 그러나 호텔 PMS 기술은 진화했으며, 탁월한 통합으로 프런트 데스크의 범위 너머로 확장된 서비스를 제공하고 있다. 호텔 PMS는 오늘날 호텔이 원활한 고객 경험을 제공할 수 있게 해주는 중요한 비즈니스 운영 시스템이다. 호텔 PMS는 이제 다음을 포함하여 고객의 완벽한 경험에 영향을 미치는 다른 현장 서비스와 통합되고 있는 추세이다.

1) 호텔 PMS의 이점

관광소비자의 여행 여정은 목적지를 고르면서 그와 동시에 호텔을 선정하는 단계부터 시작된다. 그러한 투숙 전 호텔 선정 및 예약 시 상호작용, 호텔 및 해당 직원의 자산 내 응대, 객실 내 환경 및 투숙 후 소셜 미디어를 통한 피드백 공유는 모두 고객 경험에 포함된다. 호텔은 효과적으로 호텔 비즈니스를 운영하면서도 개인화된 고객 경험을 제공해야 하는 문제에 직면해 있다. 오늘날의 호텔 PMS 솔루션은 호텔에서 고객이 원하는 경험을 제공하는 동시에 비즈니스를 효율적으로 관리하도록 도와준다.

호텔 PMS는 호텔 비즈니스에 다양한 이점을 제공한다.

〈표 4-1〉 호텔 PMS 기능과 이점들

호텔 PMS 기능	호텔 PMS 이점
체크인/체크아웃 기능	- 클라우드 기반의 모바일 지원 호텔 PMS를 사용하여 언제 어디서든 고객에게 서비스를 제공 - 프런트 데스크 직원들은 위치의 제약을 받지 않고 인터넷이 연결되는 곳이라면 어디서든 고객의 체크인 및 체크아웃을 돕고, 객실을 배정하고, 고객 서비스를 제공
하우스키핑서비스	- 고객이 체크아웃하여 객실이 청소를 위해 비어 있는 경우 하우스키핑 모바일 장치에 즉시 업데이트되어 하우스키핑 효율이 향상 - 객실 관리 기능으로 향상된 유연성을 제공하고 룸서비스 대응 시간이 단축 - 객실 유지 보수 수요를 신속하게 파악하고 관리하여 객실을 깨끗하고 완벽한 상태로 유지
백오피스 시스템	- 미수금, 미지급금, 지불 게이트웨이, 호텔 업계 애플리케이션, 자산 인프라 장치와 사전 통합함으로써 운영 프로세스와 재무 프로세스를 연결 - 미수금과 수수료 처리의 통합 - 정확한 고객 폴리오로 더 빠르고 정확한 청구
유통 관리	- 전 유통 채널에 걸쳐 제공되는 실시간 요금 및 객실 재고 관리를 통해 객실 점유율 및 ADR을 향상 - 브랜드 웹 사이트의 직접 예약 채널을 활용하여 판매를 촉진
수익 관리 개선	- 요금 설정에 대한 다양한 옵션과 수동 및 반자동 수익 관리를 위한 고급 요금 관리 기능을 갖추어 관리자가 ADR을 개선할 수 있도록 지원
고객 데이터	- 고객 데이터를 중앙에서 안전하게 보호하고 고객 프로필의 품질과 정확도를 개선 - 고객 구매 패턴을 파악하여 타기팅된 패키지 상품과 서비스를 제공

2) 호텔 PMS 구축

클라우드 기반의 모바일 지원 호텔 PMS 플랫폼은 호텔에 혁신적인 고객 응대 방법을 제공하는 동시에, 호텔이 IT 비용을 절감하고 인프라를 간소화해 준다. 시스템은 판매회사에서 관리하며 사용이 간편하다. 업데이트, 업그레이드 및 패치가 자동으로 적용되므로 호텔은 시간과 비용을 절약할 수 있다.

클라우드 기반 호텔 PMS 솔루션의 이점은 다음과 같다.

- 더욱 빨라진 혁신 클라우드 기반 호텔 PMS를 도입하면 새로운 자산을 더 빠르게 온라인으로 관리할 수 있다. 새로운 버전이 출시될 때마다 뛰어난 고객 경험 제공, 운영 효율성 향상 및 직원 생산성 증가를 위한 새로운 기능이 추가된다.

- IT 복잡성 및 비용 감소 클라우드 기반 호텔 PMS를 도입하면 소프트웨어 및 하드웨어에 대한 초기 자본 지출을 줄일 수 있다. 또한 전체 자산을 조망하여 IT 복잡도와 IT 비용을 줄일 수 있다.

- 클라우드 기반 호텔 PMS를 도입하면 여러 유통 채널의 요금 및 객실 할당을 효과적으로 관리하여 객실 점유율, 요금, 수익을 극대화할 수 있다.

- 고객 생애 가치 증대 클라우드 기반 호텔 PMS를 도입하면 고객 경험을 개인화 및 차별화할 수 있는 종합적인 고객 프로필을 제공하는 단일 고객 마스터 기능을 확보할 수 있다.

3) 호텔 PMS에 영향을 미치는 현 추세

(1) 고객의 요구 사항 충족

오늘날의 경쟁적이고 역동적인 환경에서 호텔은 시장 기회를 포착하고 점유율을 유지해야 한다. 다른 대규모 체인 및 부티크 호텔과의 경쟁만이 문제가 아니라, 진부한 경험을 제공한다는 호텔의 약점을 파고들면서 P2P 투숙 옵션이 등장한 상황이다.

호텔은 호텔 PMS 및 기타 혁신 기술을 수용하면서 고객에게 더욱 개인화된 경험을 선사함으로써 고객 만족도를 높이고 로열티를 강화하여 고객의 재방문율을 높일 뿐 아니라 고객이 잊지 못할 추억을 만들 수 있도록 도와야 한다.

(2) 이동성 지원

클라우드 기반 호텔 PMS를 통해 호텔 직원은 태블릿과 스마트폰 같은 모바일 장치를 사용함으로써 프런트 데스크에만 머무는 것이 아니라 자유롭게 근무할 수 있게 되므로 적재적소에 우수한 고객 서비스를 제공할 수 있다. 예를 들면 기사가 딸린 차량을 이용해 호텔로 이동하는 VIP 고객의 체크인을 처리하고, 일찍 도착한 고객 객실 정리를 위해 실시간으로 하우스키핑 직원에게 알림을 보내고, 샤워기 누수 사진을 업로드해 유지 보수 부서에서 심각성을 정확하게 판단하여 빠르게 수리할 수 있다.

(3) 변화하는 인력 관리

주5일 근무제와 여가시간 적극 활용 사회문화가 확산되면서 자주 여행하고 외식하는 소비자일 뿐 아니라 직원이기도 한 20~40대는 Hospitality 산업 사업자에게 거대한 시장이다. 이 세대는 최신 기술에 능통하며, 이들의 비즈니스 참여를 유도하기 위해서는 기술이 필수적이다. 현대적인 클라우드 기반 호텔 PMS는 밀레니엄 세대 직원이 원하는 혁신 기술을 통해 밀레니엄 세대 고객의 요구에 부응하는 맞춤형 접객 서비스를 제공한다.

사례 분석

호텔 프린스가 선보이는 PMS Cody, the Manager

호텔 프린스가 호텔정보시스템, PMS(Property Management System)를 개발, 론칭했다. 다양한 온라인 채널들과 실시간 연계를 통한 스마트 웹 기반의 통합 호텔 관리 솔루션, 'Cody, the Manager'(이하 Cody)가 그것으로 비즈니스 호텔에 최적화된 프로그램인 만큼 최근 오픈하는 호텔들의 높은 관심을 받고 있다.

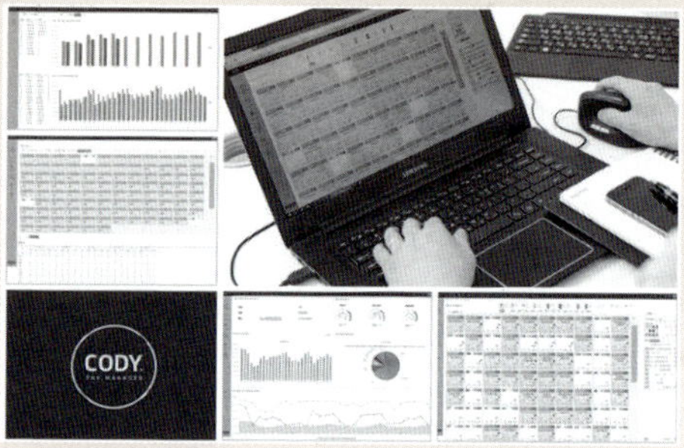

[그림 4-1] CODY 시스템 구성자료

유저가 직접 개발한 PMS, 만족도 높아

호텔 프린스는 점점 경쟁이 치열해지는 호텔산업에서 차별화된 가치 창출을 위해 고심하던 중 PMS 프로그램에 주목했다. 기존에 호텔 프린스가 사용하던 PMS가 서비스의 한계가 많고 특히 변화하는 시장상황, 호텔 트렌드 서비스에 부합하기 어려우며 개별 호텔 규모와 환경에 잘 맞지 않아 직접 자사 호텔에 맞는 PMS를 개발하게 된 것. 호텔 프린스 IT사업부는 "일본의 경우만

보더라도 PMS의 종류가 100가지가 넘지만 우리나라의 경우 선택의 폭이 제한돼 있어 관련 시장이 척박한 것이 사실"이라고 귀띔하고 "그러한 상황에서 기성화된 PMS를 호텔 상황에 맞게 커스터마이즈하기에 한계를 느꼈고, 호텔에 PMS를 맞추는 것이 아니라 PMS에 호텔 업무를 맞춰야 하는 상황이 안타까워 프로그램을 직접 개발하게 됐다."며 Cody의 개발 취지를 밝혔다.

Cody는 모바일을 통해 이뤄진다는 장점이 있다. 룸메이드들은 스마트폰을 통해 당일 자신에게 할당된 객실 내역, 해당 객실의 재실 현황, Special Request 등의 정보를 실시간으로 확인할 수 있으며, 특이사항, 청소 진행 상황, 요청사항 등의 정보를 실시간으로 해당 팀 또는 직원에게 전달할 수 있다.

게다가 통합운영시스템이기 때문에 호텔을 구성하고 있는 여러 분야의 업무가 Cody를 중심으로 이루어지며 각 부서는 웹과 모바일을 통해 정보 공유 및 협업이 가능하다. 웹 기반으로 제작됐기 때문에 시스템의 큰 틀을 벗어나지 않는 범위에서 호텔별로 원하는 기능과 보고서 형식이 커스터마이징 가능하며 복수 호텔을 운영할 경우 호텔별 실적과 비용 등의 정보를 하나의 페이지에서 비교 분석이 가능해 경영진의 의사결정에 도움을 준다. 특히 검색된 데이터를 사용자가 원하는 방식으로 변경 가능한 Self Custmizing 기법이 적용, 경영진의 올바른 의사결정과 실무진의 업무 효율성을 높이는데 도움이 되는 Report를 제공하고 있다.

Cody는 또한 CMS(Channel Management System)와 연동된다. 예약시스템이 연동되는 TL-린칸의 CMS(Channel Management System)는 일본 내의 3,400여 개 숙박업소에서 사용 중이며 약 70여 개의 OTA사들과 연동되는 안정성과 운영력이 검증된 CMS인데 이러한 TL-린칸의 CMS가 Cody와 연동돼 OTA에서 발생되는 예약이 정확하고 간단하게 Cody System에 반영된다.

이밖에 여러 OTA의 Allotment를 쉽고 간편하게 관리해 수립된 가격정책을 쉽고 기민하게 반영할 수 있다.

마지막으로 예약부터 체크아웃 이후까지 고객관리 기능을 통해 해당 고객의 기본정보, 성향, 투숙기록 등의 파악 및 입력이 쉬우며 이를 토대로 적절한 고객 대응이 가능하고 단기간에 사용자가 적응, 쉽게 사용할 수 있도록 직관성, 일관성, 일체성, 연속성을 고려해 개발된 것이 바로 이 시스템이다.

출처: 호텔앤레스토랑 매거진(2015. 7. 28.).

3 호텔업무의 정보시스템화

1) 호텔 정보시스템의 개념

호텔 정보시스템(Hotel Information System: HIS)이라고 하는 개념은 호텔에서 가장 중요한 데이터라고 할 수 있는 정보의 흐름과 정보의 양을 시기적절하게 조정하여 호텔경영진에게 빠른 정보를 제공하는 데 그 목적이 있다고 할 수 있다. 즉, 호텔 정보시스템이라고 하는 컴퓨터시스템의 도입은 데이터 처리의 신속화, 전표, 원장의 통일화, 정보 및 통계처리의 정확성 등 직접적인 효과와 사무처리 비용의 절감, 처리된 정보의 효과 등의 부차적 효과를 가져와 과거처럼 업무에 소요되는 시간을 줄임으로써 한층 더 고객에게 서비스를 제공할 수 있는 시간이 늘어나게 된 것이다.

2) 호텔 정보시스템의 정의

호텔 정보시스템은 호텔의 중요한 자원인 정보의 흐름과 처리를 통하여 효과적인 경영을 하고자 하는 것이다. 현대산업은 고객 거래의 도표화된 매뉴얼과 이것을 문서화하는 활동과 깊은 관계가 있다. HIS의 발달은 비용절감, 빠르고 정확한 업무처리로 호텔의 데이터 프로세스를 단순화하기 위한 하나의 시도이다.

호텔의 주요업무가 대 고객 서비스 업무로서 자동화가 절대적으로 필요하며 시스템의 특성은 고객의 다양한 예약, 등록, 체크인, 영업장 이용, 체크아웃 등의 절차에 맞추어 운영되어 왔다. 빠른 정보를 요구하는 고객의 욕구에 부응하고 현대화된 설비구축을 위해 많은 비용을 투자해 왔으며 이런 노력은 호텔산업이 타 산업에 비해 앞서가는 정보시스템 구축이라는 효과를 가져왔다.

호텔 정보시스템은 24시간 영업을 하는 관계로 시스템의 활용시간이 타 업종에 비해 높고 활용되는 자료들은 실시간으로 제공, 저장되며 호텔 정보시스템의 객실

관련 업무를 예약, 프런트, 교환 실, 하우스 키핑, 객실관리 업무를 담당하는 부서에서 Front Office System을 사용하고 식음료의 매출관리, 주방관리의 업무는 POS System을 사용한다. 또한 프런트 오피스 시스템과 POS시스템에서 발생하는 자료들은 자동 전달되어 고객에 대한 매입, 매출관리 하는 Back Office System에 저장되어 사용하고 있다. 그리고 자동화 관련 정보를 제공하기 위해 Main 컴퓨터에 연결된 Interface System이 있으며 최근에 개발된 콘텐츠는 객실 내에서 인터넷을 이용한 다양한 정보를 제공하는 객실정보시스템이 운영되어 고객을 위한 질 높은 서비스를 제공하고 호텔 종사원들이 이를 활용함으로써 호텔의 기본적 목적을 달성하고자 하는 특성이 있다.

호텔 정보시스템의 개념을 요약하면 호텔에 가장 중요한 자원인 정보의 흐름과 적절한 조절을 통해서 경영의 효율성을 한층 더 제고시키는 것을 말한다. 이러한 호텔 정보시스템은 관광수요의 고도화, 다양화에 능동적으로 대처하기 위하여 관광객에게 호텔환경의 적응력을 향상시키며, 새로운 관광수요를 환기시키고, 관광지의 지역경제 활성화를 도모하기 위하여 등장했다.

호텔 정보시스템은 관광호텔 기업의 정보시스템을 적용하여 중요한 호텔 정보의 적절한 취급과 원활한 유통으로 관광호텔업의 경영 및 관리의 효과를 높이는데 의의가 있다. 호텔 정보시스템은 호텔 기업과 관련하여 내외부에서 발생하는 모든 자료를 분석하고 측정하며, 현재의 분석과 미래를 예측할 수 있어야 한다. 뿐만 아니라 필요한 정보를 수집, 처리, 분석, 보관하였다가 의사결정을 하려는 호텔 정보의 사용자에게 정보 제공 기능을 수행하게 하는 절차라고 할 수 있다.

호텔은 사람을 대상으로 서비스를 제공하는 업체이다. 그러므로 고객이 원하는 모든 서비스의 정보가 각 업체에 실시간으로 제공되어야 한다. 특히, 호텔서비스는 365일 24시간 연속 작동되어야 한다. 이러한 요소로 호텔 정보시스템은 다른 기업의 정보시스템보다 많은 어려움을 느끼고 있으며 작동시간이 높다.

3) 호텔 정보시스템의 변화와 특징

호텔 정보시스템의 변화를 살펴보면 크게 세 가지로 정리된다.

(1) 영업의 자동화

객실수의 증대, 체크인/아웃의 절차상 불편, 각종 서비스 문제, 효율적 에너지 관리 문제, 노동력 절감, 생산성 향상 등 호텔산업이 직면한 문제점을 효과적으로 처리하고, 과학적인 경영과 운영, 서비스의 극대화 등은 자동화를 통하여 호텔영업의 변화를 가지고 오고 있다. 영업의 자동화는 호텔에 고객의 구매결정 및 행동의 변화와 새로운 서비스를 제공, 객실 재고 관리, 고객포트폴리오 관리, 수익률관리, 호텔자산 관리 등 호텔경영의 의사결정 도구로서 영향을 미칠 것이다.

(2) 예약시스템

전통적으로 호텔예약은 전화예약이나 제3자를 이용하는 중간유통(여행사, 항공사, CRS, 호텔전문예약회사, 사이버관광회사 등)을 통하여 직/간접적인 예약영업 방식을 취해 왔다. 그러나 현시대에 많은 호텔기업들이 모바일과 인터넷을 통한 호텔예약 방식에 많은 투자와 관심을 가짐에 따라 호텔과 고객 간의 연계비용을 감소시켜 호텔 가격을 줄임으로써 연계비용의 잉여비용을 고객에게 혜택을 주는 영업 전략이 시행되고 있다.

(3) 맞춤 서비스화

과거에는 호텔상품이 일률적인 패키지 형태의 서비스 상품이 주종을 이루고 있었으나 현시대의 다양한 고객유형에 맞는 서비스상품을 만드는 것이 필연적인 과제로서 등장하였다. 컴퓨터와 관련된 인터넷 정보기술에 의하여 호텔은 고객에게 저비용 서비스전략을 수행할 수 있게 되었다. 이것은 동일한 서비스 품질을 유지함으로써 다양한 고객 욕구를 효과적으로 충족시킬 수 있는 다품종 소량 서비스

체제를 통해 고객 개개인에 맞는 서비스의 극대화에 노력해야 한다.

상품(Product)과 서비스(Service)를 결합해 만든 신 용어 '프로비스(Provice)'의 등장은 고객 개개인의 성향에 맞춘 호텔상품 개발과 부가가치를 동시에 창출시키는 서비스 상품 개발 필요성에 시사하는 바가 크다. 즉 고객위주의 호텔경영에 따라 고객 개인의 특성화된 서비스 부가가치를 제공하는 일대일 서비스가 필요하게 되었다. 이와 같이 미래의 호텔경영에서는 다양화되는 호텔고객 개개인의 요구나 욕구에 맞춘 눈높이 서비스상품이 등장할 것이다. 기존 호텔상품의 구성인 물적 서비스, 인적 서비스, 시스템적 서비스를 통해 고객의 욕구를 충족시킨 크로스셀링(cross-selling)에서 고객 개개인의 눈높이에 맞춘 크로스서비스(cross-service) 일대일 마케팅이 필요할 것이다.

호텔 정보시스템의 특징을 정리하면 다음과 같다.

첫째, 소속이 다른 직원이 주간과 야간을 구분하여 정보시스템을 운영한다. 예를 들면, 정보시스템부서의 근무자가 밤에는 없는 대신에 프런트부서에 근무하는 나이트 오디터(Night Auditor)가 자정에 일일 업무를 마감하고 오전 아침에 경영진들이 볼 수 있도록 Fresh Report를 작성하며, 야간에 호텔을 이용하는 고객의 정보를 입력 및 출력한다. 그러나 업무 수행 중 정보시스템의 고장 및 소프트웨어 문제 등에 의해 야기되는 점은 전산실직원들에게 연락을 하여 해결할 수밖에 없다. 즉 전산실 직원들은 전산정보시스템을 24시간 운영해야 함으로 근무시간의 제한이 없다.

둘째, 호텔 정보시스템에 사용되는 자료는 하루에 수차례 저장하는 절차를 가진다. 그 이유는 실시간으로 운영되는 고객정보를 정보시스템 재해 발생 시 가급적 최신자료를 재생시켜 손실을 줄이기 위해서이다.

셋째, 호텔 정보시스템의 종류는 다양하기 때문에 정보시스템의 기능에 따라 사용자의 부서가 구분된다. 간단히 설명하면 객실관련 업무를 관리하는 프런트오피스시스템, 식음료 부서를 관리하는 업장관리시스템(POS System)을 사용한다. 그리고 프런트오피스 시스템과 업장관리시스템에서 발생하는 자료를 자동으로 이관하여 고객에 대한 매입, 매출관리와 인사, 급여, 원가, 경리 등을 하는 관리부서는 백오피스 시스템이 사용된다.

넷째, 사설 교환기(Private Automatic Branch Exchange: PABX)를 이용한 객실 자동화 정보시스템이다. 이 기능은 호텔에서 중요시 여기는 정보시스템 서비스의 일종이므로 호텔서비스 간에도 이 시설에 의해 호텔의 수준을 평가하기도 한다.

다섯째, 고객을 직접 상대하는 프런트오피스와 업장관리시스템을 사용하는 종사원은 인적 서비스 제공수준과 직무만족 요인이 정보시스템의 품질 정도에 의해 고객으로 부터 칭찬 또는 불평 의견을 들을 수 있다. 예를 들면, 체크아웃을 기다리는 고객이 있는데 정보시스템 문제로 영수증 발급이 지연되고, 이로 인하여 항공기 시간에 쫓기게 되는 경우 고객으로부터 불평을 듣게 되며, 이로 인하여 만족한 서비스 제공이 되지 않고 종사원 자신도 스트레스를 받게 된다. 반면, 고객이 객실에 부재중일 때 고객에게 연락된 메시지를 무사히 전달할 경우에 고객으로부터 감사의 말과 함께 직무에 만족을 느끼게 된다. 결론적으로 호텔정보시스템은 다른 업종에 비하면 정보시스템으로 인해 고객으로부터 종사원이 받는 직접적인 영향력은 크다고 할 수 있다.

4) 호텔업무의 정보시스템 구축 방안

호텔에서 전산화(computer system)를 구축하는 데는 많은 비용이 투입되므로 전산화를 하는데 요구되는 제반사항을 정확히 분석·검토하여 자기 환경에 가장 효율적인 시스템을 구축하여야 할 것이다.

전산화방안은 자체개발과 외부시스템의 도입으로 나눌 수 있으나, 자체개발을 하려면 전산실의 인원 확보 등 문제점이 뒤따르므로 주로 외부의 기본시스템을 도입하여 사용하고 있는 실정이다.

외부시스템을 비교평가하고 선정하는 작업을 사장이나 전산실장 혹은 담당자 한두 명의 의견이나 고집으로 결정하는 것을 굉장히 위험스러운 일이므로, 주로 시스템컨설팅(system consulting) 회사의 전문적인 견해를 요청하는 것도 바람직한 방법이 될 것이다.

중요한 것은 실제 이 시스템을 사용하는 예약부서, 프런트 캐셔, 하우스키핑, 리셉션, 회계 및 전산실 등 모든 부서의 의견을 종합하여 가장 편리한 시스템을 선정하되, 소프트웨어의 종류나 하드웨어 시스템의 종류 및 시스템에 관한 호환성 등은 전산실의 의견을 존중하여 결정하여야 할 것이다.

위에서 언급한 바와 같이 호텔업에서의 정보시스템 구축 방안뿐만 아니라 일반적인 정보시스템 구축 및 개발단계도 알아두어야 할 필요가 있다.

정보시스템의 개발단계는 기존 시스템이 존재하는 경우 문제인식단계를 시작으로 신규 시스템의 타당성 검토, 시스템 분석 및 설계, 코딩 및 운영단계를 거쳐 평가단계로 마무리되는데 이를 구체적으로 살펴보면 다음과 같다.

① 문제인식 또는 요구분석

정보시스템의 개발을 위한 첫 번째 단계는 기존 시스템이 있는 경우와 없는 경우로 나누어 볼 수 있다. 기존 시스템이 존재하는 경우는 시스템의 문제를 인식하는데서 개발이 시작될 것이다. 만약 기존의 시스템이 없는 경우라면 조직이 정보시스템을 개발하려는 필요성을 명확하게 파악하는 단계가 될 것이다.

② 타당성 검토

정보시스템 도입에 따른 타당성을 검토하는 것이 시스템 개발의 두 번째 단계가 된다. 타당성 분석이란 시스템을 개발함으로써 획득하게 되는 효용이 투자비용을 초과할 수 있는지 여부를 판단하는 단계이다. 만약 타당성이 있는 여러 가지 대안이 존재한다면 최소의 비용으로 최대의 혜택을 얻을 수 있는 대안을 선택하는 노력도 이에 해당된다.

③ 시스템 분석

시스템 분석은 고객의 입장에서 볼 때 반드시 필요한 항목을 분석하는 데서 시작된다. 시스템 분석 단계에서는 기존의 정보체계에서 다루어지지 않거나 시의 적절하게 제공되지 않던 정보를 주로 취급하게 되며 필요성이 있다고 판단되는 것들이 설계 대상으로 포함된다.

④ 시스템 설계

시스템 분석단계에서 정보이용자 또는 관광객 입장에서 문제의 소지가 있다고 판단되는 정보가 인식되면 이 문제점을 해결하기 위한 정보시스템의 설계가 이루어지게 된다. 새로운 자료를 포함한 모든 정보 프로세스가 흐름도(flow chart)로 표시되는데, 이러한 흐름도는 개괄적인 것과 상세한 것으로 나누어진다.

⑤ 코딩 및 평가단계

코딩은 시스템분석가가 시스템 설계 단계에서 제시된 흐름도를 이용하여 관광정보의 산출과정을 컴퓨터 언어를 이용하여 구체화하는 단계로서 기본적으로 프로그래머에 의해서 수행되는 단계이다. 정보시스템의 구축은 코딩과정이 끝나면 바로 운영에 들어갈 수도 있지만, 논리상의 오류나 이용자의 요구사항이 나타나기도 한다. 따라서 시범운영을 통하여 평가단계를 거치는 것이 필요하다.

5) 정보시스템의 기대효과

호텔업무를 전산화함으로써 얻어지는 효과는 간접적으로 얻어지는 효과와 직접적으로 발생되는 효과로 나열할 수 있는데, 우선 간접적 효과를 살펴보면 다음과 같다.

① 대고객 서비스의 증대

- Check-in · Check-out의 신속 · 정확한 처리
- Guest History의 관리유지
- 철저한 예약관리 서비스
- 증가효과 기대

② 영업이익의 증대

- 정확한 수입금 관리

- 신속한 자료처리
- Skipper 방지
- 반복되는 단순 업무의 감소

③ 관리측면의 효과

- 호텔 경영정보의 분석
- 제반업무의 정예화
- 적절한 영업방침 결정

이상과 같이 나열해 볼 수 있으며, 직접적으로 발생되는 전산화 효과는 수작업이 아닌 회계처리상의 효과와 계산과정에서 발생되는 운영상의 손실을 방지할 수 있고, 인건비에 대한 절감효과를 기대할 수 있다.

이러한 시스템을 구성하기 위해서는 컴퓨터의 하드웨어, 소프트웨어, 클라우드 통신망에 대한 충분한 연구와 업무 지원환경에 대한 고려가 충분히 선행되어야 하는데 우선 소프트웨어에 대한 요구사항은 다양한 업무적용이 가능해야 하며, 언어의 구성이 편리해야 하며, 단순하고 편리한 운영환경이 되도록 설계되어야 한다. 하드웨어에 대한 요구 역시 장비에 대한 안정성이 보장되어야 하며, 확장성이 용이해야 하고, 처리속도가 빨라야 하며, 타 기기와의 접속이 용이해야 한다.

통신망에 대한 요구사항은 업무환경의 내부적인 공유와 외부거래처와의 컴퓨터 환경을 고려하여 적절하게 배열될 수 있어야 한다.

6) 호텔 정보시스템의 주요업무

호텔 정보시스템에서 제공되는 기능은 부서(Department) 단위가 아니라 섹션(Session)에 의해서 운영되며, 또한 모듈(Module)에 의해서 구성되어 있는 아주 섬세한 정보원으로 구성되고 있다. 모듈의 특성은 호텔 정보시스템을 구성하는 전체적인 단위가 문제가 생기는 것을 방지하기 위하여 기능별 구성요소를 하나하나 붙

여서 전체적인 정보시스템을 구축한다. 이러한 모듈에 의해 구성된 정보원을 통상적으로 프런트오피스 정보시스템, 백오피스 정보시스템, 업장관리 정보시스템, 인터페이스 정보시스템이라고 한다. 호텔업에서 운영되는 정보시스템 내용을 요약하면 아래와 같다.

(1) 프런트오피스 시스템

- 예약: 객실고객 및 업장고객의 예약을 받는다.
- 프런트캐셔: 객실고객의 체크아웃을 돕는다. 환전 업무를 한다.
- 프런트클럭: 객실고객의 체크인을 돕는다.
- 하우스키핑: 객실청소 상태를 점검한다. 객실손님 정보를 관리한다.
- 교환실: 모닝콜, 음성사서함을 서비스한다. 각종 안내 서비스를 한다.
- 벨 데스크: 메시지를 출력하여 전달한다.
- 마케팅: 객실에 대한 수요 및 예측을 한다. 마케팅전략에 기초가 될 자료를 수집한다.
- 경영진: 실시간으로 객실현황을 점검한다.

(2) 백오피스 시스템

- 인사, 급여: 종사원의 인사 및 급여를 관리한다.
- 경리, 회계: 매입·매출관리를 한다.
- 검수, 구매: 자재에 대한 검수 및 구매를 관리한다.
- 고객관리: 호텔 사용고객을 관리한다.
- 원가관리: 호텔 경영에 필요한 비용분석을 한다.
- 시설관리: 호텔 시설에 대한 관리를 한다.
- 경영진: 경영전략을 위한 자료를 수집한다.

(3) 업장관리시스템

- 주방: 고객의 주문이 자동으로 전달되어 조리한다. 레시피 관리가 된다.
- 레스토랑
  - 고객의 주문을 주방으로 자동으로 전달한다.
  - 객실고객영수증을 구분해서 처리한다.
  - 영수증을 발급한다.
  - 고객신상 정보에 의해 서비스를 제공한다.

(4) 인터페이스 시스템

- 전화요금산출: 객실고객의 전화사용에 대한 내역 및 요금을 산출한다.
- 에너지관리: 객실에 설치된 전열, 난방등 에너지를 자동 관리한다.
- 전자 잠김: 마그네틱에 의한 객실입구를 관리한다.
- 음성사서함: 고객 부재 시 상대방 음성으로 메시지가 전달된다.
- 인터넷: 객실 내에서 인터넷 검색 및 전자우편을 사용한다.
- 영수증검색: 객실 내의 텔레비전을 통하여 사용내역을 볼 수 있다.
- 비디오상영: 다양한 영화를 볼 수 있으며 자동으로 요금 산출된다.
- 미니바: 객실에서 소비한 냉장고의 내용물 및 요금이 산출된다.
- 고객이름 호출: 고객이 객실에서 전화를 걸면 객실번호와 이름이 나타남으로 이름을 불러준다.

4 호텔업 정보시스템 설계 및 적용

호텔업 정보시스템을 분류하면 크게 세 가지로 분류 할 수 있다. 프런트오피스 시스템, 백오피스 시스템, 인터페이스 시스템으로 분류할 수 있으며 이 세 가지가 호텔업 정보시스템에 가장 큰 부분을 차지한다.

1) 프런트오피스 시스템의 적용

프런트오피스 시스템은 예약(Reservation), 체크인(Check-In or Front Desk), 체크아웃(Check-Out), 일일결산(Night Audit), 객실관리(House Keeping), 고객관리(Guest History), 여행사관리(Travel Agent), 교환안내(Telephone), 여신관리(Account Receivable)와 각종 출력 자료 기능이 있으며, 전체적인 관리를 위해 시스템 유틸리티(System Utilities) 기능 및 구성(Hotel Configuration) 등이 있다.

① 예약(Reservation)

- 객실 유형과 Origin Code로 객실 고객 사용률 분석
- 객실 가용 현황 통제와 초과 예약(Over Booking)의 통제
- 객실 유형에 따른 적절한 요금 결정
- 스케줄에 따른 요금 자동 적용
- 다양한 예약 기능
- 예약 고객관리(성명, 객실, 도착일, 출발일, 회사, 여행사)
- 자동 인쇄(Confirmation, Registration Card. Message 등)
- 1개 화면으로 예약처리 완료

② 단체 예약(Group And Convention)

- 객실 타입에 따라 각각의 다른 요금 산정을 자동으로 하여 예약이 가능
- 자주 숙박하는 단체에 대해서는 계약된 객실의 할당(Block)이 가능하도록(Definite Blocking)
- 단체에 대해 객실 타입과 객실 당 인원을 기초로 하여 특정한 요금 적용
- 객실 타입에 의한 가용도를 보여주어 이중 예약 및 초과 예약 방지
- 단체 고객 이름(Group Member)들의 쉬운 복사로 계속적인 입력 가능
- 지정된 요금은 자동으로 단체 폴리오(Group Billing Folio)로 넘길 수 있으며 언제라도 변경이 가능함

③ 프런트 데스크(Front Desk)

- 등록서비스(Registration Service)
- 신속한 체크인(Check-In)
- Walk-In 고객 처리
- Special Billing 입력, 수정
- Guest Message 관리
- Room Share Status
- In-House & Arrival Guest 관리
- Today Arrival Report 준비
- 고객의 신용상태 확인
- VIP 및 Special Guest 처리
- 예약 취소 고객의 체크인
- Release Non-Guaranteed
- 객실 별 요금(Charge Rate) 조정
- Current Room Status 제공

④ 캐셔(Cashier)

- 폴리오는 언제라도 프린트할 수 있으며, 고객이나 단체의 정산 방법을 다양하게 제공
- 어떤 크기의 단체라도 체크아웃 시에 신속 처리
- 직원별 개인 아이디 관리
- 자동이체(Special Billing) 관리
- 국가별 환전 기능
- 고객의 사용 금액 및 고객 정보는 계속 갱신
- 일반 고객 및 단체 고객의 폴리오 간의 이체 가능

⑤ 일일 마감(Night Audit)

- 객실요금, 서비스 요금, 세금을 자동 계정(Posting)
- Rate Discrepancy Check
- 각 계정별 요금 및 세금의 종합결산처리
- 일일 수익 마감(Cashier Audit)
- 각 업장별 합계의 이중 체크(Cross Check) 및 검색
- 데이터의 백업
- 각종 통계 파일에 데이터 업데이트(Data Update)
- 일상 작업과 동시 결산 작업 가능

⑥ 객실관리(House Keeping)

- 객실 변동 상태 입력
- 객실 통제
- 객실 상태에 따른 종업원 근무 계획 작성
- 전화를 통한 객실 정비 상태 입력
- 프런트와의 메시지 전달

⑦ 교환기(Private Automatic Branch Exchange: PABX) or 사설교환기

- 신속 정확한 예약, 투숙 체크아웃 상황 파악
- 메시지 대기(Message Wait) 기능
- 메시지 저장(Voice Mail) 및 전달(Message Delivery) 기능

⑧ 매니저(Shift Manager / Manager)

- 시스템의 융통성 및 안정성을 위한 업무 분장
- 객실 및 각종 통제 관리 기능(Up-Grade, Room Block, Room Assignment) 제공

⑨ 여신 관리(Account Receivable)

- 체크아웃 시 후불 처리 금액 관리
- 체크아웃 시 In-House Balance를 City Ledger에 자동기록
- 미결재 금액 A / R(Account Receivable) Ledger에 자동기록
- 미수금 자동 Check되어 30, 60, 90, 120일 단위의 보고서 생산

⑩ 고객관리(Guest History)

- 고객의 특별 정보관리(선호하는 객실, 특별 서비스(Up Grade) 등)
- 고객기록 예약 서비스(History Reservation Service): 취향, 객실가격, 멤버십
- 고객 통계(방문 횟수, 1회당 평균 수입, 숙박 기간, 객실 유형)
- 일일 결산 작업 시 자동 갱신

⑪ 여행사관리(Travel Agency)

- 여행사 관련 투숙객 체크아웃 시 Commission 자동 처리
- 여행사별 독립된 Commission Rate 유지 관리
- 여행사 관련 데이터의 통계 및 보관
- 여행사별 일일 발생되는 내용관리(No-Show / 취소 횟수, 사용 객실 수, 예약-횟수, 영업 수익, 객실 수익, Total Commission)
- 여행사별 우편 자료 인쇄

⑫ 보고서(Reports)

- 장래의 객실 판매 예측 자료
- 호텔 수익의 정확한 예측 자료
- 추후 선택적 기간 동안의 예측 자료(3month forecast)
- 단체 Pick-Up 보고서
- 계정 관련 보고서(Transaction Total)
- 여행사 별 통계 자료(Travel Agency Statistics)

• 재실 통계 자료(Occupancy Statistics)-whole seller
• 수익 통계 자료(Revenue Statistics)
• 고객 유형별 통계 자료(Summary Source Of Business)
• 단체에 대한 통계자료(Group Business)

⑬ 호텔 유틸리티(Hotel Utility)
• 보관(Save) 기능
• 복원(Restore) 기능
• 데이터 삭제
• 파일 복구 기능

⑭ 호텔 구성(Hotel Configuration)
• 암호 등록 및 갱신
• 각종 코드의 갱신, 입력, 삭제 기능
• 객실 요금의 자동 계정 구조 형성

2) 백오피스 시스템의 역할 및 종류

백오피스 시스템 역할은 호텔에서 발생하는 매출, 매입관계를 관리하는 경리, 회계시스템, 종업원의 채용 및 교육 그리고 급여를 관리하는 인사, 교육시스템, 호텔영업에 필요한 식음료관리 및 원가를 관리하는 재고관리시스템과 원가관리시스템이 있으며 호텔 고객관리 및 판촉을 위한 업무를 집행하는 판촉, 연회관리시스템 등이 있다. 뿐만 아니라 이러한 자료를 최고 경영자가 참조할 수 있도록 도와주는 최고 경영자관리 시스템이 있다. 백오피스의 시스템은 호텔 경영특성에 따라 시스템을 도와줄 수 있는 유연성이 있어야 한다.

① 인사관리시스템

- 개인 신상정보관리(직원, 가족, 경력 사항, 자격, 면허, 여권 등)
- 근무기록관리(인사 발령, 교육 및 훈련 사항, 승급, 상벌 자료 등)
- 근태관리(출퇴근 및 휴가)
- 채용관리(지원자 및 개인별 점수)
- 인사 및 급여 통계
- 급여관리(월 급여, 상여, 연말 정산, 퇴직 정산)

② 구매 / 자재관리시스템

- 구매관리(발주 내역 등록, 품목별 입고 단가 및 발주 현황, 거래처별 발주 현황)
- 입고관리(거래처별 및 업장별 입고 현황, 입고 처리, 창고 반품, 취소)
- 출고관리(업장별, 품목별, 전 표순 관리)
- 거래처관리
- 품목자료관리(기초 재고, 품목별 입고 단가, 기간별 입 / 출고 현황)

③ 재무회계시스템

- 지불관리(지급품의서 초기처리 및 회계처리, 수입품의서 관리 및 회계처리)
- 회계전표관리(대체전표 관리, 일계표, 계산현금거래장 및 결산)
- 거래처관리(계정 과목 및 거래처 구축)
- 세무관리(영세율 및 세액, 부가세 관련 세금 계산서, 법인세 내역, 계정 과목별 공급 등)
- 어음관리(어음 내역 · 만기, 거래처별, 발생일자별, 지급 처별)

④ 고정자산관리시스템

- 자산관리(자산 취득, 자본적 지출, 제각 및 이관)
- 감가상각(월말 마감, 특별 상각, 재평가 처리)

⑤ 고객관리

- 기업관리(행사일, 업종별 기업, 지역별 기업)
- 판촉 실적관리(직원 실적)
- 출력물(고객 대장, 고객별 업장 사용 실적, 각종 기념일 및 행사)

⑥ 영업분석시스템

- 영업 내역관리(연간 및 일일 매출 내역 및 목표)
- 영업 일보 및 월보(객실 및 매출, 업장)

⑦ 여신관리

- 여신자료관리(여신전표 및 입금전표)
- 출력물(거래처별 및 일자별 미수 현황, 입금 현황, 청구서, 일별 및 월별 후불 현황)

3) 인터페이스(Interface) 시스템

호텔 정보시스템의 구성은 다양하게 세분화되어 있고 여기서 출력되는 자료도 분산되어 관리될 수 있다. 따라서 인터페이스 시스템의 역할은 분산된 자료를 하나로 통합하는 역할을 한다. 객실에서 출력되는 객실정보와 업장에서 제공되는 업장정보 등을 통합하여 고객 및 종업원을 위한 정보로 이용될 수 있는 통합시스템 기능을 하는 중요한 시스템이다.

① 업장관리시스템(POS)

식음료의 사용과 객실 서비스료를 고객의 폴리오에 자동 조회 및 청구한다.

② 음성사서함(Voice Mail)

각 객실의 손님에게 전달될 메시지가 있을 때 전화기의 메시지 램프가 켜지며, 음성을 전달한다.

③ 신용카드 검증(Credit Card Verification)

고객이 제시한 신용 카드로 사용권한 및 부정사용을 확인한다.

④ 비디오 서비스(Video Service)

고객이 객실 내에서 고객이 사용한 금액을 텔레비전을 통해 볼 수 있으며, 메시지도 볼 수 있도록 하며, 신용 카드로 금액 지불 시에는 프린트를 거치지 않고 텔레비전을 통해 버튼 하나로 체크아웃을 하면 된다.

- 손님이 객실 내의 TV를 사용하여 청구될 폴리오나 메시지 등을 볼 수 있고 체크아웃도 가능
- In-Room Movie Charge

⑤ 중앙집중 예약시스템(Central Reservation System)

체인 호텔의 경우 국내외의 체인 호텔에서 투숙하고자 하는 체인 호텔을 예약하면 고객의 취향 및 원하는 객실 유형 등, 고객의 모든 정보가 예약하고자 하는 호텔로 자동으로 입력되며, 호텔의 가용도에 영향을 준다.

⑥ 룸키 발행(Key Service System)

체크인 시 손님이 투숙할 방의 룸키 카드를 자동으로 만들어 손님에게 제시하며, 고객이 투숙 시에 업장 사용 후 카드를 제시하면 직원의 단말기에 고객 정보가 출력되어 후불 처리가 가능하며, 체크아웃 시에 손님에게 기념으로 선사하여 재투숙을 유도한다. 즉, 고객은 투숙 시에 룸키 하나로 모든 업장을 사용할 수가 있다.

⑦ 미니바 시스템(Mini-Bar System)

객실의 전화기를 사용하여 손님이 사용한 미니바의 상태를 입력하거나 룸 메이드가 입력하며, 미니바를 고객이 사용 시에 자동으로 폴리오에 저장되어 계산된다.

⑧ 인 룸 무비 (Pay-TV System)

룸에서 유료 영화 시청 시 손님의 폴리오에 저장되어 계산된다.

⑨ 에너지관리시스템(Energy Management System)

손님의 객실 사용 여부(Check-In, Check-Out)에 따라 냉난방이 자동으로 온오프되어 에너지의 소비를 효과적으로 조정해 에너지 비용을 절감하는 것이다.

⑩ 안전관리시스템(Safety Box System)

고객이 객실 내의 대여 금고를 사용 시 손님의 폴리오에 자동으로 그 사항이 저장된다.

⑪ 다중목적시스템(Multi-Purpose System)

Call Accounting, Telephone Management, 고객 메시지 및 미니바 등이 통합된 기능을 제공한다. 폴리오, 메시지 등을 청취할 수 있고 체크아웃도 가능하다.

- 객실 전화기를 통한 미니바 요금 청구 기능
- 객실 전화기를 통한 객실 현황 갱신 기능(메이드 현황 시스템)
- 메시지 램프 대기 제어 기능
- 체크아웃 시 해당 객실의 전화기 사용금지
- 체크인 시 해당 객실의 전화기 사용 가능토록 함
- 팩시밀리를 사용하여 손님의 메시지를 전달

5 호텔업 정보시스템의 향후 전망

1) 고객 응대와 로봇 컨시어지

빅데이터는 호텔서비스에도 큰 역할을 할 것으로 기대되고 있다. 미국 버지니아 주의 H호텔은 고객과 이야기를 나눌 수 있는 인공지능 로봇 컨시어지를 도입하여 주변 여행지역 정보를 제공하고 있는 서비스를 시험 중에 있다. 호텔 기업 80%가 2025년까지 인공지능을 통해 외식 및 관광 장소를 추천하는 서비스로 활용할 것이라고 답했다. 관련 연구에 의하면 고객의 47%는 과거 호텔 활용 내용을 분석하여 내 취향에 맞는 서비스 추천의 광고 형태가 각광받을 것으로 기대하며, 26%는 이런 서비스를 제공하는 호텔에 자주 방문할 의사가 있다고 응답했다.

일본 나가사키현에 헨나호텔은 향후 90%의 업무를 로봇 자동화에 맡긴다는 목표로 장기적 투자를 진행하고 있다. 인공지능 기능과 합쳐져 단순히 고객을 환영하고 짐을 옮겨주는 형태에, 인공지능 기능과 합쳐져 그 고객의 과거 요구사항과 선호도를 파악하여 더 나은 서비스를 제공할 것으로 발전해 나갈 것이다.

2) 고객 개별 맞춤형 공간 객실

호텔 투숙객이 온도, 조명, TV 및 미디어 리모컨과 같은 객실 내 다양한 기능들을 숙지하는데 최소 15분 정도 할애 된다고 한다. 하지만 IoT기술과 음성인식을 통해 고객 개인에게 최적의 환경으로 쉽게 조절하는 것이 가능해지고 있다. 보다 완벽하고 안정적인 서비스 제공을 위한 다양한 애플리케이션들이 개발되고 있다. 인공지능 스피커 및 객실에 부착된 QR코드 스캔을 통해 간단하게 활용할 수 있으며 온도 및 밝기제어, 룸서비스 요청뿐 아니라 조명의 색깔도 취향에 따라 바뀔 수 있다.

나아가 호텔에 여러 번 방문하는 고객의 경우, 안면인식과 음성인식 기술이 활용되어 자동으로 그 고객을 인식, 선호하는 환경으로 변경할 수 있다. 이 기능들은 객실환경 조절뿐 아니라, 자동으로 VIP고객을 인식하여 특별 서비스를 제공하거나 고객에 집중할 수 있는 다양한 기회를 제공하게 된다.

3) 호텔 가상현실 투어

호텔을 이용하는 대부분의 고객들에게 '호텔'은 일상에서의 탈출, 색다른 경험을 의미한다. 이런 고객의 욕구는 가상현실 기술과 함께 실현될 수 있다. 아직까지 가상현실 하면 VR, 비디오게임으로만 알려져 있다. 하지만 헤드셋이나 글러브를 착용한 사용자가 '가상세계'에서 물건을 조종하고 다양한 행동을 하는 경험은 호텔리어에게도 필수적인 도구가 되어 줄 것이다. 최근 연구에서는 고객의 66%가 주변 관광지 및 투어 예약 시 가상현실 체험이 매우 유용할 것이라 답했고, 44%는 라운지의 엔터테인먼트 도구로 기대된다고 답했다. 실제 글로벌 호텔 기업의 약 70%가 2025년까지 가상현실 기술을 도입할 예정이다.

4) 원격시설 제어

객실 환경설정에 대한 제어뿐 아니라, 호텔 운영에 필요한 모든 시설들을 자동으로 제어하거나, 문제가 발생하기 전 미리 감지하여 알릴 수 있는 기능들이 도입되고 있다. 정밀한 환경 컨트롤이 필요한 제조업 쪽에서는 이미 이런 인공지능을 결합한 감지 시스템이 적극적으로 도입되고 있다. 이제는 호텔에도 이런 설비를 통해 보다 안전하고 쾌적한 환경을 제공할 수 있게 되었으며, 인건비와 운영비를 절감할 수 있다. 센서를 통한 소방, 난방, 전기, 상수도 시설을 자동화 모니터링하고 빅데이터를 활용한다면 평소와 다른 상황을 바로 감지하여 알림을 주게 된다. 인력의 배치 없이 빠르고 안정적인 점검이 가능해진다.

5) 챗봇 고객 서비스

이미 국내의 대형 호텔을 시작으로 점점 실용화되고 있는 기술이다. 고객은 챗봇 기능을 통해 시설 이용 안내, 레스토랑 예약, 이벤트 확인, 프로모션 추천 기능을 확인 할 수 있다. 한 방향으로 정보를 전달할 수밖에 없는 광고나 안내를 보고 확인하는 것이 아니라, 고객과 서로 대화가 가능하기 때문에 궁금한 사항이 있을 때마다 일일이 전화를 해야 하는 수고를 크게 덜어 낼 수 있을 것이다. 빅데이터를 기반으로 고객이 찾는 가장 완벽한 대답을 제공할 수 있도록 하며, 원하는 방식으로 정보 전달 방식을 다양화 할 수 있다. 챗봇은 곧 호텔예약, 취소 서비스와도 연동되어 하나의 플랫폼에서 모든 서비스를 경험할 수 있도록 개선될 예정이다.

■ ■ ■ 필수용어

- **자산관리시스템(Property Management System: PMS)**: 프런트 데스크(Front Desk)와 백오피스 사이에 원활한 기능을 위해 고안된 호텔 컴퓨터시스템이다.
- **사물인터넷(Internet of Things: IoT)**: 정보통신 기술을 기반으로 실세계(physical world)와 가상 세계(virtual world)의 다양한 사물들을 연결하여 진보된 서비스를 제공하기 위한 서비스 기반 시설. 유비쿼터스 공간을 구현하기 위한 인프라 컴퓨팅 기기들이 환경과 사물에 심겨 환경이나 사물 그 자체가 지능화되는 것부터 사람과 사물, 사물과 사물 간에 지능 통신을 할 수 있는 사물 통신(M2M: Machine to Machine)의 개념을 인터넷으로 확장하여 사물은 물론, 현실과 가상 세계의 모든 정보와 상호 작용하는 개념으로 진화했다. 사물인터넷(IoT)의 주요 기술로는 센싱 기술, 유무선 통신 및 네트워크 인프라 기술, 사물인터넷 인터페이스 기술, 사물인터넷을 통한 서비스 기술 등이 있다.
- **큐알코드(Quick Response Code: QR Code)**: 흑백 격자무늬 패턴으로 정보를 나타내는 매트릭스 형식의 이차원 바코드. 한글 문자 1,700자 또는 숫자 8,000자의 정보를 담을 수 있으며 디지털 카메라나 전용 스캐너로 읽어 활용한다. 국제 표준(ISO / IEC 18004)으로 채택되어 무료로 쓸 수 있다. QR코드(QR Code)는 덴소 웨이브(DENSO WAVE) 회사의 등록 상표이다.

CHAPTER 05

외식업 정보시스템

학습목차

1. 외식업의 일반적 이해
2. 외식업 정보시스템
3. 외식업 상권정보시스템
4. 사례분석 및 시스템 구축 관계법령
5. 외식업장 경영관리시스템

CHAPTER

05 외식업 정보시스템

학/습/목/표

1. 외식업 정보시스템에 대해 설명할 수 있다.
2. 외식업 상권정보시스템을 활용할 수 있다.
3. POS시스템에 대해 설명할 수 있다.

들어가는 말

외식 상권지도 제작, 성공 창업 지름길 안내

다이닝코드 대표 "정확성 · 신뢰성 기반 한국판 '엘프'로 키울 것"

서울 강남구에 위치한 위워크빌딩에서 만난 다이닝코드 대표는 "하반기 외식 창업자들을 위한 '외식 상권 지도'를 선보일 예정"이라며 이같이 말했다. 네이버 블로그와 인스타그램 태그 등을 분석해 홍대, 신촌, 강남역 등지의 외식 트렌드를 파악하고 외식 창업자들의 실패를 줄이는 수호천사 역할을 하겠다는 포부다.

그는 2010년 네이버로부터 블로그 데이터 3000만 개를 받아 분석한 결과 맛집 정보가 정확성과 신뢰도 측면에서 부족하다고 느끼고 2014년 빅데이터 기반의 다이닝코드를 창업했다.

다이닝코드는 네이버 블로그, 인스타그램 태그 등에 있는 정보와 자체 보유한 정보를 분석한 뒤 광고요소가 배제된 맛집 순위를 매긴다. 객관성 · 공정성을 확보하기 위해서다. 대부분 맛집 앱(애플리케이션)이 사용자들이 작성한 평가 위주로 순위를 매기는 것과는 다른 방식이다. 덕분에 다이닝코드는 가입자 수 100만 명, MAU(월간 순사용자) 180만 명의 국내 1위 맛집 플랫폼으로 성장했다.

신 대표는 다이닝코드의 수익원을 고민하다 프랜차이즈 음식점도 지점마다 소비자들의 평가가 엇갈린다는 점을 발견했다. 소비자들이 느낀 감정을 그대로 담은 인터넷 글을 분석한다면 해당 프랜차이즈가 경쟁사와 비교해 어떤 경쟁력이 있는지를 파악할 수 있다고 봤다. 더 나아가 이 분석 데이터를 모두 모으면 '외식 상권 지도'를 만들 수 있다고 판단했다.

특히 현재 소상공인 상권정보시스템이 과거 데이터를 분석한다면 다이닝코드는 실시간 분석이 가능하다고 신 대표는 강조했다. 또 다이닝코드는 사용자들의 글 속에서 유의미한 단어를 추출하는 텍스트 마이닝을 적용해 '고백 레스토랑' '소개팅' 장소와 같이 다양한 키워드로 검색이 가능하다. 창업자들이 타깃 고객을 보다 구체적으로 좁혀 접근할 수 있다는 의미다. 신 대표는 '외식 상권 지도' 론칭을 통해 다이닝코드의 수익구조도 개선될 것이라고 기대한다.

신 대표는 "보통 맛집 앱들이 수익원으로 음식점 홍보광고를 적용하다 소비자들의 신뢰를 잃는 반면 다이닝코드는 B2B(기업간 거래) 모델을 도입해 비즈니스모델을 확대하겠다"며 "미국의 옐프(YELP)처럼 대한민국 대표 맛집 플랫폼으로 도약하겠다"고 말했다.

출처: 머니투데이(2018. 8. 21.)에서 발췌.

1 외식업의 일반적 이해

1) 외식산업의 개념

외식업에서 고객에게 식음료를 판매한다는 것은 음식만을 판매하는 것이 아니라 무형적인 다양한 서비스도 같이 판매하는 것이다. 이제까지 기본적인 외식업체의 접객 서비스(복장, 몸가짐, 접객태도, 언어 사용법, 등)를 사용하는 수준이나 서비스를 제2차 상품으로 생각하고 품질관리나 고객관리의 차원에서 적용하려는 의식과 고객 만족을 지향하는 경영혁신이 절실한 산업이 외식사업이라 할 수 있으며, 음식을 단순히 만들어 제공한다는 개념에서 음식과 서비스의 제공, 분위기의 연출 및 이와 관련된 편의제공 등을 상품으로 제공하는 보다 발전된 개념으로 제조업과 서비스업을 함께 추구하는 복합산업을 외식산업이라 한다.

일본에서는 미국에서 도입된 패밀리레스토랑과 패스트푸드점이 일본에 상륙하면서 외식산업이라는 명칭이 보편화되기 시작했다.

인간이 음식에 대한 욕구를 요리나 음료 · 주류 등을 통해서 그 욕구를 직접 충족시키기 위한 인적 서비스가 연출되고, 때로는 분위기가 있는 휴식공간까지 제공되어 생활에 새로운 활력을 얻게 해주는 사업(고객의 필요와 욕구를 충족시키기 위해 일정한 시설과 식음료를 갖추고 인적 · 물적 서비스를 제공하며, 경영관리에 의해 이윤을 추구하는 행위), 즉 음식을 만들어 제공하는 산업을 뜻하며 식사제공, 인적 서비스 제공, 분위기 연출, 식사와 관련한 편익제공 등을 상품으로 하는 사업을 말하며 시설 측면에서는 가정 밖에서 식사 또는 이에 따른 서비스를 제공하는 시설사업을 말한다.

2) 외식산업의 특성

(1) 생산적 특성

① 생산과 판매의 동시성

일반 소매업에서는 상품을 판매하고 있지만 레스토랑은 상품의 원료인 식재료를 구입하여 그것을 조리(생산)하고 서비스(판매)해서 판매(고객의 주문에 의함)를 완결하는 과정이 동시에 이루어진다.

② 주문생산의 원칙

일반상품에서는 규격과 표준에 의하여 크기, 모양을 규제하여 대량생산을 하지만, 레스토랑의 경우는 그 레스토랑의 고객의 주문에 의해 상품(요리나 음료)을 생산하게 되는데 이것을 개별적 주문생산이라고 한다.

③ 수요예측(Demand forecast)의 불가능

개별적인 주문생산은 고객이 레스토랑에 찾아와서 주문을 하여야 비로소 생산(조리)이 시작되는 것이다. 특히 계절, 일기, 기호 및 고객층 별로 변화하기 때문에 그 수요파악은 극히 곤란하다. 그러나 현재에는 레스토랑 경영의 현대화로 수요예측을 합리적이고 과학적인 수요예측 방법을 도입하고 있다.

(2) 판매적 특성

① 장소적 제약과 비저장성

레스토랑의 판매는 원칙적으로 고객 자신이 레스토랑에 찾아와 구매하지 않으면 안 되며 또한 그 장소의 범위 내에 테이블 좌석수를 한도로 하여 판매가 이루어진다.

② 시간적 제약

레스토랑이 판매에 있어서 장소적 제약뿐만 아니라 시간적 제약이 레스토랑 경영을 곤란하게 하는 또 하나의 요인이다. 인간의 식사습관이 변화하지 않는 한 식사시간이 정해져 있다. 따라서 레스토랑에서 식사시간을 어떻게 능률적으로 조정하여 고객을 수용하는 문제가 레스토랑 사업 성공의 열쇠가 될 것이다.

③ 판매의 인적 서비스

인적 서비스의 좋고 나쁨이 그 레스토랑의 좋고 나쁨을 결정하는 큰 분기점이 된다. 따라서 종사원의 직무에 대한 만족이 레스토랑의 성패에 중요한 영향을 미친다고 할 수 있다.

2 외식업 정보시스템

1) 개요

식음료 서비스(Food & Beverage service)는 대개 호텔의 부대서비스에 속하기도 하고 혹은 독립된 공간과 시설을 가진 레스토랑이나 바 또는 클럽에 의해서 제공된다. 맥도널드나 버거킹 등의 빠른 서비스(Quick service)를 모체로 하는 패스트푸드(Fast food)도 역시 동질의 식음료 서비스를 제공하는 업체이다. 이러한 식음료 서비스와 관련된 정보시스템은 가장 공통적인 프로그램인 POS(Point-of-Sale system)를 비롯하여 조리법관리(Recipe management)시스템, 판매분석(Sales analysis)시스템, 그리고 메뉴관리(Menu management)시스템이 있다.

조리법관리시스템은 자동화된 외식업체의 시스템을 위해 식재료파일(Ingredient file), 조리법파일(Recipe file), 메뉴품목파일(Menu item file)의 세 가지로 구성된다.

판매분석시스템은 POS시스템과 연동되어 POS에 저장된 다양한 정보를 이용하여 메뉴계획, 판매예측, 메뉴가격 결정, 식재료구매, 재고자산관리, 인력계획, 인건비 등에 관한 보고서를 작성할 수 있게 하여 레스토랑 경영자로 하여금 이와 관련된 부분의 모니터와 운영을 돕는다. 레스토랑 경영자에게 가장 이익을 많이 줄 수 있는 메뉴 항목당 가격의 설정, 식음료 서비스운영의 이익을 최대화할 수 있는 가격수준과 매출 량의 결정, 현재의 메뉴 중 새로운 가격의 설정이나 대체, 지속 혹은 리포지셔닝이 필요한 메뉴의 결정, 오늘의 특선 메뉴나 새로운 항목에 대한가격 결정, 그리고 변경된 메뉴의 성공에 대한 평가 방법 등에 대한 정보를 제공하는 시스템이 메뉴관리시스템이다.

이외에도 식음료의 생산에 대한 분석, 통제, 모니터링을 돕는 백오피스시스템도 레스토랑 경영시스템에서 공통적으로 사용하는 정보시스템이다. 또한, 음료서비스운영을 위한 자동화된 음료통제시스템(Automated Beverage Control System)은 음료항목, 개별브랜드, 가격, 판매량 등에 대한 자료를 가지고 월별, 일별 판매량, 결제방법별 판매량 등에 대한 정보 등을 분석하여 바 등의 음료서비스 운영자를 돕는다.

2) 외식업체에 있어서 정보시스템의 필요성

외식업체를 운영하는 경영자들은 비용은 줄이면서 수익을 늘리기 위한 새로운 방법을 찾기 위해 항상 노력해야 한다. 이러한 노력을 위해서 가장 필요한 것은 바 나 레스토랑의 운영에 대한 시기적절한 그리고 상세하고 정확한 정보이다. 경영자들은 이러한 정보를 바탕으로 현재의 경영전략의 효과를 측정하고 또한 이를 재편하거나 새로운 전략을 수립하게 된다. 만약 경영자가 필요한 정보를 제때에 공급 받지 못할 경우 양질의 상품이나 서비스를 적합한 시간에 합리적인 가격으로 표적시장에 전달하지 못하게 되며 결국 이는 재고의 누적, 품질의 저하, 고객만족 저하, 비용의 과도 등의 부정적인 결과를 초래하게 된다. 따라서 외식업체의 자동화된 정보시스템은 경영자로 하여금 이러한 정보를 얻을 수 있도록 돕고 또한 외식업체 경영자의 통제력을 향상시키고 효율적인 운영을 위해 꼭 필요한 것이다.

결국, 외식업체의 정보시스템은 경영자의 의사결정을 위한 정보를 필요한 시간에 정확히 제공하여 잘못된 의사결정을 방지하고 보다 나은 예측력을 제공하며 높은 생산성을 이룰 수 있도록 돕는다. 더불어 이러한 정보시스템은 마케팅 노하우를 개선하며 많은 시간을 요구하는 반복적인 수작업을 대체할 수 있다.

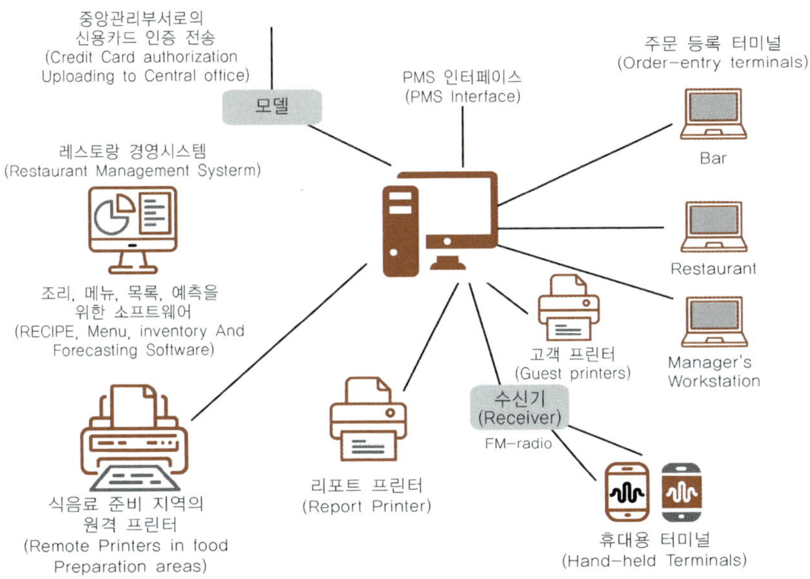

[그림 5-1] 외식업체의 정보시스템 구성

출처: Sheldon(1997). Tourism Information Technology. NY: CAB International.

3 외식업 상권정보시스템

소상공인시장진흥공단 상권분석시스템(sg.seda.or.kr)에서 제공하고 있는 상권분석시스템을 소개하고, 상권분석시스템에 접근하여 직접 분석하는 실습과정이 필요하다.

상권분석시스템을 활용하면 다음과 같은 정보를 얻을 수 있다.

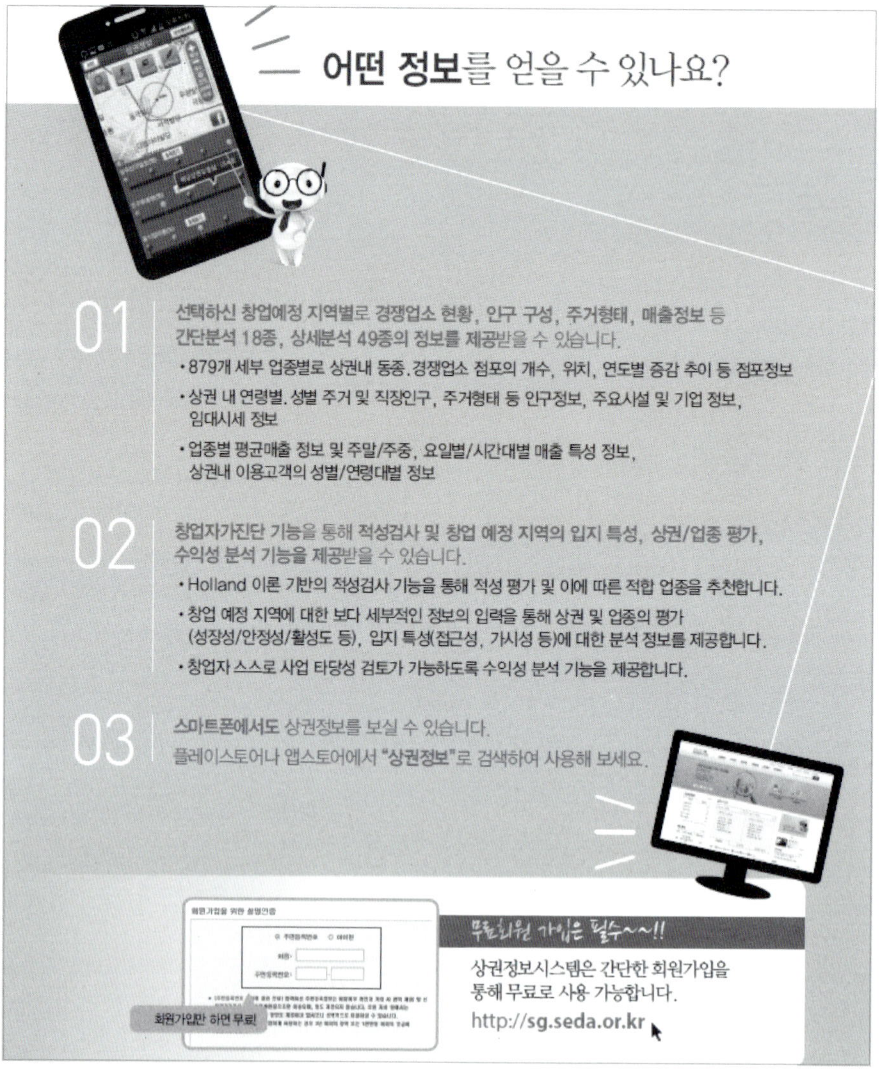

상권분석시스템 사용방법은 선택지역 분석, 시구군 분석, 주요상권 분석, 업종밀집 분석 등을 사용할 수 있다.

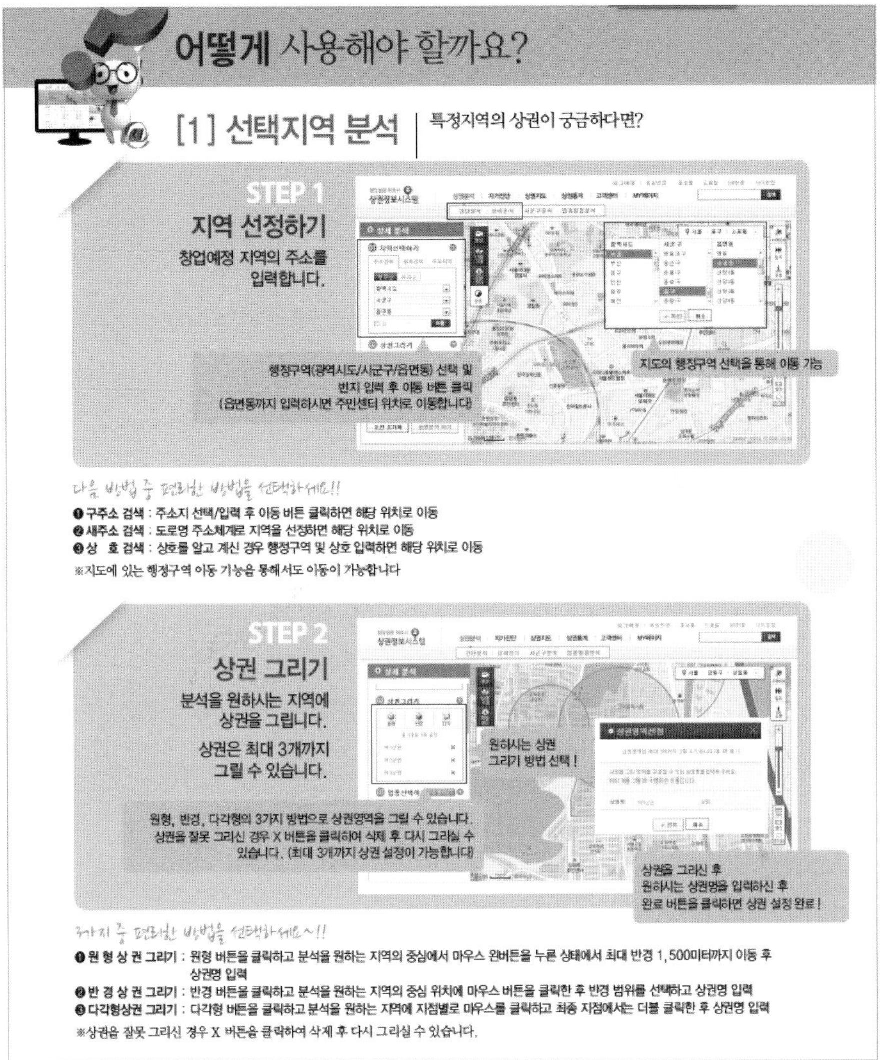

상권정보시스템을 통해 분석하면 결과는 다음과 같이 구체적으로 얻을 수 있다.

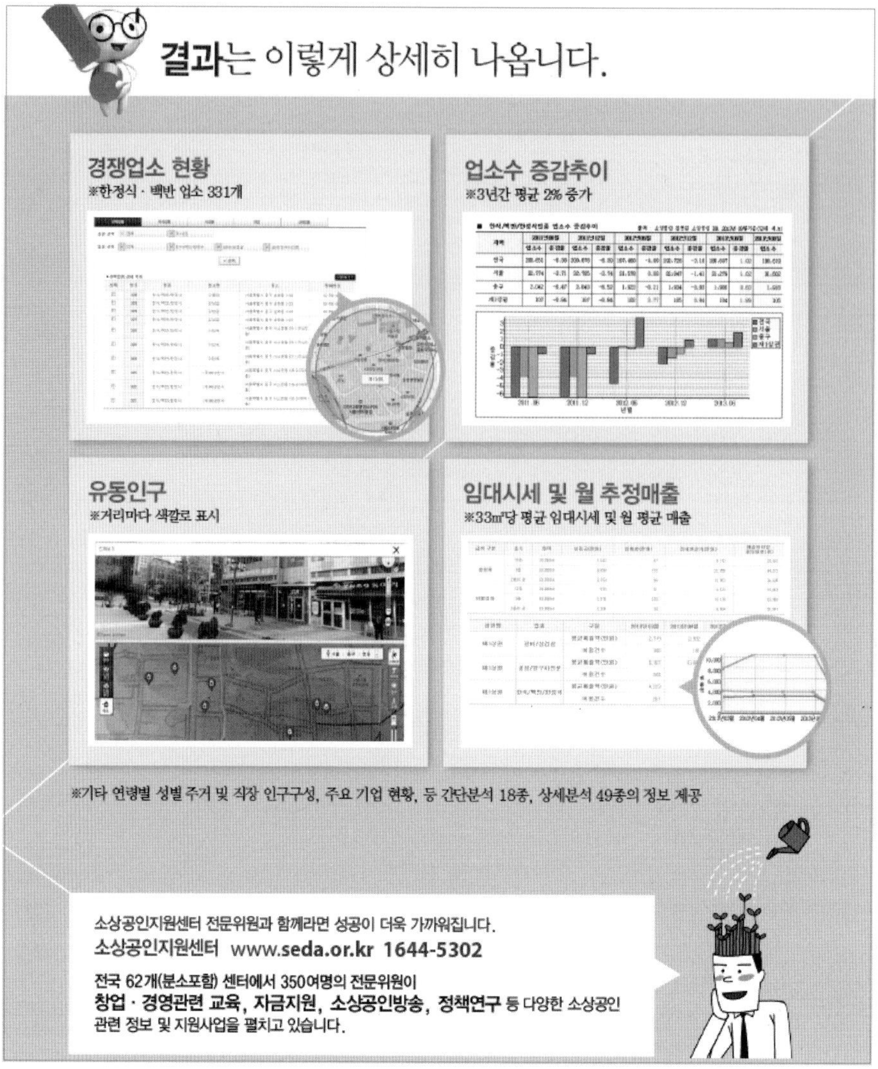

끝으로 상권분석시스템에서는 다음과 같은 상세 상권분석 정보를 얻을 수 있다.

상세 상권 분석

구분(메뉴)	세부내역(서브 메뉴)	제공 정보
개요	개 요	• 상권지도 • 상권 주요정보 요약(면적, 가구수, 거주인구수, 직장인수, 주요/집객시설수, 음식/서비스/소매 업종 업소수)
업종분석	선택업종 현황	• 업소수 추이 • 업소 정보 및 위치 • 행정구역별 업소수 추이
	유사업종 현황	• 업소수 추이 • 업소 정보 및 위치 • 전년대비 증가/감소 업종
	중분류 업종 현황	• 업소수 추이 • 전년대비 증가/감소 업종
	대분류 업종 현황	• 업소수 추이 • 전년대비 증가/감소 업종
	업소 증감 추이	• 업종별(중분류) 업소수 증감 추이 • 업종별(소분류) 업소수 증감 추이
	창/폐업율 통계	• 업종별(중분류) 전국/광역시도/시군구별 창/폐업율 및 업력 통계 • 업종별(대분류) 전국/광역시도/시군구별 창/폐업율 및 업력 통계
매출 분석	매출 추이	• 선택업종의 평균매출 및 이용건수 추이 • 중분류 업종의 평균 매출 및 이용건수 추이
	매출 비교	• 선택업종의 월평균 매출액 비교 (선택상권/유사상권/인근중심상권) • 선택업종의 건당 매출액 비교 (선택상권/유사상권/인근중심상권)
	매출 특성	• 선택업종의 주말/주중, 요일별 매출 비율 • 선택업종의 시간대별 매출 비율 • 선택업종의 성별/연령대별 매출 비율
인구 분석	인구분석	• 인구 구성 (가구수, 주거인구수, 직장인구수) • 성별/연령대별 주거인구 구성 • 성별 직장인구 구성, 연령대별 직장인구 구성 • 조사 지점별 유동인구수
	직업직종	• 직업 분포 • 직종 분포
	주거형태	• 주거형태별 (아파트/비아파트) 통계 • 세대 규모별 아파트 단지 현황 • 아파트 면적별 세대수 현황 • 아파트 기준시가별 세대수 현황 • 아파트 정보 및 위치
	인구변화분석	• 행정구역 인구변화 추이 (최근 3개년) • 선택상권 인구변화 추이 (최근 3개년)
지역 분석	주요/집객 시설	• 주요/집객시설 현황 • 주요/집객시설 정보 및 위치
	학교 시설	• 학교시설 현황 • 학교시설 위치
	교통 시설	• 교통시설 현황 • 교통시설 위치 • 지하철 이용 현황
	주요 기업	• 기업체 현황 (전체, 대기업/중.소기업/단체) • 기업체 정보 및 위치
	브랜드 지수	• 브랜드지수 추이
	점포임대 시세	• 지역별 임대료 비교 (제곱미터당 월 임대료) • 인근 주요상권 평균 임대시세 (33㎡ 단위 보증금 및 임대료) • 지역별 임대료 추이 (제곱미터당 월 임대료)
5개	20개	49종

4 사례분석 및 시스템 구축 관계법령

1) 외식업 정보시스템 사례분석

2016~2017년까지 추진되었던 글로벌 한식 및 외식산업 정보시스템(GloRi) 활성화 사업의 사례분석을 통해 외식업 정보시스템 구축사례와 항목들을 알아본다.

사업의 배경과 추진목적은 다음과 같다. 2016년 재 오픈한 글로벌 외식 · 한식 산업 정보시스템(이하 GloRi)의 효용을 극대화하기 위해 콘텐츠 강화 및 서비스 활성화 필요성이 제기되었다. 이용자 중심의 콘텐츠 제작 · 배포와 활성화를 위한 세부사업추진을 통해 Glori시스템의 집객을 유도하고 데이터 활용도 제고하는 사업이다.

과업의 범위로는 첫 번째, 환경 분석 및 이용고객 세분화를 통해 GloRi 활성화 전략 수립이다. 두 번째, 타깃 고객별 맞춤 콘텐츠 제작 · 배포이다. 세 번째, Glori 시스템 홍보 및 활성화를 위한 기반구축 사업 시범 운영이다. 네 번째, 활성화 촉진을 위한 기능 개선 및 기술지원 구축이다.

〈표 5-1〉 GloRi 콘텐츠 · 제공 정보 내역

대분류	중분류	소분류	내용	비고
거시 분석				
	일반 정보	면적 · 인구 · 언어 특징 / 역사 지형과 기후 특성 주요 산업 특성 한인 사회 현황 한국 기업 진출 현황		
	정책적 환경	경제 활성화 정책 투자 정책 이민 정책 식품 및 외식산업 정책		
	경제적 환경	성장 잠재력 경제성장위험요소 한국과의경제협력관계		
	사회 / 문화적 환경	인구 통계학적 특성 언어적 특성 종교적 특성 소비특성 소셜 네트워크 & IT 트렌드 한류 현황 음식 문화적 특성		
	기술적 환경	인프라 수준		

구분	항목	세부항목	내용
실무정보			
	한식당 창업 실무정보		
	설립 주요 실무정보		사업자 등록 절차 인허가 요인 및 관련 법규 임대차 계약 절차 및 관행 노동법, 고용법 관련 유의사항 세무관련 정보 한식당 업태별 수익분석
		기타정보	거주허가
	한식당 운영 실무 정보		한식당 운영 실무 사례 한식당 운영 애로사항
산업지표			
	외식산업	성장성	외식 산업 매출액 성장률 엥겔지수 민간소비 증가율 서비스 GDP 인당 GDP 고용률 및 실업률 생산활동가능 인구수 및 비율 외식당 업태별 매출액 에스닉별 매출액 외식당 수 및 증가율
		소비자	외식 비용 지출액 증가인구의 비율 인당 가처분 소득 증가율 인구 증가율 인당 외식비용의 비중 외식당 방문회수 외식당 방문시 지출금액
	한식산업	성장성	한식당 매출액의 성장률 전체 한식당의 매출액 외식 산업 내의 한식당 매출액의 점유율 한식당 수 외식당 중 한식당 수의 점유율 한식자재 수입액 변화율
		소비자	한식당 재방문 비율 한식 인지도 한식 취식 경험율 한식당 만족도 한식당 재 방문 의향
		경영주	매출액의 변화 고객수의 변화 객단가의 변화 인건비의 증감 임대료의 증감 투자비의 증감
도시별 외식산업 분석			
	규모	외식시장 규모	
	트렌드	외식시장 트렌드	
	외식 소비자 분석	소비자 기본 정보	식비 지출액 주당 평균 외식 횟수 1인당 외식 지출비용(1인 기준) 자주 가는 상권 자주가는 에스닉 자주 가는 업태 외식당 방문 목적 외식당 방문 시 동행인
		외식당 선택 패턴	선호하는 에스닉 선호하는 업태 신규 외식당 인지 경로 외식당 선택시 최우선 고려사항
	한식당 규모 및 현황	한식당 규모	한식당 규모 및 성장률 업태별 한식당 규모 및 성장률 한식당 소재 현황
		한식시장 트렌드	한식당 트렌드 한식당 창업 트렌드
		주요 한식당 현황	

	한식당 성공사례		
한식 소비자 분석	한식 소비 패턴	주당 평균 한식 외식 횟수 1인당 한식 외식 지출비용(1인 기준) 한식당 자주먹는메뉴 한식당 자주 가는 업태 한식당 방문 목적 한식당 방문 시 동행인 한식당 만족도 한식당 재방문 경험 및 이유	
	한식당 선택 패턴	한식당 선호 메뉴 한식당 선호 업태 한식당 인지 경로 한식당 방문 시 떠오르는 생각 한식당 선택 시 고려사항	
상권별 외식산업 분석			
상권 개요	주변 환경 및 시설물		
	한식 상권 정보		
상권 현황	상권 지도		
	주요 건물		
	주요 쇼핑몰		
	거주인구 분석		
	유동인구분석	상권 방문 목적 유동인구 외식소비 특성	
	상권평가	집객력 수요기반 소비수준 접근편의성 경쟁환경 임차환경	
5-Force 분석	내부경쟁 강도	업태 별 외식당 경쟁 현황 에스닉 외식당 경쟁 현황 업태 별 주요 Player	
	대체재의 위협	HMR(HomeMealReplacement)	
	구매자의 교섭력	소비자 업태 선호도 소비자 에스닉 선호도 소비자 에스닉 선호 이유 업태 별 객단가 대비 만족도 에스닉 별 객단가 대비 만족도	
	공급자의 교섭력	유통채널현황 식료품 취급 채널 현황 한국 식료품 유통 현황	
	신규 진입자의 위협	외식산업 진입 장벽 외식산업 철수 장벽 영업시설의 공통기준	
7P 분석	7P 요인 영향력 분석		
	Product(메뉴)	메뉴 별 평가 건수 및 평점 대표메뉴 인기도 추이 대표메뉴 사례 대표메뉴 선호 요인 분석 한식 메뉴 별 평가 건수 및 평점 한식 대표메뉴 인기도 추이 한식 대표메뉴 사례 한식 대표메뉴 선호 요인 분석 식재료 선호 속성	
	Price (가격)	대표메뉴 객단가 분포 대표메뉴 가격 별 소비자 반응	
	Place (위치)	상권 임대료 정보	
	Promotion 프로모션	외식당 인지 경로 선호하는 혜택	
	Physical Evidence (물리적 환경)	물리적 환경 요소 중요도	
	Process(서비스)	서비스 요소 중요도	
	People(종업원)	종업원 요소 중요도	

2) 외식시스템 구축 관련 법령

외식산업 진흥법에서는 제5조 6항, 제8조 3항, 제11조 외식산업 통계의 작성 및 관리 등의 법률근거에 의하여 외식시스템 구축을 장려하고 있다.

외식산업 진흥법

[시행 2016. 1. 21] [법률 제13409호, 2015. 7. 20, 일부개정]

농림축산식품부(외식산업진흥과)

제1장 총칙

제1조(목적) 이 법은 외식산업의 육성 및 지원에 필요한 사항을 정하여 외식산업 진흥의 기반을 조성하고 경쟁력을 강화함으로써 국민의 삶의 질 향상과 국민경제의 건전한 발전에 이바지하는 것을 목적으로 한다.

제2조(정의) 이 법에서 사용하는 용어의 뜻은 다음과 같다.

1. "외식"이란 가정에서 취사(炊事)를 통하여 음식을 마련하지 아니하고 음식점 등에서 음식을 사서 이루어지는 식사형태를 말한다.
2. "외식상품"이란 외식을 위하여 판매가 가능하도록 생산한 제품 및 외식과 관련된 서비스, 교육훈련, 운영체계, 상표·서비스표 등을 말한다.
3. "외식산업"이란 외식상품의 기획·개발·생산·유통·소비·수출·수입·가맹사업 및 이에 관련된 서비스를 행하는 산업과 그 밖에 대통령령으로 정하는 산업을 말한다.
4. "외식사업"이란 외식산업과 관련된 경제활동을 말한다.
5. "외식사업자"란 외식사업을 영위하는 자를 말한다.

제3조(국가 및 지방자치단체의 책무) 국가와 지방자치단체는 외식산업의 진흥을 위하여 필요한 시책을 수립·시행하고, 그 시책의 추진에 필요한 재정 조치를 하여야 한다.

제4조(다른 법률과의 관계) 이 법은 외식산업의 진흥에 관하여 「식품산업진흥법」과 그 밖의 다른 법률보다 우선하여 적용한다.

제2장 외식산업 진흥기반의 조성

제5조(외식산업 진흥 기본계획의 수립) ① 농림축산식품부장관은 외식산업을 진흥하고 경쟁력을 강화하기 위하여 외식산업의 진흥 등에 관한 기본계획(이하 "기본계획"이라 한다)을 수립·시행하여야 한다. 〈개정 2013. 3. 23.〉

② 기본계획은 다음 각 호의 사항을 포함하여야 한다.

1. 외식산업의 진흥을 위한 시책의 기본방향
2. 외식산업의 부문별 육성 시책에 관한 사항
3. 외식산업 전문인력의 양성에 관한 사항
4. 외식산업 관련 조사·연구와 기술의 개발 및 보급에 관한 사항
5. 외식사업의 창업지원 등 외식사업자 육성에 관한 사항
6. 외식산업 관련 통계·정보화에 관한 사항
7. 외식산업의 국제협력 및 해외시장 진출의 지원에 관한 사항
8. 외식산업 발전의 촉진 및 유통 활성화 등 산업구조 선진화에 관한 사항
9. 외식산업과 농어업의 연계 강화에 관한 사항
10. 외식산업 진흥을 위한 사업 추진에 필요한 재원의 확보 및 효율적 운용에 관한 사항
11. 그 밖에 외식산업 진흥을 위하여 필요한 사항

③ 농림축산식품부장관은 기본계획을 「식품산업진흥법」 제5조에 따른 식품산업진흥심의회의 심의를 거쳐 확정한다. 〈개정 2013. 3. 23.〉

④ 농림축산식품부장관은 기본계획을 수립·시행하기 위하여 필요하면 지방자치단체, 「공공기관의 운영에 관한 법률」에 따른 공공기관(이하 "공공기관"이라 한다), 대학·연구소 및 외식사업자 등에게 협조를 요청할 수 있다. 〈개정 2013. 3. 23.〉

제6조(창업의 지원) 농림축산식품부장관은 외식산업의 창업을 촉진하고 외식사업자의 경영개선 등을 위하여 필요한 지원을 할 수 있다. 〈개정 2013. 3. 23.〉

제7조(외식산업 전문인력의 양성) ① 농림축산식품부장관은 외식산업 진흥에 필요한 전문인력을 양성하기 위하여 다음 각 호의 사업을 추진할 수 있다. 〈개정 2013. 3. 23.〉

1. 외식산업에 종사하는 자의 자질 향상을 위한 교육·연수

2. 외식산업에 종사하려는 자의 취업·재취업 또는 창업의 촉진을 위한 교육·연수
3. 선진기법의 개발·보급
4. 그 밖에 외식산업 전문인력의 양성을 위하여 필요하다고 인정하는 사업

② 농림축산식품부장관은 제1항에 따른 사업을 추진하기 위하여 대통령령으로 정하는 바에 따라 대학, 연구소, 외식사업자의 사내교육기관, 그 밖의 전문기관을 외식산업 전문인력 양성기관으로 지정할 수 있다. 〈개정 2013. 3. 23.〉

③ 농림축산식품부장관은 제2항에 따라 지정된 외식산업 전문인력 양성기관에 대하여 대통령령으로 정하는 바에 따라 그 경비의 전부 또는 일부를 지원할 수 있다. 〈개정 2013. 3. 23.〉

④ 농림축산식품부장관은 외식산업 전문인력 양성기관이 다음 각 호의 어느 하나에 해당하는 경우에는 지정을 취소하거나 6개월 이내의 범위에서 기간을 정하여 업무의 전부 또는 일부를 정지할 수 있다. 다만, 제1호에 해당하는 경우에는 지정을 취소하여야 한다. 〈신설 2013. 8. 13.〉

1. 거짓이나 그 밖의 부정한 방법으로 지정을 받은 경우
2. 지정받은 사항을 위반하여 업무를 행한 경우 3. 제5항에 따른 지정기준에 적합하지 아니하게 된 경우

⑤ 외식산업 전문인력 양성기관의 지정 및 지정 취소의 기준, 절차 및 운영 등에 필요한 사항은 대통령령으로 정한다. 〈신설 2013. 8. 13.〉

제8조(연구·개발 사업의 추진 등) ① 농림축산식품부장관은 외식산업과 관련하여 외식상품의 제조 및 관리 기술 등의 연구·개발 사업을 추진할 수 있다. 〈개정 2013. 3. 23.〉

② 농림축산식품부장관은 외식상품의 연구·개발에 관한 정보를 보급하기 위하여 필요한 시책을 수립·시행할 수 있다. 〈개정 2013. 3. 23.〉

③ 농림축산식품부장관은 외식상품의 연구·개발을 하는 기관·단체 등이 인력, 시설, 기자재, 자금 및 정보 등을 공동으로 활용하는 협동 연구·개발을 하도록 촉진하여야 한다. 〈개정 2013. 3. 23.〉

제9조(국제교류 및 해외시장 진출 지원) ① 농림축산식품부장관은 외식산업의 수출 경쟁력을 높이고 해외시장 진출을 활성화하기 위하여 다음 각 호의 사업을 추진할 수 있다. 〈개정 2013. 3. 23.〉

1. 외식산업 관련 정보·기술·인력의 국제교류
2. 외식산업 관련 해외시장 개척·홍보활동 지원 및 국제박람회 등의 개최·참가
3. 외식산업 수출 관련 정보 제공 및 컨설팅 등의 지원
4. 외식산업 수출 관련 기관·단체와의 협력체계 구축
5. 그 밖에 국제교류 및 해외시장 진출 지원을 위하여 필요하다고 인정하는 사업

② 농림축산식품부장관은 제1항에 따른 사업을 효율적으로 지원하기 위하여 대통령령으로 정하는 관련 기관이나 단체에 이를 위탁하거나 대행하게 할 수 있다. 〈개정 2013. 3. 23.〉

③ 농림축산식품부장관은 제2항에 따른 위탁 또는 대행 기관이나 단체에 필요한 경비 등을 지원할 수 있다. 〈개정 2013. 3. 23.〉

제10조(외식상품 표준화의 추진) ① 농림축산식품부장관은 외식상품의 효율적 개발, 품질 향상과 국제표준의 확보 등을 위하여 식재료나 경영기법 등 외식상품의 표준화를 추진하고 외식사업자에게 그 표준을 사용하도록 권고할 수 있다. 〈개정 2013. 3. 23.〉

② 농림축산식품부장관은 외식상품의 표준화를 촉진하기 위하여 전문기관을 지정할 수 있으며, 지정된 전문기관에 필요한 경비 등을 지원할 수 있다. 〈개정 2013. 3. 23.〉

제11조(외식산업 통계의 작성 및 관리) ① 농림축산식품부장관은 외식산업 관련 정책의 수립·시행을 위하여 외식산업에 관한 통계를 작성하여 관리할 수 있다. 〈개정 2013. 3. 23.〉

② 농림축산식품부장관은 제1항에 따른 통계작성을 위하여 필요하다고 인정하는 경우 관계 중앙행정기관의 장, 지방자치단체의 장, 공공기관의 장, 외식사업자와 제12조에 따른 사업자단체에 자료의 제공을 요청할 수 있다. 이 경우 요청을 받은 관계 중앙행정기관의 장 등은 특별한 사정이 없으면 자료를 제공하여야 한다. 〈개정 2013. 3. 23.〉

③ 제1항에 따른 통계 작성 및 관리 등에 필요한 사항은 대통령령으로 정한다.

제3장 외식산업의 경쟁력 강화

제12조(사업자단체) ① 외식사업자는 외식산업의 진흥을 위하여 농림축산식품부장관의 인가를 받아 사업자단체를 설립할 수 있다. 〈개정 2013. 3. 23.〉

② 제1항에 따른 사업자단체는 법인으로 하며, 정관기재사항 및 지도·감독·운영·지원 등에 필요한 사항은 대통령령으로 정한다. 〈개정 2015. 7. 20.〉

③ 제1항에 따른 사업자단체는 다음 각 호의 사업을 실시할 수 있다. 〈개정 2013. 3. 23.〉

1. 외식산업의 발전 방향에 관한 조사·연구 사업
2. 외식산업의 경쟁력 제고와 회원 상호 간의 이익 증진을 위한 사업
3. 외식산업과 농어업 간의 연계 강화를 위한 사업

4. 외식산업 종사자에 대한 교육사업
5. 그 밖에 외식산업의 진흥을 위하여 농림축산식품부령으로 정하는 사업
④ 제1항에 따른 사업자단체에 관하여는 이 법에서 규정한 것을 제외하고는 「민법」 중 사단법인에 관한 규정을 준용한다.

제13조(외식산업의 경영 및 유통 활성화 지원) 농림축산식품부장관은 외식산업의 경영 및 유통을 활성화하기 위하여 다음 각 호에 해당하는 사업을 지원할 수 있다. 〈개정 2013. 3. 23.〉
1. 외식상품의 제조·가공·보관·배송 및 포장 등을 위한 공동조리·가공·물류시설 등의 설치·운영
2. 외식사업자에 대한 경영·기술·재무 및 마케팅 등의 컨설팅
3. 외식산업의 경쟁력 강화와 농어업과의 연계 강화를 위한 외식상품의 공동구매·공동판매 등에 관한 사업
4. 외식사업체의 전자상거래 및 유통물류정보시스템 구축 사업
5. 그 밖에 외식산업의 경영 및 유통 활성화를 위하여 필요한 사업

제14조(우수 외식업 지구의 지정 및 지정 취소 등) ① 농림축산식품부장관은 외식산업을 활성화하기 위하여 우수한 음식점을 집중적으로 조성할 필요가 있다고 인정되는 지역을 우수 외식업 지구로 지정할 수 있다. 〈개정 2013. 3. 23.〉
② 지방자치단체, 그 밖에 우수 외식업 지구의 지정을 받으려는 자는 대통령령으로 정하는 바에 따라 그 지정을 신청하여야 한다.
③ 농림축산식품부장관은 우수 외식업 지구에 대하여 시설 및 거리환경 개선이나 홍보 활동 지원 등의 시책을 마련하여 시행할 수 있다. 〈개정 2013. 3. 23.〉
④ 농림축산식품부장관은 외식사업자가 지켜야 할 사항 등을 우수 외식업 지구 지정의 조건으로 붙일 수 있다. 〈개정 2013. 3. 23.〉
⑤ 농림축산식품부장관은 우수 외식업 지구가 다음 각 호의 어느 하나에 해당하는 경우에는 지정을 취소할 수 있다. 다만, 제1호에 해당하는 경우에는 취소하여야 한다. 〈신설 2015. 1. 20.〉
1. 거짓이나 그 밖의 부정한 방법으로 지정을 받은 경우
2. 제6항에 따른 지정기준에 적합하지 아니하게 된 경우
⑥ 우수 외식업 지구의 지정과 그 취소의 구체적인 기준과 절차 등에 필요한 사항은 대통령령으로 정한다. 〈개정 2015. 1. 20.〉
[제목개정 2015. 1. 20.]

제15조(외식문화 선진화 촉진) ① 농림축산식품부장관은 소비자의 권익을 증진하고 외식문화의 선진화를 촉진하기 위하여 사업자단체 또는 지방자치단체가 외식업체의 환경 및 서비스 등의 개선활동을 추진하도록 권장할 수 있다. 〈개정 2013. 3. 23.〉
② 농림축산식품부장관은 제1항에 따른 사업자단체 또는 지방자치단체에 필요한 경비 등을 지원할 수 있다. 〈개정 2013. 3. 23.〉

제16조(우수 식재료 사용 촉진) ① 농림축산식품부장관은 외식산업과 농어업 간의 연계를 강화하기 위하여 외식사업자로 하여금 「식품산업진흥법」 제33조에 따른 우수 식재료 사용을 촉진하도록 하는 시책을 수립·시행할 수 있다. 〈개정 2013. 3. 23.〉
② 농림축산식품부장관은 제1항에 따른 우수 식재료 사용 촉진을 위한 사업에 필요한 경비를 지원할 수 있다. 〈개정 2013. 3. 23.〉
③ 제1항과 제2항에 따른 우수 식재료 사용 촉진을 위한 시책의 지원대상과 기준·절차·방법, 그 밖에 필요한 사항은 대통령령으로 정한다.

제17조(우수 외식사업자의 지정 및 지정 취소) ① 농림축산식품부장관은 외식사업자의 시설·서비스 및 품질 개선을 촉진하기 위하여 우수 외식사업자를 지정할 수 있다. 〈개정 2013. 3. 23.〉
② 제1항에 따라 지정을 받은 우수 외식사업자는 대통령령으로 정하는 바에 따라 우수 외식사업자 표시를 할 수 있다.
③ 농림축산식품부장관은 우수 외식사업자가 다음 각 호의 어느 하나에 해당하는 경우에는 지정을 취소할 수 있다. 다만, 제1호에 해당하는 경우에는 지정을 취소하여야 한다. 〈신설 2015. 1. 20.〉
1. 거짓이나 그 밖의 부정한 방법으로 지정을 받은 경우
2. 제4항에 따른 지정기준에 적합하지 아니하게 된 경우
3. 관계 법률을 위반하여 영업정지 이상의 행정처분을 받은 경우
④ 제1항에 따른 지정과 그 취소의 구체적인 기준과 절차 등에 필요한 사항은 대통령령으로 정한다. 〈개정 2015. 1. 20.〉
[제목개정 2015. 1. 20.]

5 외식업장 경영관리시스템(POS)

1) POS시스템의 개념

POS시스템이란 Point of Sales의 약어로서 판매정보 관리시스템이라 불린다. 각 영업장에서 발생된 모든 현황을 한 시점에서 보고서 형식으로 파악, 분석할 수 있도록 구성된 관광호텔의 식음료 영업장 및 유통관련 업소의 경영관리를 위한 정보기기 시스템이다. 종래의 Key-In 방식에 의한 금액관리체제의 레지스터가 아닌 광학적 자동판독장치를 이용하여 상품별 판매정보를 판매즉시 수집하여 컴퓨터에 보관하고 그 정보를 발주, 매입, 배송, 배고 등의 정보와 결합하여 컴퓨터로 가공 처리를 함으로써 필요로 하는 부분에 유용하게 활용할 수 있도록 해주는 소매업의 종합정보시스템이라 할 수 있다. POS시스템은 중앙의 컴퓨터와 온라인으로 직접 연결되어 매장에서 발생되는 데이터를 컴퓨터에 기록하고 기록된 판매정보를 조회할 수 있는 기능을 가지고 있다. POS시스템에는 인터페이스 기능시스템관리, 메뉴관리, 업장판매관리, 일일정산관리, 보고서 출력 기능 등이 있다.

2) POS시스템의 특징

① 온라인시스템(On-Line System)

현장의 각종 발생 데이터를 거래발생과 동시에 직접 컴퓨터에 전달하므로 수작업이 없다.

② 리얼타임시스템(Real Time System)

모든 거래정보 및 영업정보를 실시간에 파악할 수 있으므로 정보의 변화에 즉시 대응할 수 있다.

③ 분산·집중관리시스템

업장에서 필요로 하는 정보, 즉 POS 단말 가동상황, 고장상황, 정산상황, 각종 판매 정보 등은 업장에서 관리한다. 그리고 회계부서에서 필요로 하는 정보는 프런트오피스시스템에 의해 회계부서에서 집중 관리한다.

④ 거래에 관한 모든 정보파악

현금판매, 신용카드, 외상매출, 주문, 선수금, 가수금, 할인 등 모든 거래와 누가, 언제, 어느 업장에서, 어떤 상품을, 얼마에, 어떤 방법으로 판매되고 있는지에 대하여 실시간으로 파악이 가능하다.

⑤ 종합정보시스템으로의 발전성

POS시스템은 영업정보에 국한하지 않고 장래에 필요한 매출데이터, 회계데이터, 인사데이터 등을 포함하는 종합정보시스템으로 발전할 수 있다.

3) POS의 장점

① 오류의 감소

판매시점 관리시스템은 전산화된 시스템을 이용하여 고객전표를 관리하기 때문에 수작업 시 나타날 수 있는 계산착오나 누락, 혹은 산술연산 오류 등을 방지할 수 있다. 실제로 관련 연구에 따르면 수작업 시 기록오류가 16% 정도로 나타났고 이 중 70%가 실제보다 적은 금액으로 기록된 것으로 나타난다. 따라서 이러한 오류가 매출액 저하의 원인이 되고 있으며 판매시점 관리시스템은 이러한 오류를 줄일 수 있고 이를 통해 약 15% 가량의 전체 매출액 증대에 기여할 것으로 나타난다.

② 향상된 고객전표 통제

수작업을 통해 전표를 작성할 경우 전표의 분실이나 보관 등에 문제가 생길 수 있는데 판매시점 관리시스템은 이를 통제할 수 있다.

특히 전표의 분실이나 보관의 실수로 생기는 판매량의 감소는 높은 원가비율을 낳게 되고 따라서 잘못된 의사결정을 유도할 가능성이 있다. 판매시점 관리시스템을 이용할 경우 종업원은 고객의 주문을 주방으로 전달하기 위해서는 반드시 단말기를 이용해 주문을 입력해야 하며 따라서 경영자는 고객 전표에 대한 통제능력을 높일 수 있다.

③ 고객만족 및 객단가 증대

수작업을 통해 고객의 주문이 처리될 경우 종업원은 이를 전달하기 위해 주방으로 이동해야 하나 포스를 사용하면 이러한 이동이 필요 없으므로 시간이 절약되며 그 시간만큼 고객을 위해 활용할 여력이 생기게 된다.

여기에 따라서 고객만족의 증진을 도모할 수 있고 제안판매 등을 통해 매출액 증대에 기여할 수 있으며, 관리자는 직원의 직무평가와 그에 따른 보상을 위한 자료를 POS시스템에서 산출된 다양한 보고서를 통해 얻을 수 있고 직원교육을 위한 자료로도 활용할 수 있다. 더불어 수작업 시 발생할 수 있는 late charge(고객의 주문이 늦게 이루어져 정산이 안 된 경우 발생하는 비용)에 따른 손실을 방지할 수 있다.

④ 변화에 대한 신속한 대응

POS시스템을 통해 관리자는 지속적으로 그리고 즉각적으로 객단가의 감소, 음료판매량의 감소, 주방의 부족한 혹은 과도한 인력 배치, 좌석회전율의 감소, 선호메뉴의 변화 등에 대한 정보를 얻을 수 있으며 이에 대응할 수 있는 전략을 세울 수 있다. 즉, 변화의 이유에 대해 보다 정확히 진단하고 문제해결을 위한 대책 제시가 효율적으로 이루어질 수 있게 된다.

⑤ 인건비 감소

POS시스템 사용에 따른 또 다른 장점으로 POS시스템을 사용할 경우 주문을 받는 서버가 캐셔 업무도 수행할 수 있으므로 인건비의 감소를 유도할 수 있으며 수작업으로 고객의 전표를 처리할 경우 발생하는 시간비용과 인건비용을 줄일 수 있고, 관리자는 POS시스템에서 산출된 다양한 판매기록이나 매출정보를 이용하여 종업원을 효율적으로 배치할 수 있기 때문에 또한 인건비 절감에 기여할 수 있다.

4) 구성요소(하드웨어 및 소프트웨어)

POS시스템의 기본 하드웨어로 본체, 모니터, 주문입력장치, 출력장치, 현금서랍으로 구성된다. 주문입력장치는 다시 크게 두 가지로 나뉘는데 하나는 현금을 보관하는 서랍이 포함된 단말기 캐쉬어 터미널(Cashier terminal)과 단순히 주문만 입력할 수 있는 프리체크 터미널(Precheck terminal)이다. 이러한 포스의 주문입력장치는 대게 키보드와 모니터로 구성되며 키보드 대신 스크린과의 접촉을 통해 주문을 입력하는 터치스크린 터미널(Touch-screen terminal), 바코드화된 메뉴를 광학문자인식기로 읽어 주문을 입력하는 광학문자인식 터미널(Optical Character Recognition(OCR) terminal), 무선종업원 터미널(Wireless Hand-Held terminal) 등이 있다. 물론 이 중 가장 많이 사용하고 있는 것은 키보드를 이용한 것이다.

(1) 키보드의 키 기능

다음은 POS시스템의 키보드에 있는 버튼(혹은 키, key)의 기능을 설명한 것이다.

- 메뉴 지정키(Preset keys): 메뉴 지정키는 일정한 수의 메뉴아이템에 대한 가격, 설명, 부서, 세금, 목록과 그 가격을 설정해 놓은 것으로 문자 혹은 아이콘 형태로 제공된다. 따라서 지정된 키를 통해 메뉴아이템과 가격 등을 입력하기 때문에 주문입력시간을 단축하게 되며 또한 주방으로의 메뉴전달과 고객의 청구서 및 영수증 작성에 사용된다.

- 가격 확인키(Price look-up keys): 메뉴 지정키는 키의 개수가 한정적이므로 제한된 수의 메뉴아이템만이 사전에 설정될 수 있다. 즉, POS시스템에서 뉴욕스테이크에 대한 주문을 입력하는 방법은 첫째 문자나 아이콘 형태로 표시된

메뉴 지정키를 찾아 그 키를 눌러 입력하는 방법이 있고 두 번째는 뉴욕스테이크의 코드번호 예를 들어 100을 누르고 가격 확인키를 누르면 된다.

- 숫자키(Numeric keys): 숫자키는 일반 키보드에 있는 숫자키와 같이 작용한다. 예를 들어, 메뉴품목의 코드번호를 누르거나 종업원 코드(예를 들어 25)를 입력할 때 숫자키를 사용하게 된다.

- 정산키(Settlement / Payment keys): 정산을 위한 결재수단(현금 또는 신용카드, 현금카드 등)을 입력할 때 사용된다. 이 키는 고객이 결재할 당시에 결재방법에 대한 기록이 실시간으로 입력되기 때문에 관리자로 하여금 수익계좌에 대한 통제력을 높일 수 있다. 즉, 관리자는 실시간으로 어떤 결재수단을 통해 가장 많은 매출이 일어나고 있는지를 쉽게 파악할 수 있으며 이로 인해 나타나는 수익 등을 즉시 파악할 수 있다.

- 기능키(Function keys): 기능키는 실수를 수정하거나(클리어키: Clear), 취소(보이드키: Void), 혹은 할인(디스카운트키: Discount) 등의 기능을 통해 POS시스템 사용자의 사용과정을 전반적으로 돕는 역할을 한다.

- 조리 지시키(Cooking instruction / Modifier keys): 조리 지시키는 서버로 하여금 고객이 지시하는 조리 내용을 주방의 프린터나 모니터로 연결시키는 역할을 한다. 예를 들어 스테이크의 조리 정도, Well-done, Medium, Rare 등의 내용을 주방에서 조리하는 사람에게 이 키를 이용해 알려줄 수 있다.

(2) 모니터

POS시스템은 거래내역을 가시화하기 위한 모니터를 포함하며 고객을 위해서도 모니터를 제공하기도 한다. 이외에도 터치스크린 방식의 모니터(Touch-screen terminal)는 단순히 화면을 통한 출력 이외에 입력도 가능하다. 현재에는 컬러 터치스크린 터미널이 개발되어 사용하고 있다. 키보드를 통한 입력방식은 키의 숫자로 인해 한계가 있어 대게 가격 확인키를 사용하게 되는데 이 경우 고객의 주문을 입력하는데 아무래도 좀 더 많은 시간을 요구하게 된다. 그러나 터치스크린 방식은 이러한 키에 대한 필요성이 제거되기 때문에 입력시간을 줄일 수 있고 주문 데이터 입력을 단순화하게 된다.

(3) 프린트 컨트롤러(Printer controller)

POS시스템은 고객의 주문을 입력받은 단말기로부터 주방으로 그 내용을 전달하기위해 모니터나 프린터를 사용하게 되며, 고객전표나 영수증의 출력을 위해 프린터를 사용하게 된다. 여러 대의 단말기로부터 입력된 주문내역을 물리적으로 떨어진 주방에서 출력하기 위해선 유선 혹은 무선의 네트워킹이 필요하게 되면, 이 과정을 통제하기 위한 장치인 프린터 컨트롤러 혹은 네트워크 컨트롤러(Network controller)가 필요하게 된다. 또한, 고객의 주문정보가 여러 곳에서 이루어져 주방으로 전달될 경우 혹은 고객의 주문이 주방과 바(Bar) 등으로 동시에 전달되어야 할 경우 프린터 컨트롤러는 이에 대한 정보를 임시저장소(Buffer)에 저장해 놓은 후, 하나씩 차례로 주방이나 바 등에 있는 모니터나 프린터로 전달하게 된다.

예를 들어 어떤 고객이 샐러드와 와인 그리고 스테이크를 주문할 경우 와인에 대한 주문은 바(Bar)로 샐러드와 스테이크에 대한 주문은 주방으로 전달되어야 하는데 이 경우 프린트 컨트롤러가 필요하다. 또한 주문을 받는 장소가 조리가 되는 주방이 떨어져 있을 경우는 유, 무선 네트워킹이 필요하게 된다.

(4) 소프트웨어

판매시점 관리시스템, 즉 POS시스템을 운영하기 위해서 개발된 프로그램은 단말기들을 이용하여 정보나 자료에 접근하고 또 이를 기반으로 하여 원하는 형태의 보고서를 출력할 수 있도록 설계되는데 대게 메뉴아이템 파일(Menu item file), 종업원 마스터 파일(Labor master file), 재고자산 파일(Inventory file) 등을 포함한다.

① 메뉴아이템 파일

메뉴아이템 파일은 외식업체에서 제공하는 모든 메뉴아이템에 대한 정보를 포함하고 있으며 메뉴아이템 번호와 그에 대한 간략한 설명, 가격, 세금, 조리법 지시키 정보, 원가 정도 등의 정보가 저장된다. 이 파일을 통해 관리자는 각 정보별로 예를 들어 가격별로 메뉴아이템과 관련된 정보를 정렬하여 출력할 수 있다.

② 종업원 마스터 파일

종업원 마스터 파일은 각 종업원에 대한 다양한 기록(종업원의 이름, 고유번호, 주민등록번호, 근무시간, 시간당 임금, 판매량 및 금액, 종업원에게 제공된 식사 정보 등)을 포함한다. 시스템 메모리나 제한된 연산기능의 한계로 이 시스템을 통해 관리자가 종업원 전체의 급여에 대한 모든 정보를 다 계산할 수 없으나, 어떤 관리자가 하루에 몇 시간을 근무했고 그 사람의 시간당 임금이 얼마인지 그래서 얼마의 돈을 지불해야 하는지를 일별로 주별로 혹은 월간 보고서 등을 출력함으로써 파악할 수 있다. 또한 이 정보는 종업원 교육이나 인사고과를 위한 정보로 활용할 수 있다.

③ 재고자산 파일

비록 POS시스템을 통해 관리자는 현재의 재고자산에 대한 정보 등을 저장할 수 있으나 외식업체의 식자재의 종류가 너무 많고 구매하는 단위도 일정하지 않아 관리자가 알고 싶어 하는 재고자산 전부에 대한 정보를 제공할 수는 없다.

외식업체의 운영자나 관리자는 POS시스템을 통해 위의 세 가지 말고도 판매 및 지불보고서, 시간당 판매보고서, 일일거래보고서, 생산성 보고서 등을 출력할 수 있다.

5) POS Controller 관리

영업과 관련된 정보를 종합적으로 처리하는 시스템으로서 각 업장에서 발생된 자료를 수집하고, 일 마감작업을 통해 전체의 집계자료를 발생시킨다. 마감 작업과 함께 Summary File의 자동 Back Up작업이 수행된다. 집계된 자료들은 업장별, Terminal별, 요일별, 기간별 등 다양한 영업분석 자료를 생산하여 영업에 필요한 제반정보를 제공하고, 아울러 시스템에서 필요로 하는 각종 자료관리 및 제공과 타 관련 시스템에서의 필요로 하는 정보들을 연계 처리할 수 있도록 한다.

① 업장 판매관리(POS단말기)

각 식당, 연회장, 주방 등 업장에 설치되어 있는 POS단말기에서는 계산서 발행 작업 이외에 Slip Printer를 이용하여 업장별 판매 집계표와 일일 매출보고서를 산출할 수 있으며, 다양한 형태의 Check List, 각종 분석 자료들을 스크린 또는 레포트의 형태로 출력한다.

② 일일정산관리(POS Server)

모든 POS단말기의 마감작업이 종료된 후(Controller의 단말기로 확인 가능) 영업장 전체의 마감작업을 수행한다. 시스템의 안전성을 확보하기 위해 각종 Summary File들의 업데이트 작업 전후 각각 Back-Up작업을 수행하며, 각종 집계 레포트들을 출력한다. 쾌적한 상태의 시스템운영을 위해 불필요한 자료들을 삭제 시키며, 영업일자의 변경 작업을 수행한다.

③ 보고서 출력기능

외식업 특성에 따른 각종 보고서를 산출할 수 있으며, 매출체크용 리포트와 영업보고서용 리포트로 구분된다.

- **매출체크용 보고서:** 캐셔별 마감리포트, Bill 번호 체크리스트, Void 처리현황,

지급정정리포트, Bill Transfer 리포트, 미정산 Bill 체크리스트 등

- **영업 관련 보고서**: 업장별 일일정산 리포트, Payment별 매출현황, 식사시간대별 매출현황, 업장별 메뉴판매 리포트, 신용카드 판매명세서, 업장별 이용고객현황, 목표 대 실적대비표, 업장별 재료비 분석표, 종업원 근무시간 집계표, 기타 보고서 등

④ 시스템관리

각 POS단말기에서 사용하는 각종 코드(메뉴코드, 오퍼레이터코드 등) 들을 일괄 입력 / 수정하여 필요에 따라 POS단말기로 다운로드한다. 목표대비분석을 위한 영업 목표의 등록 / 수정, 기타 매출분석에 필요한 각종 자료를 관리한다.

6) POS 선택 시 고려사항

(1) 주문의 처리속도

이는 POS시스템이 얼마나 빠르게 작업을 처리할 수 있는 가를 의미하는 것으로 여기서 POS시스템의 속도란 새로운 주문내역을 입력하는 작업 및 취소작업, 정산작업, 신용카드를 정보를 추출하는 데 걸리는 시간 및 올바른 신용카드인지 확인하는 데 걸리는 시간을 의미한다. 실제로 작업을 실행하여 소요되는 시간을 측정해야한다.

POS시스템의 속도는 단말기가 지닌 고객주문의 처리속도와 사용자가 얼마나 쉽게 각 키들을 알아볼 수 있도록 설계되었느냐에 따라 좌우되며, 단말기가 쉽게 알아볼 수 있고 사용될 수 있도록 설계되었는지 등과 같은 물리적인 요소들을 또한 고려해야 한다.

(2) 사용의 편리성

POS시스템은 사용자와 상호 작용하는 시스템이므로 이를 사용하는 사람이 편리

하게 사용할 수 있도록 설계되어야 하며, 터치스크린 터미널이 그러한 부분에서는 편리한 사용방식이기는 하나 실제 숙련된 사용자의 경우 키보드를 더 선호하기도 하므로 사용의 편리성을 측정하는 가장 좋은 방법은 실제 사용을 통해 평가해 보는 것이다.

(3) 메뉴 변경빈도

시간대별로 다른 메뉴를 제공하고 24시간 영업을 계속하는 외식업체 등 메뉴변경의 빈도가 잦은 업체의 경우 터치스크린 방식의 터미널을 이용하는 POS시스템이 키보드를 이용할 경우 발생할 수 있는 메뉴지정키 등에 대한 변경을 줄일 수 있어 유리하다.

(4) 메뉴지정키와 가격확인키의 개수

외식업체의 운영자가 고객의 선호도가 높은 메뉴와 낮은 메뉴에 대한 파악이 가능하고 낮은 원가율을 지닌 메뉴아이템의 판매를 촉진하기 위한 전략을 세우기 위해서는 가능한 한 모든 메뉴아이템에 대한 기록을 확보하는 것으로 POS시스템을 선택할 때 사용가능한 메뉴지정키와 가격확인키의 개수를 고려해야 한다.

(5) 시스템 배치

외식업체의 운영자가가 POS시스템을 선택할 때 고려해야 할 사항은 단말기의 배치나 크기, 개수인데 이를 위해서는 레스토랑의 물리적인 설계, 콘셉트, 판매량, 좌석 회전율 등을 우선 고려한다.

7) 외식업체의 응용프로그램

(1) 조리법 관리

조리법관리 프로그램에는 식재료 파일, 표준 조리법 파일 그리고 메뉴 품목파일의 세 가지 파일을 관리하게 되며 기타의 다른 프로그램들은 그 기능을 효과적으로 수행하기 위해 이 세 파일들이 가지고 있는 데이터에 접근하여 정보를 추출해야 한다.

① 식재료 파일

외식업체에서 구매하는 식자재에 대한 주요정보를 기록하는 것으로서 관리자들은 이 파일의 정보를 통해 각 식자재의 현재 비용, 구매단위, 구매단위당 가격 등을 알 수 있다.

② 표준조리법 파일

외식업체의 모든 메뉴항목에 대한 조리법에 대한 정보를 갖고 있는데 특히 조립법 코드 숫자, 조리법 이름, 조리단위, 조리단위당 가격, 메뉴판매가격, 식자재 원가비율 등이 주요한 정보로 기록된다. 이중의 일부 정보는 앞서의 식재료파일과 중복되므로 반복하여 입력을 할 필요는 없다. 표준조리법 파일의 또 다른 중요한 부분은 이러한 정보를 통해서 현자의 조리법으로 식자재를 쓸 경우 그 원가 비율을 알 수 있고 이 비율이 관리자가 정해둔 원가 비율에 얼마나 근접하고 있는가 하는 것을 알려주기도 한다.

③ 메뉴품목 파일

외식업체가 판매하는 모든 메뉴품목에 대한 기록을 포함하고 있어야 하며 메뉴고유번호, 간략한 설명, 조리법번호, 판매가격, 식재료 사용량, 판매량 및 금액 등의 내용을 포함한다. 이러한 자료들이 수동으로 입력된다면 판매량이나 가격 등에 대한 정보가 판매가 끝난 후에 파악되나 메뉴품목파일을 포함한 정보시스템을 통해 관리자는 거의 실시간으로 정보에 접근할 수 있으며, 이런 자료들은 판매량 예측, 식자재 구매에 대한 의사결정, 인력배치, 등에 활용되며 판매보고서 작성의 근거가 된다.

(2) 판매분석

판매시점 관리시스템에 의해 입력된 자료들은 판매분석용 응용프로그램으로 전달되고 이러한 자료들은 의사결정을 위해 필요한 정보로 분석되어 보고서 형태로 작성되는데 이것을 판매분석이라고 한다.

■ ■ ■ **필수용어**

- **POS(Point of Sales):** 사전에 가격표찰에 상품의 종류, 가격 등을 기호로 표시해 두고, 리더(reader) 등으로 그것을 읽어 판매정보를 집계하는 것이 일반적인 구성인데, 단말기기로는 전자식 금전등록기, 정찰 리더, 크레디트카드 자동판별장치 등을 중앙 컴퓨터에 연동시킨 시스템 전체를 POS시스템(판매시점 정보관리시스템)이라 한다.

CHAPTE

06

항공업 정보시스템

학습목차

CHAPTER

06 항공업 정보시스템

학/습/목/표

1. 항공예약시스템에 대해 설명할 수 있다.
2. CRS, GDS, NDS를 비교하여 설명할 수 있다.
3. 항공예약프로그램을 할용할 수 있다

들어가는 말

대한항공 아시아나항공 제주항공, 4차 산업혁명 바람 타기 분주

항공업계에 따르면 대한항공, 아시아나항공과 제주항공 등 항공사들이 승객의 편의 증진과 경쟁력 강화를 위해 첨단기술 도입에 적극적으로 나서고 있다.

대한항공은 LGCNS, 아마존웹서비스(AWS)와 협약을 맺고 대한항공의 모든 시스템을 클라우드로 전환하기 위한 작업에 들어간다고 밝혔다.

클라우드 서버를 이용해 서비스를 운영하면 별도의 IT자원을 구매하거나 소유할 필요 없이 웹 기반의 대형 데이터센터에서 서비스를 받을 수 있다. 또한 인터넷을 통해 소프트웨어를 실행하기 때문에 인프라 구축 시간을 단축하고 장비 교체비용도 절감할 수 있다.

아시아나항공은 아시아나IDT를 통한 기술력 강화하는 데 힘쓰고 있다. 아시아나IDT 사장은 서울 여의도 콘래드호텔에서 진행된 아시아나IDT 상장 관련 기업설명회에서 "최근 3년 동안 아시아나IDT는 IT관련 투자를 매년 10% 이상 늘려왔다"며 "앞으로도 첨단기술 분야에 지속적으로 투자해 차세대 여객 시스템, 인공지능(AI)을 이용한 항공 예방정비 시스템 등 항공분야에 적용할 수 있는 첨단기술을 개발하기 위해 노력할 것"이라고 말했다.

대형항공사뿐 아니라 저비용항공사 역시 첨단기술을 항공 서비스에 적용하는 데 공을 들이고 있다. 제주항공은 무인 탑승수속 이용객이 100만 명을 넘었다고 밝혔다. 무인 탑승수속은 무인 발권기(키오스크)나 스마트폰을 활용해 탑승객이 직접 좌석 등을 지정하고 탑승권을 받을 수 있는 서비스다. 제주항공은 무인발권기 사용과 정보이용에 동의한 승객에게 항공기 출발 24시간 전에 스마트폰으로 탑승권을 보내주는 '자동탑승수속'서비스를 올해 6월 국적항공사 최초로 시작하기도 했다.

한 항공업계 관계자는 "항공업계는 소비자 접점이 높기 때문에 첨단기술을 활용해 고객의 편의를 높이는 데 주력하고 있다"며 "앞으로도 고객들이 첨단기술을 활용한 훌륭한 경험을 할 수 있도록 최선을 다할 것"이라고 말했다.

출처: 비즈니스포스트(2018. 11. 11.).

1 항공업의 일반적 이해

1) 항공업의 특성

항공업은 오늘날 국제관광 목적의 여행자들에게 가장 널리 이용되고 있다. 육상이나 해상이동에 비해 뒤늦게 이용되기 시작하였기 때문에 20세기 초에 처음 등장했을 당시만 해도 기존의 교통수단을 보조하는 정도의 미미한 역할에 지나지 않았다. 그러나 제1, 2차 세계대전을 겪으면서 급속한 기술적 진보를 이룩하여 오늘날에는 중·장거리 여행에서 가장 중심적인 교통수단으로 자리 잡고 있다. 국제관광시장을 대상으로 세계관광기구가 조사한 자료에 따르면, 회원국의 입국관광객 가운데 항공여객이 차지한 비율은 약 50%를 상회하고 있는 것으로 추정되고 있다.

항공업은 관광산업의 구성요소인 동시에 관광객으로 하여금 관광객체로의 공간적 이동을 가능하게 하는 수단으로서 매우 중요한 역할을 담당한다.

오늘날 과학기술의 발단은 여객기의 고속화와 대형화 그리고 전천후 운항 등을 가능하게 함으로써 항공교통은 다른 교통수단에 비해 다음과 같은 비교우위와 특성을 지니고 있다.

① 고속성

항공업의 가장 큰 특징은 고속성이다. 1960년대 들어서면서 운송활동에 본격적으로 이용되기 시작한 제트여객기는 항공교통에 획기적인 발전을 가져왔다. 고속성은 일정한 고도에서 순항하는 경우에 극대화되기 때문에 특히 장거리 노선일수록 항공업의 이점은 더욱 두드러지게 나타난다.

② 안전성

모든 교통수단에서 안정성은 가장 중요한 요소이다. 초기의 항공교통은 안정성 측면에서 상대적으로 낮게 인식되었다. 그러나 항공기술의 발달과 더불어 안정성이 크게 향상됨으로써 오늘날에는 교통수단 가운데 가장 안전한 것으로 평가되고 있다. 다만 항공기사고의 경우에는 구조의 시간적 여유가 없을 뿐 아니라 사고결과가 치명적이기 때문에 운항의 안정성이 가장 중요하게 인식된다. 따라서 항공업에는 안정성을 향상시키기 위한 엄격한 각종 규제가 뒤따른다.

③ 노선개설의 용이성

항공업은 육상교통이나 철도교통과 같이 도로나 철로의 건설과 관계없이 일정 수준의 보안시설을 구비한 공항이 있는 곳이면 얼마든지 노선의 개설이 용이하다. 즉, 노선의 제약을 받지 않으면서도 교통수요에 부응하여 운항편수가 기종 등의 운송력을 통해 공급을 탄력적으로 조정해 나갈 수 있다.

④ 독과점적 시장구조

항공업의 또 다른 특성은 운송서비스를 공급하는 항공업이 정부의 규제를 받음으로써 시장이 독점 또는 과점의 형태로 구성된다는 점이다. 항공은 공공성과 안정성의 확보를 위해 사업의 면허취득과 운항활동 등에 대해 많은 규제가 적용된다. 그리고 자국의 이익을 보호하려는 각국 정부의 시장개입으로 인해 시장진입과 영업활동 등에도 많은 규제가 뒤따른다.

2) 항공업서비스의 특성

① 무형성

운송서비스의 가장 두드러진 특성은 무형이라는 점이다. 따라서 판매를 위해 상품의 특징을 전시해 보이거나 미리 구현하는 것이 불가능하다.

② 생산과 소비의 동시성

일반상품과 달리 판매행위가 먼저 성립되고, 다음로 생산과 소비가 동시에 이루어지는 특성이 있다.

③ 컴퓨터예약시스템

초기에는 단순한 좌석예약업무의 인력 절감, 신속화, 정확화에 매우 유용한 시스템으로 활용되었으나, 점차적으로 자사의 좌석관리와 동시에 스케줄을 표시하는 시스템으로 발전하게 되었다. 나아가 정보 네트워크의 시대인 오늘날 자사뿐 아니라 타사의 스케줄 소개 및 예약상황을 교환할 수 있게 되었다. CRS 단말기를 통해 이용자의 요구에 최적으로 부응하는 스케줄을 비롯해 최적의 운임에 대한 검색이 가능하며, 항공운송정보의 공유화가 가능해졌다.

④ 유통채널

생산 후 중간 매개체를 통하여 최종소비자에게 판매되는 일반상품과 달리 소비자가 직접 생산현장인 공항으로 오거나 최소한 전화나 인터넷을 통하여 직접 서비스생산자와 매매를 체결하고 확인하는 경우가 많다. 즉 생산자-도매상-최종소비자로 구성되는 일반적인 유통채널과 달리 중간 유통기관의 역할이 제한적이거나 존재하지 않는 경우가 대부분이다.

2 항공예약시스템의 이해

항공예약시스템은 항공상품을 판매하기 위한 것으로, 항공상품은 항공좌석을 예약하여 항공기 내에 좌석을 마련해 주고 목적지까지 이동시켜 주는 서비스 상품이다. 항공예약시스템에 의한 항공예약은 소요량을 예측하여 생산의 규모를 계획하고, 예약이 확약된 발권을 통하여 수입을 확정 짓고, 운송을 준비시키는 역할을 한다. 항공예약시스템은 여객서비스 측면과 회사영업 측면에서 다음과 같이 설명될 수 있다.

1) 여객서비스 측면

- **항공여정의 작성과 좌석예약**: 여행계획에 필요한 항공 스케줄 정보를 제공하여 여정을 작성하고 항공좌석을 확보한다.
- **부대서비스의 예약 및 편의의 제공**: 항공여정 이외에 호텔, 렌터카 등 여행에 필요한 각종 서비스를 예약하거나 편의를 제공한다.
- **여행정보의 제공**: 현지에 대한 여행정보를 제공한다.

2) 회사영업 측면

- **좌석의 판매**: 항공예약시스템을 통하여 항공좌석을 예약하고 발권을 하면 매출로 이어진다.

(1) 예약의 접수

① 예약접수 시기 및 접수처

- **예약접수 시기**: 일반적으로 해당 항공편 출발 1년 전부터 예약접수를 시작한다.
- **접수처**: 항공사, 항공사 지점, 여행사

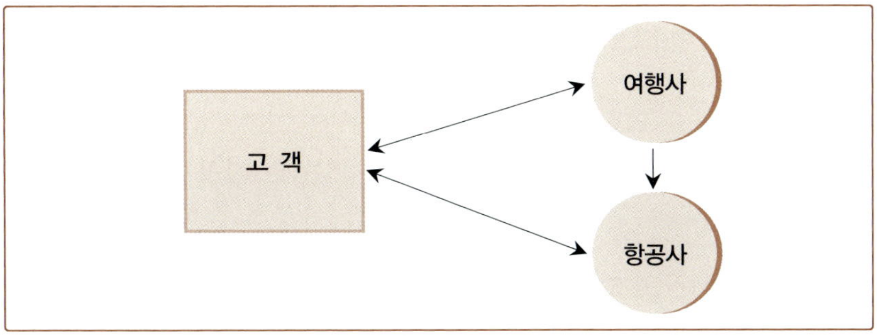

(2) 예약서비스

- 항공예약: 세계 어느 곳이든지 고객이 원하는 대로 편리하게 여행할 수 있도록 전 세계 항공사의 시간표를 참조하여 항공좌석을 예약한다.
- SPECIAL MEAL 예약: 종교, 건강, 취향 등으로 기내식사에 특별음식을 원하는 경우는 사전(출발 2일 전까지)에 예약을 받아 제공한다.

  예) KOSHER, MEAL, NO SALT ADDED MEAL, NO SUGAR ADDED MEAL, SEA FOOD MEAL, VEGETARIAN MEAL, BIRTHDAY CAKE 등
- 제한여객 운송준비: 비동반소아(12세 미만), 임산부(8개월 이상), 들것 환자 등 여행 중 특별한 주의가 필요한 승객에 대한 정보를 입력하면 그에 적절한 준비를 한다.
- 도착통지: 여객이 목적지에 있는 친지에게 도착을 알리기를 원할 경우 전화번호 / 성명 / 전달 내용을 접수하고 해당지점으로 전문을 발송하여 신속히 전달해 주고 있다.
- 여행정보: 여행지소개, 항공요금, 출입국절차 등 여행에 관련된 모든 정보를 제공한다.
- 기타 예약: 전 세계 호텔, 렌터카, 기타 교통편(선박, 육로교통)의 예약도 가능하다.

(3) 예약관계시 유의사항

- 매표구입 시한(TKTG Time Limit) 준수: 항공권을 구입하기로 약속된 시점까

지 구입하지 않는 경우 예약이 취소될 수 있다.

(4) OAG

항공스케줄 확인에는 항공예약시스템이 가장 유용하지만 OAG(Official Airline Guide)를 활용할 수도 있다. OAG는 세계 항공사의 스케줄과 항공관련 정보를 수록한 책자로 항공예약시스템을 사용할 수 없거나 항공예약시스템에 저장되어 있지 않은 항공스케줄과 여행정보를 찾아보자고 할 때 유용하다. 일부 종업원은 국내에서 발간되는 소책자 형태의 OAG를 항공예약시스템보다 효과적으로 사용한다. 항공스케줄 이외에 OAG에 수록되어 있는 정보는 다음과 같다.

- 운임규정의 적용(Application of fare notes)
- 각국의 사용 통화코드(Currency Code)
- 항공사코드, 기종코드 및 각종코드(Abbreviations and Reference Marks)
- 편집부 변동사항(Stop press)
- 운임규정의 적용(Application of fare notes)
- 국가별 항공여행 관련세금 및 공항세(Local Taxes)
- 무료수하물 허용량 관련세금 및 공항세(International Baggage Allowance and Rates)
- GMT와 현지시간과의 관계표(International Standard Time Chart)
- 주요항공별 탑승수속 소요시간 및 면세점 유무안내(International Airport Check-In Requirements, Airport Duty-Free shops)
- 항공기 기종별 제원(Aircraft Performanced Statistics)

3 CRS산업의 정의와 발전과정

1) CRS 개념

CRS(Computer Reservation System)라 함은 전산 단말기를 통해 항공편의 예약 발권 운송은 물론 항공 운임 및 기타 여행에 관한 종합적인 서비스를 제공하는 시스템을 말한다. 이전에 일일이 수작업으로 이루어지던 복잡한 예약, 발권 업무를 CRS가 대체하면서 여행사 직원들은 보다 편리하고 정확하게 업무를 수행할 수 있게 되었으며 CRS는 항공기의 좌석 탑승률을 높이는 데 목적을 가지고 있고 여행사, 항공사, 고객을 연결하는 정보 유통 수단으로서 그 중요성을 더해 가고 있다.

CRS가 항공 업계 최초로 선보인 것은 1962년 미국의 AA사가 사내 예약업무 전산화를 위해 SABRE(SEMI-Automated Business Research Environment)를 선보인 것이 첫 출발이고 1975년 SABRE의 성공에 자극받아 UA의 APOLLO를 시작으로 SYSTEM-ONE, PARS, DATAS 등 주요 CRS들이 잇달아 개발되면서 본격적인 CRS 경쟁 체제에 돌입하게 됐으며 우리나라의 경우 CRS가 처음 등장한 것은 1975년 대한항공이 사내 업무 전산화를 위해 KALCOS를 개발하면서 부터이다. 이후 성능이 개선된 KALCOS-II가 개발(1979년)되면서 1984년에는 최초로 여행사에 보급되기 시작했다.

초기 CRS는 자사 업무의 편의를 위해 만들어졌기 때문에 CRS 소유 항공사는 여행사에 보급되는 CRS까지 자사 항공편 위주로 운영해 왔다. 이에 따라 CRS를 소요하지 못한 항공사와 다양한 선택권을 잃게 된 소비자가 피해를 입게 되자 1984년 미국의 교통부에서는 이러한 행위들이 불합리함을 인정하여 항공사간 공정경쟁을 보장하고 소비자 보호를 목적으로 CRS 관련 법규를 제정, 공표 하게 되었다.

이 법률에 따라 화면 차별행위가 금지되면서 각 CRS는 자사 항공권 판매 도구로서의 의미를 상실하게 되었으며 이 시기부터 CRS 사업은 항공사와 분리됨은 물론 새로운 고부가가치 사업으로서의 독자적인 길을 걷게 되었다.

2) CRS의 주요기능

CRS는 단순히 예약기능의 차원을 뛰어넘어 다양한 정보 제공이 가능하고 이에 따른 고객확보로 미래 여행시장의 범위를 확대시키며 큰 변화를 가져올 것으로 예상된다.

(1) 예약기능

예약시스템은 현재로부터 향후 12개월 이내 기간까지의 미래 항공편에 대한 예약관련정보가 지원된다. 판매되지 않은 좌석에 대해 탑승 시까지 즉각적으로 예약이 가능하며 기본적으로 예약시스템은 모든 장기 항공편에 관한 판매 좌석과 잔여좌석의 기록을 유지한다.

(2) 수익의 극대화 기능

과거의 실적 자료를 검토하고 미래의 예약 추세를 예측하여 항공편 및 특별구간의 예약 유통경로를 통제하여 초과 예약을 효율적으로 관리할 수 있으며, 할인요금과 정상요금을 최적으로 조합하여 수익 극대화를 도모하는 것이다.

(3) 업무지원 기능

여행사의 업무지원 기능으로 고객관리, 손익계산, 청구서 발행 등 여행 대리점의 각종 업무를 예약 관리용 단말기를 통해 처리할 수 있도록 지원하는 기능이다.

(4) 다양한 정보를 제공

관광지의 기상관련 정보, 여행지의 외환시세, 전화, 그리고 세관관련 정보 등 제반 관광정보는 물론 생활정보까지도 제공하여 이용자에게 다양한 정보를 제공하는 기능이다.

3) CRS 발전과정

(1) 1단계 항공사 내부시스템 운영단계(1945년~1963년)

1962년 아메리칸항공(American Airlines: AA)이 SABRE(SEMI-Automated Business Research Environment)라는 최초의 컴퓨터 예약시스템을 개발하면서 예약업무자동화의 본격적인 확장에 들어가게 된 시기로 SABRE시스템은 승객이름 기록, 유효좌석, 항공회사들 사이의 통신을 용이하게 해주었다. 이러한 상황에서 SAGE 개발을 통한 시스템 처리의 기술경험을 얻은 유일한 기업인 IBM은 1964년 PARS(Programmed Airline Reservation System)와 Eastern PARS를 개발하게 되었다. Eastern PARS는 1972년경에 노스웨스트를 제외한 10대 항공사가 사용하게 되었고, 그 주요 기능으로는 요금안내, 사전 체크인, 탑승권, 사전예약, 그리고 비행일정을 포함한 많은 새로운 기능들이 가능하게 되었다.

(2) 2단계 대리점 예약시스템 운영단계(1965년~1986년)

AA의 SABRE를 시작으로 급증하는 수송량을 항공사의 예약부문 이원화와 전화회선의 한계로 인하여 여행대리점에 단말기를 설치하게 되었다. 여행 대리점에 항공사 단말기가 본격적으로 설치되면서 자사단말기의 설치가 또 다른 판매망의 확대를 가져옴은 물론, 여행대리점 시장에서의 자사항공권 판매에 막강한 영향력을 미친다는 사실을 인식하게 되었으며 현대적 의미의 예약시스템이 태동하는 시기라 할 수 있다.

이 단계에서 항공사간 컴퓨터 예약시스템의 설치경쟁이 치열해짐에 따라 여행사에 단말기를 설치할 능력이 없는 여행사는 점차 쇠퇴하게 되었다. 여행사에 단말기를 제공한 항공사는 자사 위주의 편중된(Bias) 게재로 타 항공사들에게 피해를 입히게 되었고, 이러한 문제가 법정소송으로까지 연결되어 컴퓨터 예약시스템 법규(CRS Rule)가 제정되었다. 모든 항공사의 컴퓨터 예약시스템 운영은 중립성, 비차별성 등의 내용을 규정한 컴퓨터 예약시스템 법규에 의거 소유 항공사로부터 분리되어 별도의 회사로 운영되었다. 항공사 소유의 전산시스템에서 항공사와 대리점을 중계해 주는 중립적인 시스템으로 전환되는 중요한 시기가 된 것이다. 이 시기는 통신기술이 급속하게 발전하고 컴퓨터 처리용량도 증가하여 정보통신 서비스의 혁명이라고 할 만큼 많은 변화를 이루었다. 특히 기능개발이 급속도로 진전되면서 항공편에만 그치지 않고 호텔과 렌터카 등의 예약도 겸하게 되었으며 항공권의 자동발권, 자동운임계산, 여행정보검색, 대리점 회계처리 및 고객관리업무 등 제반 항공관련 업무가 급속도로 혁신을 거듭하게 되었다.

(3) 3단계 합작 컴퓨터 예약시스템(CRS Joint Venture) 시대(1987년~현재)

미국에서는 점차 기능을 확대하고, 정보처리량을 늘리면서 거대화를 이룬 컴퓨터 예약시스템들이 국내시장에만 머무르지 않고 해외지역으로 사업을 확장하게 되었다. 그러자 미국의 침투를 방어하기 위해 항공사들은 다자간 협력을 통해 지역연합 컴퓨터 예약시스템을 구성하게 되었는데 이를 GDS(Global Distribution System)이라고 한다. 이러한 GDS는 유럽지역에서 에어 프랑스(AF), 루프트한자(LH), 이베리아 항공(IB) 등을 중심으로 한 아마데우스(AMADEUS)와 영국항공(BA), 스위스 항공(SR), 알리탈리아 항공(AZ) 등을 중심으로 한 갈릴레오(GALILEO)가 구성되었고 동남아 지역에서는 싱가폴 항공(SQ), 케세이 항공(CX), 말레이시아 항공(MH) 등을 중심으로 한 애바카스(ABACUS)가 연합 컴퓨터 예약시스템을 구축하였다.

4 CRS, GDS, NDC

1) 최초의 온라인 항공 예약시스템 ReserVec

제2차 세계대전이 끝난 후 민간항공교통은 급속한 발전을 이루게 된다. 전쟁에 동원됐던 항공기들이 민간 수송으로 활용되고 국가 간의 교역과 비즈니스가 활발해지면서 항공기를 이용하는 사람들이 급증했다. 문제는 이렇게 급증하는 항공 이용객을 빠르고 정확하게 예약을 받고 항공편을 지정하는 데 적지 않은 인력이 필요했고, 많은 시간도 필요했다는 점이다.

(1) 항공편 이용자 급증

트랜스-캐나다항공(Trans-Canda Air Lines: TCA, 현재 에어캐나다 전신) 토론토 예약센터에서는 하나의 예약을 완성하는 데 3~7통의 전화통화가 필요했다. 첫 예약 전화를 받은 후 커다란 벽면을 가득 채운 보드의 한 달 치 항공편 스케줄을 보고 일일이 예약 하나씩 만들어야 했다. 캐비닛에서 'Flight Card'를 꺼내 해당 항공편에 예약자 이름을 기입하는 방식이었기에 전화 접수 즉시 항공편이 만석인지도 알기 어려웠으며 동시에 다른 예약을 받을 수도 없었다.

[그림 6-1] 트랜스-캐나다항공 예약센터(1950년대)

한편 미국 아메리칸항공(American Airlines: AA)은 수많은 예약을 일일이 물리적으로 기록하기 어려운 점을 극복하기 위해 저장(Storage)시스템을 이용하기로 했다. 마그네틱 특성을 이용한 드럼 메모리(Drum Memory)를 통해 'Reservisor'라는 시스템을 1956년에 개발했고 여객기 약 2천 편에 해당하는 데이터를 기록할 수 있었다. AA는 이 시스템을 다른 항공사는 물론 쉐라톤 등과 같은 호텔, 굿이어 등 예약, 재고관리가 필요한 기업에 시스템을 판매했다. 하지만 이 시스템은 단순한 저장 장치에 불과했다.

(2) 트랜스-캐나다항공, 온라인 예약시스템 ReserVec

TCA는 AA의 Reservisor가 단순한 저장 매체라는 점과 에러가 잦은 점, 그리고 결정적으로 해당 시스템에서 자료를 확인하려면 Reservisor 담당 에이전트에게 다시 요청해서 확인해야 하는 한계를 확인했다.

TCA는 자사 기술자인 Lyman Richardson을 통해 컴퓨터 화된 솔루션을 생각하게 된다. 1952년 토론토 대학의 FERUT를 기반으로 연구를 시작해 AA의 Reservisor가 가지고 있던 병목현상 등 여러 문제점을 해결하고 Richardson은 다른 기술자들과 함께 Ferranti Canada에 연구진을 구성해 일종의 펀치카드(Punched Card) 방식을 착안해 냈다. 카드에 나누어진 칸에 연필로 색을 칠해 일련의 정보를 입력하고 이를 전화선과 연결된 카드 리더(Transactor)를 통해 신속하게 중앙으로 정보를 취합하는 방식이었다.

TCA는 75000달러를 투자해 6대 시제품을 개발 · 구축했는데, 이 시스템을 이용하면서 분산된 어떤 장소에서도 카드 리더(Transactor)만 있으면 예약을 접수하고, 변경, 취소, 조회 등이 가능하게 된 것이다. 현재의 예약 방식과 유사한 온라인 예약 기반이 마련된 셈이었다.

1959년 TCA는 당시 2백만 달러(2000년 기준 약 1천2백만 달러 상당)를 투자해 350대로 확장했으며 이후 두개의 CPU가 달린 Gemini 컴퓨터 시스템 포함해 1960년 ReserVec이라 명명하고 개발에 들어갔다. 그리고 1963년 1월 24일 마침내 ReserVec 시스템이 가동됐다.

ReseVec(Reservation Electronically Controlled)은 '전자예약 통제시스템' 정도로 불릴 수 있는 시스템으로 TCA의 예약센터 직원 수를 230명에서 90명으로 줄였으며, 그 무엇보다 현장에서 예약을 하고 조회하는 데 불과 몇 초 만에 가능하게 된 세계 최초의 획기적인 '항공 온라인 예약시스템'이 탄생한 것이다.

(3) ReserVec의 발전

AA가 계획하고 추진했던 SABRE는 1953년 검토를 시작해 1957년 개발을 시작했지만 1963년 12월이 되어서야 예약시스템으로 선보이게 되었다. ReseVec이 4백만 달러를 들여 단 2년 만에 개발된데 비해 SABRE는 거의 10년이나 걸린 셈이었다.

ReserVec을 개발한 Ferranti-Packard는 이 시스템을 다른 항공사에 판매하려고 했다. 당시 미국 시장은 IBM, Univac 등과의 치열한 경쟁 때문에 포기하고 유럽시장 진출을 모색했다. 하지만 뜻하지 않은 장애를 만나 좌절하게 된다. 다름 아닌 영국 지주회사였던 Ferranti UK의 결정 때문이었다. ReserVec이 영국에서 개발되지 않았다는 이유로 ReserVec을 신뢰하지 않고 대신 캐나다 개발팀을 영국에 불러들여 새로운 시스템(Orion II) 개발을 시도했다. 하지만 결과적으로는 실패로 끝나면서 ReserVec이라는 시스템은 더 이상 발전하지 못하게 되었다.

ReserVec이 다른 항공사도 구매할 수 있는 제품으로 기획되었지만 큰 성공을 거두지는 못한 데는 또 다른 이유도 있었다. 그중 하나가 ReserVec이 고객의 정보를 완벽하게 자동으로 저장하지는 못하고 수동으로 처리하거나 보완 시스템이 필요했다는 것이었다. 이후 개발된 Pioneer에서는 ReserVec이 가진 단점이 개선되었지만 널리 확산되지는 못했다. 만약 ReserVec시스템 개발이 지속적으로 이루어졌다면 항공 예약시스템의 역사는 바뀌었을 지도 모를 일이다.

결국 이후 개발된 SABRE가 비록 ReserVec보다는 시장에 늦게 선보였지만 보다 앞선 기능과 지속적인 개발에 힘입어 항공 부문을 포함한 여행 관련 IT시스템 기업으로 성장하게 되었고 2000년에는 AA로 부터 분사해 독립적인 여행 관련 IT 기업 강자로 우뚝 서게 되었다.

2) CRS와 GDS의 차이

CRS는 컴퓨터예약시스템(Computerized Reservations System)의 약자이다. 미국 아메리칸 항공에서 1964년 만든 세이버(SABRE)가 그 시초이며, 당시에는 항공업무자동화를 위해 항공사 측에서 개발한 전산예약시스템이었으나 최근에는 항공뿐 아니라 호텔 및 렌터카, 정보제공 등으로 영역을 확대해 '여행에 관한 종합적인 서비스를 제공하는 전산예약시스템'을 의미하게 됐다.

1. 항공편 스케줄 및 운항정보, 잔여좌석 상태 조회 및 항공예약
2. 운항구간별 운임계산 및 BSP 가입 항공사의 발권
3. 호텔/렌터카 정보조회 및 예약
4. 상용고객의 정보 저장 및 관리
5. 철도/크루즈/여행자 보험상품의 정보제공 및 예약
6. 온라인 부킹엔진 솔루션 제공

[그림 6-2] GDS의 주요기능

GDS(Global Distribution System)는 CRS가 발전해 나가는 과정에서 탄생했다. 세이버가 각 여행사 대리점들에 설치되면서 업무자동화와 항공권 판매 증진이라는 막대한 효과를 가져왔고, 이에 따라 각 항공사들마다 경쟁적으로 CRS를 개발하기 시작했다. 유럽 및 아시아에서도 여러 항공사들이 연합해 새로운 CRS를 개발했는데. 그렇게 만들어진 것이 BR, SR, AZ, KL 등, 유럽항공사들이 만든 아마데우스, CX, SQ, AZ, KL 등, 동남아시아 기반의 항공사들이 연합한 애바카스 등이다. 즉 GDS는 'CRS가 글로벌하게 진화한 형태'로 보면 된다. 국내에서는 일반적으로 CRS와 GDS를 로컬 기반이냐, 글로벌 기반이냐에 따라 구분한다. 토파스처럼 국내에

서 주로 사용가능한 시스템은 CRS로, 애바카스, 월드스팬, 갈릴레오처럼 해외에서도 사용 빈도가 높은 시스템은 GDS로 부르고 있는 것인데. 현재 국내에서는 가장 점유율이 큰 토파스가 해외 기반은 취약하고, 국내에서 상대적으로 이용률이 낮은 월드스팬, 갈릴레오 등이 해외에서 입지가 강한 이유도 여기 있다.

한편 CRS, GDS는 업체들은 또 상호 정보제공 계약을 체결하면서 시장 확대와 경쟁력 제고를 위해 협력을 강화하고 있다. 토파스는 아마데우스와, 애바카스는 세이버와 정보제공 계약을 체결했다. 최근에는 여행사들에서 토파스, 애바카스, 월드스팬, 갈릴레오 등과 계약을 맺고 실시간 발권, 예약시스템을 구축하는 경우도 늘고 있다.

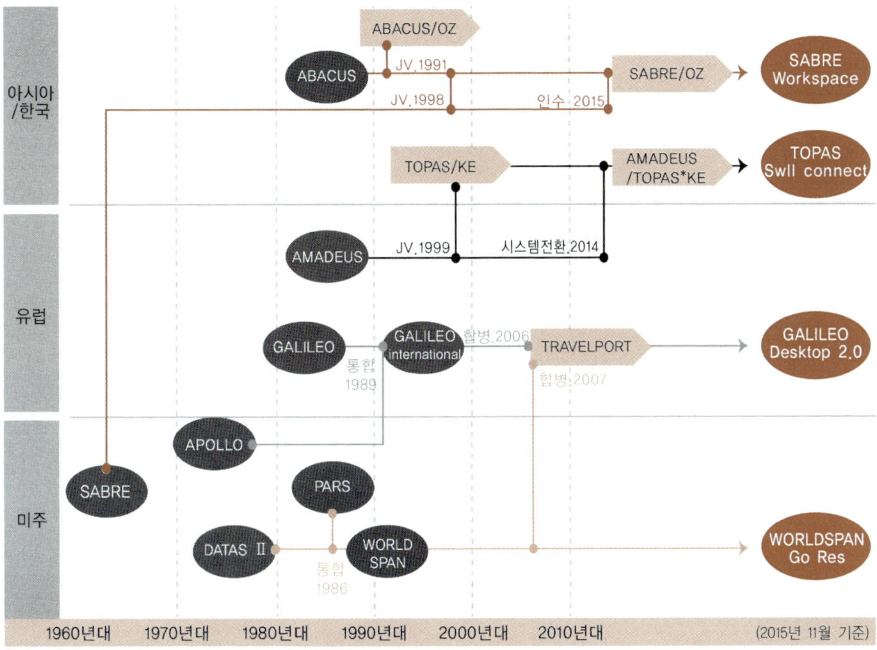

[그림 6-3] GDS별 전개현황

3) NDC

항공권을 구입하기 위해 가장 먼저 하는 행위는 '예약(Reservation)'이다. 재미있는 것은 항공사에 직접 예약하지 않아도 된다는 점이다. 이것을 가능하게 하는 것은 GDS(Global Distribution System) 덕분이다.

민간항공교통 초기 시절에는 항공사가 각자 예약을 접수해 항공권을 판매했지만 이용객이 증가하자 일부 항공사는 인력(人力) 수작업이 아닌 자동화 시스템을 개발했다. 온라인 항공예약시스템이 등장한 것은 1963년 트랜스-캐나다항공을 통해서였다. 민간항공부문 확대에 결정적인 전기가 되었다.

이후 시스템을 개발하지 못한 항공사들이 타 항공사가 개발한 시스템을 사용하면서 이용 항공사가 늘어나면서 항공사 예약시스템 중 일부가 현재의 GDS로 발전했다. 이후 항공 이용객들은 항공사에 직접 예약하지 않고도 (GDS를 도입한) 여행사를 통해 어느 항공사건 쉽게 예약이 가능해졌다.

문제는 GDS 역시 특정 항공기술 기업(대부분 항공사에서 탄생해 분리된 기업)에 종속되어 있다 보니 이 시스템을 이용하는 데 비용이 발생한다는 점이다. 항공사들은 이 GDS를 통해 예약을 접수할 때마다 일정한 수수료를 제공해야 했고 이는 고스란히 항공권 가격으로 반영되었다.

예약 하나가 완성될 때마다 발생하는 수수료가 항공사로서는 적지 않은 부담이 될 수밖에 없다. 세계 최대 저비용항공사 가운데 하나인 라이언에어가 GDS를 이용하지 않고 자사 홈페이지를 통해 직접 항공권 예약, 판매를 하는 것도 이런 이유에서다. GDS 수수료 비용이 부담되는 것은 여행사 역시 마찬가지다.

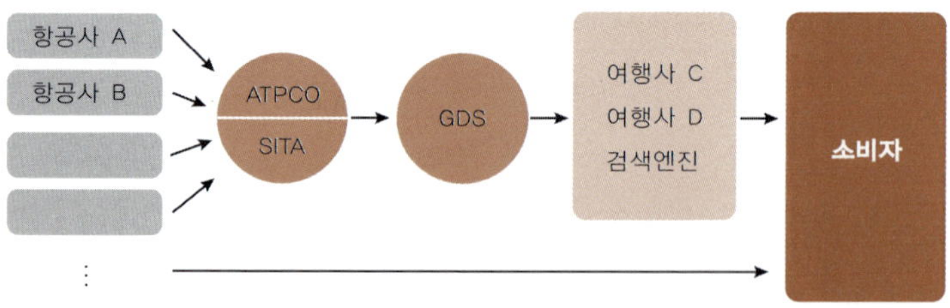

[그림 6-4] SITA, ATPCO 등의 가공을 거쳐 GDS를 통해 판매되는 항공상품 경로

하지만 더욱 큰 난제는 항공시장 변화에 GDS가 적절히 대응하기 어려워지고 기술적 어려움, 비용 증가하는 문제가 대두되기 시작한 것이다. 이에 국제항공운송협회(IATA)가 고민한 것은 전 세계 항공업계가 공통으로 사용할 수 있는 항공상품 판매 표준화 기술이었다.

이런 고민을 바탕으로 등장한 것이 바로 NDC(New Distribution Capability)다. XML 언어를 기반으로 표준화된 프로토콜이 만들어졌으며, 이 표준화된 통신규약을 만족시키는 시스템이라면 어느 항공사, 여행사든지 직접 예약·판매가 가능해진다.

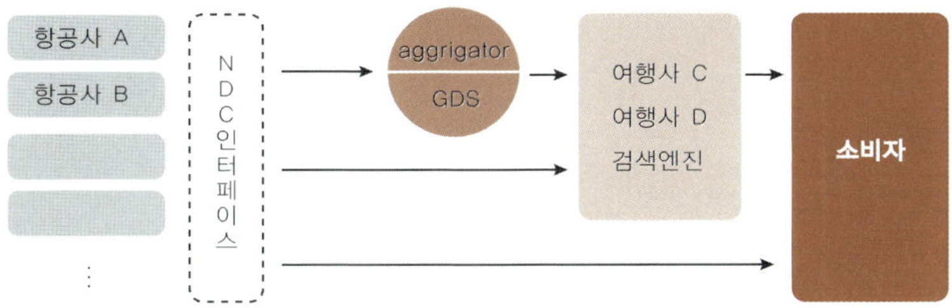

[그림 6-5] **항공사와 소비자(여행사)가 직접 연결성이 강화된 NDC 방식**

기존 GDS과 차별화된 점은 이것만이 아니다. GDS가 항공편 스케줄, 좌석 예약에만 가능한 한계가 있어 수하물 추가 요금, 좌석 지정, 기내식 주문 등 최근 부가서비스로 떠오르고 있는 각종 유료 서비스를 처리하기 어렵다. 결국 부가 서비스는 해당 항공사에 별도로 신청해야 했다.

그러나 NDC 기술은 각종 부가 서비스 역시 표준화된 포맷만 준수하면 이미지나 동영상 등의 정보도 언제든지 추가 가능하기 때문에 유료 서비스 상품이 다양해지는 현대 민간항공시장에 적절히 대응하면서 '새로운 유통'을 가능하게 한다.

아직은 NDC가 항공상품 유통의 메인 스트림이라고 하기는 어렵다. 유럽 항공사를 중심으로 33개 항공사가 NDC를 도입해 운영하고 있으며, IATA 인증 획득한 항공사가 총 50여 개에 이르렀지만 전 세계 수백 개 항공사들은 아직 GDS를 통해 항공권(상품)을 판매하고 있다. 하지만 2015년 표준 통신규약을 확정해 본격적으로 운영되기 시작한지 얼마 되지 않았다는 점, 비용 절감은 물론이지만 다양한 항공상품 판매 확대라는 NDC의 엄청난 장점이 있는 이상 머지않아 항공상품 판매의 주요 통로가 될 것이라는 전망이 우세하다.

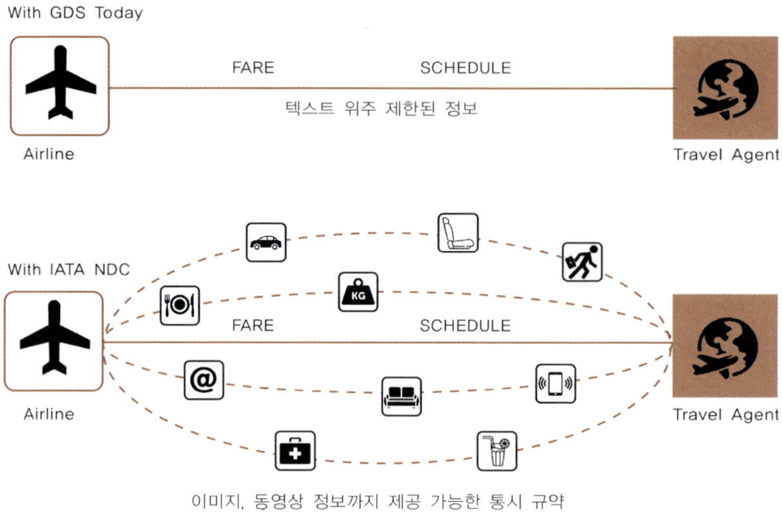

[그림 6-6] GDS와 NDS 경로 비교

5 토파스 항공예약프로그램

1) DECODE와 ENCODE

- 전 세계 항공사와 GDS는 업무의 정확성과 신속성을 위해 도시, 공항, 항공사, 주, 국가, 공동사용

Entry	의미	기능
DACLON	Do A Code	도시(City) 코드로 이름 조회
DANLONDON	Do A Name	도시(City) 이름으로 조회
DANPARI*		'PARI'이 포함된 도시 이름 검색
DCCA	Do Country	국가(Country) 조회
DCCANADA		
DNSUSFL	Don't Know State	주(State) 조회
DNSFLORIDA		
DNACX DNA160 DNACATHAY PACIFIC	Don't Know Airline	항공사(Airline) 조회
DNE744 DNEBOEING	Don't Know Equipment	기종(Equipment) 조회
DNCZE DNCHERZE	Don't Know Car	렌터카 조회
DNHHL DNHHILTON	Don't Know Hotel	호텔 조회
DDLAX	Display Date	특정 도시의 일자와 시간
DDSEL1200 / SIN		

* 특정 도시의 Multi Airports 조회: DB NYC.

2) Entry 정리

항목	Entry	의미	기능
Time Table 요일별 운항시간표	TN 10MAR SEL PAR / AKE	Time Table Neutral	항공사 지정
	TCR	Time Table Change Return	역방향 구간 조회
Availability 해당일의 스케줄과 좌석조회	AN 15DECICNSYD / AKE / CE / FN	Availability Neutral	항공사 / BKG CLS / Non-STOP
	AN 10DEC ICN BKK*20DEC		복편 동시 조회 (Dual City Pair)
	AN 10DEC ICN BKK / AKE*20DEC BKKSIN / ATG		Dual City Pair 조회
	AN*S10DEC ICNBOS		특정 Alliance 지정
	ACR 20DEC	Availability Change Return	역방향 구간 날짜 지정 조회
Flight INFO 특정비행편 운항 정보	Availability 조회 후 DO2	Display Operation	Availability 조회 후 운항 세부정보 확인
	DO KE927 / 1SEP		특정 비행편의 운항 세부정보
스케줄	SN 10JAN PUS BKK	Schedule Neutral	스케줄 조회
MCT 최소	DM ICN	Display MCT	특정 도시 MCT 조회

연결시간	DMDL / JFK		특정 항공사 / 도시 MCT 조회
	DM3		Availability 조회 후 MCT 조회
	DM2 / 4		Availability 조회 후복수 항공편의(2번과 4번) MCT 조회
	DMI		여정이 있는 경우 MCT 조회

- MCT(Minimum Connecting Time)
  - 한 공항에서 터미널 간 또는 동일 도시 내 서로 다른 공항 사이의 연결편 탑승을 위한 최소연결시간
  - MCT에 부합되지 않게 예약한 경우 PNR 저장 시 Warning Message가 보이는데, 이를 무시하고 PNR을 다시 저장하면 PNR은 저장됨
  - Code Share Flight의 MCT 확인 시 여정이 있는 상태에서 조회(PNR 작성 후 DMI Entry)하는 것이 정확

3) Availability 응답 화면

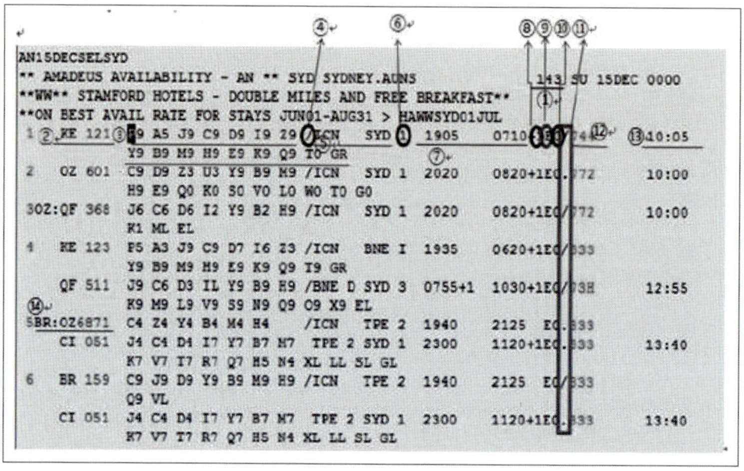

① 출발일까지의 남은 일수

② 항공사와 편명수

③ Biiking Class와 잔여 좌석수

④ Last Seat Availability Indicator

⑤ 출발지 / 목적지

⑥ Terminal 번호

⑦ 출 / 도착 시각

⑧ Plus One Day

⑨ e-Ticket Indicator(e-Ticket 기능 제공 Flight)

⑩ 경유지 횟수

⑪ Access Level

⑫ 기종

⑬ 총 비행소요 시간

⑭ Code Share FLT(BR: Operating Carrier, OZ6871: Markrting Carrier)

4) PNR의 뜻과 구성요소

PNR(Passenger Name Record)은 승객의 예약 계약 기록을 정해진 영역에 따라 예약 전산시스템에 기록해 놓은 것을 나타내는 용어이다. 예약 PNR 구성요소는 다음과 같다.

구분	항목
필수 요소	여정(Itinerary)
	Ticketing 정보(Ticket Arrangement)
	승객 성명(Name)
	전화(Phone)
선택 요소	요청자(Received From)
	특별 서비스 요청(Special Service Request: SSR)
	기타 서비스 정보(Other Service Information: OSI)
	Remark

① 여정(Itinerary)

• **항공여정:** 비행편을 이용하여 한 지점에서 다른 지점으로 이동하는 여정

- 부대여정: 항공여정을 제외한 기타 예약 구간(호텔, 카, 철도 등)
- 비항공운송구간(Arrival Unknown: ARNK): 항공편 이외의 운송수단으로 이동하는 구간(Surface)을 나타내기 위해 사용

② Ticketing 정보(Ticket Arrangement)

- 여행사가 지정하는 발권 예정일을 의미, 강제성은 없음(Information 용도)
- 항공사가 지정하는 발권 시한은 PNR 작성 이후 PNR에 별도 유입됨
  - 강제력이 있어 항공사가 지정한 발권 시한까지 항공권을 구매하지 않으면 여정은 자동 취소됨

③ 승객 성명: 성, 이름, Title, Passenger Type Code 입력

- 성과 이름
  - 반드시 실제 승객명을 입력해야 함(타인, 대리인 성명 입력 불가)
  - Full Name을 입력하며 여권성의 Name Spelling을 기준으로 입력
    (Full Name은 최소 2글자 이상 최대 57글자까지 입력 가능)
  - 개인 승객인 경우 PNR 작성 이후 Name Change는 불가

- 승객의 유형

구분	PTC(Passenger Type Code)	구분 기준(출발일 기준)
성인(Adult)	ADT	만 12세 이상 승객
소아(Child)	CHD	만 2세 이상~만 12세 미만
유아(Infant)	INF	생후 7일 이상~만 2세 미만(좌석 비점유)

  - PTC는 상기 코드 이외에도 다양하게 있음
  - PTC: 유아의 구분 기준은 항공사별로 상이할 수 있음(생후 14일 이상~만 2세 미만)
  - 좌석을 차지하는 Infant는 Child로 처리
  - 소아나 유아인 경우에는 생년월일(Date of Birth: DOB)을 같이 입력해야 함

• 승객 Title

성별에 따른 Title성인 남자		신분에 따른 Title	
MR	성인 남자	PROF	Professor
MS	성인 여자(기혼 / 미혼)	CAPT	Captain(기장 / 선장)
MRS	성인 여자(기혼)	DR	Doctor(반드시 의사)
MISS	유아 / 소아 여자	REV	Reverend(성직자)
MSTR	유아 / 소아 남자		

- 승객 성명 뒤에 Title 입력 필요
- 주로 성별에 따른 Title을 많이 사용
- 승객에 따라 신분에 따른 Title을 선호하는 경우도 있음
- DR은 위급환자가 발생하는 경우를 위한 참고자료이므로 반드시 의사인 경우에만 사용

④ 전화번호 Element

• 여행사, 승객 연락처, 이메일 등의 번호를 기재

• 한 개의 PNR에는 필요에 따라 2개 이상의 전화번호 입력

5) 기본 PNR 작성

• PNR 작성을 위한 화면 정리 및 저장

SellConnect Entry	기능
RT	PNR 화면 정리
IG	입력 내용 취소, 무시
IR	입력 내용 취소, 무시 후 PNR 재조회
ET	PNR 저장
ER	PNR 저장 및 재조회
RTPP	최근 PNR 재조회
RT0333-2323	PNR 조회

• PNR Element 작성 Entry

항목	Entry	기능
여정 (조회 수)	SS1Y2 SS1Y1*H11	Short Sell
	SS KE901 Y 20DEC ICNPAR 1	Long Sell
	SO KE Y 25NOV ICNBKK	Open 예약
	SI ARNK	비항공운송구간
삭제	XE1 XI(여정 전체 취소)	각 Element 삭제
성명	NM1HONG / GILDONGMR	기본 입력
	NM1HONG / GILDONGMR 1KIM.SOOHYUNMR 1BAE / SOOJIMS	여러 명의 승객 성명 동시 입력
	NM 1 KANG / CHARYOON(CHD / 25MAY07)	Child 성명과 생년월일 입력
	NM 1 HONG / GILDONGMR(INFKANG / EUNHEE / 25JUN13)	보호자와 Infant, 생년월일 입력
	1 / (1: 승객번호)	동반 유아 또는 CHD 사항 삭제
	1 / (INFKIM / BABY / 25JUN13)	동반 유아 삽입, 생년월일 수정
	1 / (CHD / 15MAR07)	Child 생년월일 수정
전화번호	AP AP-SEL 02-123-4567 HAPPY TRAVEL GH / HONG	여행사
	APM-010-1234-5678 / P1 APE-TOPAS@NAVER.COM / P1	휴대폰, 이메일
Ticket Arrangement	TKTL10SEP / 1700	강제성 없음, Q 전송
	TKOK	강제성 없음, Q 미전송
	TKXL10SEP / 1700	강제성 있음, Q 미전송, 자동 취소
PNR 저장	ET 또는 ER	PNR 저장

■ ■ ■ **필수용어**

- **CRS**: 항공예약시스템을 의미하는 Computer Reservation System의 약어이다. 컴퓨터를 통해 항공편의 예약, 발권, 운송, 호텔, 렌터카 등 여행과 관련된 종합적인 서비스를 제공하는 전산예약시스템을 통칭한다.
- **GDS**: 전 세계 주요 항공예약운영시스템을 통칭하는 Global Distribution System의 약어이다.
- **NDC**: New Distribution Capability의 약어이다. NDC는 IATA가 차세대 항공권 예약·판매를 위해 구축한 표준 프로토콜이다. 2012년 NDC 추진을 위한 결의안이 채택된 이래 연구 프로젝트를 통해 2015년 기술 표준이 제정되었다. 기존 GDS가 항공 스케줄 예약에만 특화되었다면 NDC는 항공권 예약 판매는 물론 다양한 부가상품(수하물, 기내식, 좌석 배정, 기내 인터넷, 오락, 호텔 예약 등 연계 서비스)들을 직접 온라인으로 예약 판매할 수 있도록 확장되었다. NDC는 기본적으로 인터넷, 통신 등의 표준화에 가장 적합한 방식인 XML 기반으로 구성되었다. GDS가 특정 항공기술 기업의 시스템을 이용하는 것이라면 NDC는 IATA가 표준화한 프로토콜을 항공사가 적용하고 여행사 등이 이를 활용하면 그대로 이용할 수 있어 GDS에 지불하는 비용을 대폭 줄일 수 있다.

CHAPTER 07

e비즈니스와 e커머스

학습목차

1. e비즈니스의 개념
2. e비즈니스의 특징
3. e커머스 개념 및 특징
4. m커머스 개념 및 특징
5. T커머스 개념 및 특징
6. s커머스 개념 및 특징
7. 관광과 e비즈니스 특징 및 향후 방향

CHAPTER

07 e비즈니스와 e커머스

학 / 습 / 목 / 표

1. e비즈니스 개념 및 특징, 영역 및 모델에 대해 알 수 있다.
2. e비즈니스와 e커머스의 차이에 대해 이해할 수 있다.
3. e커머스, m커머스, T커머스 s커머스의 개념 및 특징에 대해 알 수 있다.
4. 관광과 e비즈니스에 대해 이해할 수 있다.

들어가는 말

해외여행의 새로운 트랜드: 여행의 재발견

DIY 패키지, 탈패키지, 엑티브 시니어, 키즈에듀테인먼트, 유트래블 시대

하나투어가 2018년 자사 해외여행객 약 700만 명 예약 데이터를 기반으로 예측한 2019년 해외여행 7대 트렌드를 밝혔다.

하나, 소셜 패키지, DIY 패키지…탈(脫) 패키지 상품 대세

자유여행의 성장과 더불어 패키지여행도 다양한 형태로 진화하고 있다. 2030세대 전용 패키지가 등장하고 1~2개국을 깊이 들여다보는 패키지, 연예인과 함께 해외 유명 클럽 파티를 체험하는 패키지 등 여유와 테마를 가미한 패키지가 대중에게 선택 받았다. 앞으로 패키지 여행시장에서는 연령대나 관심사 기반 소셜형 패키지상품, 여행객이 직접 만드는 DIY 패키지 등이 주목받을 것으로 보인다.

자유여행에서도 풍부함 경험과 전문 지식을 갖춘 가이드를 통한 현지 투어 붐이 일고 있어 여행의 콘텐츠도 개인화로 점차 더 고도화될 것으로 보인다.

둘, 여행시장의 파워 '액티브 시니어'

여행 소비를 주도해 나가는 새로운 세대는 프리미엄 여행상품을 구매하는 5060 액티브 시니어들이다. 5060세대 여행 상품 구매가격은 평균 112만 원으로, 타 연령대 대비 18%가량 높았다. 경제력, 시간, 그리고 건강까지 허락된 엑티브 시니어들의 활약은 점차 더 증가할 것으로 보인다. 미슐랭 맛 체험 여행이나 럭셔리 료칸에 숙박하는 여행, 인문학 배움 테마여행 등 다양한 프리미엄 패키지로 발전할 것이다.

셋, 키즈에듀테인먼트 여행 주목

출산율은 줄고 있지만 국내 키즈 산업 규모는 꾸준한 성장세다. 아이들에게 풍부한 경험을 선사하여 교육적으로 도움되는 콘텐츠를 연계하려는 노력들이 커지고 있다. 따라서 키즈 여행 상품 소비 행태는 아동 연령별 선택지가 점차 다양해지는 추세다. 미취학 아동(0~6세) 동반 가족은 괌·일본 오키나와필리핀 세부 등 휴양지 리조트 이용 상품을 선택한 경우가 많았고, 초등학생(7~12세) 동반 가족은 오사카 유니버셜 스튜디오 재팬(USJ) 레고랜드 등 테마파크에 들르는 여행 선호도가 높았다. 또한 일주일, 한 달 이상 살아보기 등의 체험형 여행시장도 커지고 있는 실정이다.

넷, 유튜래블(Youtube + Travel) 시대

모바일 only, 유튜브 퍼스트 시대를 이끄는 Z세대는 많은 정보를 이제 텍스트나 이미지가 아닌 영상을 통해 접한다. 최근에는 50대 이상 유튜브 이용률도 급증하고 있다. 자연히 여행 시장에도 유튜브 바람이 거세게 불고 있다. 국내 여행업계도 유튜브 마케팅에 본격적으로 참여하여 TV홈쇼핑을 대체할 V-커머스 영상, 360도 체험형 VR영상, 여행 전문가들의 테이블 토크 등 다양한 포맷의 콘텐츠가 다수 제작될 것으로 보인다. 전문가의 시선 뿐 아니라 소비자의 시선에서도 접근하여 대중의 여행심리를 여러 관점에서 자극할 것으로 예측된다.

다섯, 세대 공감 가족여행

베이비붐 세대(5060세대)와 밀레니얼 세대(2030세대)가 함께하는 가족여행 수요는 꾸준히 증가하고 있다. 2018년 하나투어 패키지 고객 중 19%는 성인 자녀와 부모가 함께하는 형태 가족 여행객이었다. 여행은 효도를 표현하는 선물, 부모가 자식 혹은 손자 손녀들과 함께할 수 있는 공감과 힐링의 선물이 되고 있다. 특히 명절과 같은 긴 연휴에 성묘를 일찍 지내거나 간소화 하고 해외로 나가는 이들이 많아지고 있는 추세이다. 이들이 가장 많이 여행한 곳은 베트남 다낭, 태국 방콕파타야, 일본 규슈, 대만 타이페이, 베트남 하노이·하롱베이 순이었다. 주로 자연과 도시가 공존하며 식도락과 힐링 요소를 두루 갖춘 곳이다.

출처: 이뉴스투데이(2018. 12. 31.).

1 e비즈니스의 개념

1) 인터넷의 개념

인터넷은 여러 형태의 컴퓨터 통신망으로 컴퓨터를 통한 정보교환 및 의사소통이 많아지면서 TCP / IP(Transmission Control Protocol / Internet Protocol)에 기반을 둔 통신규약과 주소체계로 글로벌한 표준에 의해 연결된 네트워크의 체계 및 시스템이라고 정의된다.

1969년 미국 국방성의 프로젝트(Advanced Research Projects Agency: ARPA)의 일부로서 개발된 ARPANET이 시초로 미국 국방성에서 정보교환을 위해 NCP(Network Control Protocol)이라는 통신방식으로 이루어졌다. 다양한 기종의 컴퓨터 지원을 위해 TCP / IP가 1970년대 개발되어 기존 NCP를 대체하였고 인터넷을 관리하는 인터넷 서비스 사업자(Internet Service Provider: ISP)가 제공되어 전 세계의 네트워크가 인터넷을 통해 확대되었다. 1989년 스위스 입자물리연구소(CERN)에서 WWW기술개발이 완료되면서 인터넷은 급속도로 발전하게 되었다. 이를 활용한 다양한 웹브라우저들의 출시는 전 세계의 인터넷 이용자들을 하나로 연결하고 폭발적으로 증가하게 만드는 원동력이 되었다.

〈표 7-1〉 **인터넷의 발전역사**

연도	주요 내용
1969	ARPA(미국국방성의 프로젝트)로 ARPANET 개발
1979	TCP / IP 프로토콜 개발
1983	TCP / IP가 통신표준으로 채택됨 ARPANET이 MILNET(군사용)과 ARPANET(연구용)으로 분리됨
1986	NSF(미과학재단)이 NSFNET구축
1989	CERN(스위스 입자물리연구소)에서 WWW 기술개발 착수
1990	ARPANET을 NSFNET으로 통합
1991	CERN의 WWW 개발완료 및 CERN에 WWW 설치
1993	일리노이 대학에서 웹브라우저 Mosaic 개발
1994	웹브라우저 Netscape 개발
1995	NSFNET은 연구망 이외에 인터넷을 ISP들이 관리하도록 민간부분에 개방

인터넷은 기술의 발전과 시장의 변화로부터 단순한 의사소통의 기능확대와 기존 사업의 효율을 강화하기 위한 수단에서 새로운 비즈니스 영역으로 발전하는 데 기여했다. 인터넷의 구성요소는 네트워크, TCP / IP, 컴퓨터의 응용프로그램으로 나누어 볼 수 있다. 네트워크는 컴퓨터와 같은 정보 단발기를 인터넷에 접속하고 기간망을 통해 정보에 대한 신호를 전달한다. 다양한 인터넷 접속망을 통해서 통신사가 운영하는 인터넷 기간망에 연결되어 네트워크 기반이 구축된다. TCP / IP는 정보 단말기에서 실행되는 응용프로그램 간의 정보교환이나 인터넷 신호를 인터넷 접속망이나 기간망에서 전달한다. TCP 계층은 응용시스템별로 메시지별 정보교환이고, IP계층은 인터넷 주소까지 포함되는 패킷 단위의 전송처리 기능이다. 메시지는 여러 개의 패킷으로 구성된다.

응용프로그램은 서비스를 이용하거나 제공하는 자가 접속하는 정보시스템으로 다양한 인터넷 서비스 및 APP에 대해서 유무선 인터넷을 통해 정보를 제공하는 서버 응용프로그램이 여기에 속한다.

2) e비즈니스 개념

e비즈니스란 인터넷 정보 기술에 의존하여 구현된 다양한 경제활동을 온라인과 오프라인을 연결하여 다양한 사업수익을 창출하는 것을 의미한다. 넓은 의미로는 "인터넷 정보 기술에 의해 조직 내부 및 외부의 모든 이해 관계자들(고객, 파트너, 직원 등)이 전자적으로 수행하는 비즈니스 활동"으로 정의할 수 있다. 좁은 의미로는 소비자와 기업 간의 거래가 이루어지는 인터넷 쇼핑몰을 지칭한다.

e비즈니스는 인터넷을 전략적 도구로 활용한다는 것이다. 인터넷 비즈니스가 기업이 목표하는 바를 달성할 수 있도록 사이트나 앱을 만들기 전에 이를 어떻게 활용할 것인지 추구하는 비즈니스 가치가 무엇인지를 분명히 가지고 있어야 한다. 또한 인터넷을 활용하여 다양한 활동을 할 수 있도록 비즈니스 프로세스를 최적화하는 것이 또한 새로운 비즈니스로의 확장에 용이하다.

〈표 7-2〉 e비즈니스의 정의

기관 / 연구자	정의
IBN(1997)	인터넷 기술을 포함한 새로운 비즈니스로의 전환
가트너그룹(1999)	디지털 기술을 활용한 기업 비즈니스 행위의 최적화
Bound & King(1999)	전자적 정보 전략 사용을 통해 조직의 경쟁력을 향상시키고자 함
Kalalota Rpbonson(1999)	최상의 비즈니스 모델 실현을 위해 프로세스, 조직구조 등의 복잡한 통합
Schubert Hausler(2001)	전자매체를 이용해서 업무 프로세스와 비즈니스 파트너, 종업원, 고객과의 관계 강화를 지원함
Evans(2001) Fang(2001) Krell & Gale(2005)	기업의 모든 이해관계자들(고객, 비즈니스 파트너, 직원)을 인터넷 기술과 디지털 정보 기술 e-business 관련 애플리케이션을 활용해서 수행하는 비즈니스 활동

e비즈니스는 콘텐츠(Contents), 의사소통(Communication), 공동체(Community), 상거래(Commerce)로 구성된다. e비즈니스 기업들은 4C를 통해 보다 나은 기술력으로 고객들에게 서비스하여 다양한 수익원을 창출한다. 또한 단축된 유통 경로와 시간과 공간의 제약이 사라지면서 효율적인 마케팅 및 재고관리가 가능해졌고 이는 마케팅 방식 및 구매 방식에도 많은 변화를 가져왔다. 이러한 변화는 국가 간의 경계를 초월하여 저렴한 비용으로 공급자와 수요자가 빠르고 편리하게 거래가 가능하게 하여 글로벌 비즈니스 환경을 구축하는 데 크게 기여했다.

2 e비즈니스의 특징

e비즈니스는 전통적인 상거래와 다르게 첫째, 시간 공간적인 제약이 사라지게 되었다. 24시간 언제 어디서나 상품을 판매할 수 있다. 둘째, 중간의 유통채널이 단축되었다. 판매자와 구매자를 인터넷으로 직접 연결하여 거래가 형성됨으로 도매상, 소매상 등의 중간채널이 필요치 않게 되었다. 셋째, 고객 정보를 획득하는데 있어 수월하다. 인터넷상에서 확보된 고객정보는 별도의 가공 없이 DB로 축적된다. 넷째, 1:1 맞춤형 마케팅을 통해 효율적인 마케팅이 가능하다. 쌓여진 DB를

통해 고객의 니즈에 맞는 마케팅이 가능하다. 다섯째 고객의 요구에 대한 적극적인 대응이 필요하다. 네트워크상에서 실시간 서비스가 가능하기 때문에 고객의 불만사항 및 문의사항에 즉각적인 대응이 가능하고 따라서 고객의 요구를 신속하게 알 수 있다. 여섯째 판매거점이 필요 없고 투자 자본이 적게 든다. 상품, 전시, 영업, 고객 응대 위한 판매 공간이 필요했던 과거와 달리 가상공간인 인터넷에서 매매가 이루어지가 때문에 판매거점이 불필요하고 이는 고정비의 감소와 함께 투자 자본이 적게 든다고 할 수 있다.

1) e비즈니스의 전자상거래와 전통적 상거래 비교

전통적인 오프라인 공급, 유통단계에서 소비자는 소매업자를 통해 상품을 구매했었는데, e비즈니스의 출현으로 직접판매(direct selling)가 가능해지면서 '중간상소멸(dis-intermediation)효과'가 커지고 있다. 이는 최종 소비자에게 사이버 공간에서 웹을 통해 정보탐색에 대한 노력과 비용을 요구한다. 최종 소비자는 원하는 상품과 서비스를 구매할 수 있는 사이트로 비교구매(comparison shopping) 및 검색(search)을 통해 가장 적합한 사이트를 찾아 거래한다.

〈표 7-3〉 **전자상거래와 전통적 상거래 비교**

구분	전자상거래	전통적인 상거래
유통 채널	기업 ↔ 소비자	기업 ↔ 도매상 ↔ 소매상 ↔ 소비자
거래 지역	전세계 중심	지역 중심
거래 시간	24시간	제한된 영업시간
수요 파악	온라인으로 실시간 획득 재입력 필요없는 digital data	영업사원이 획득 정보 재입력 필요
마케팅 활동	쌍방향 통신의 1대 1 마케팅 interactive marketing	구매자 의사에 상관없는 일방적인 마케팅 push marketing
고객 대응	고객 수요를 신속히 포착 즉시 대응	고객 수요 포착이 어렵고 지연 대응
판매 거점	사이버 공간	판매 공간 필요
소요 자본	웹 서버 비용, 홈페이지 구축 운영비용, 디지털 마케팅 비용	임대비용, 도소매 영업점 운영비용

출처: 통상산업부 산업표준과(1998). 인터넷 전자상거래 종합대책.

2) e비즈니스의 발전과정

e비즈니스는 기업과 정부에서 컴퓨터와 정보통신 기술을 효율적으로 적용하여 신속한 고객서비스와 비즈니스 처리, 그리고 기업 내,외부 간의 정보 교류를 향상시켜야 한다는 취지로 시대별 흐름에 맞게 발전해 왔다. 다음은 e비즈니스의 발전과정을 5단계로 정리한 내용이다.

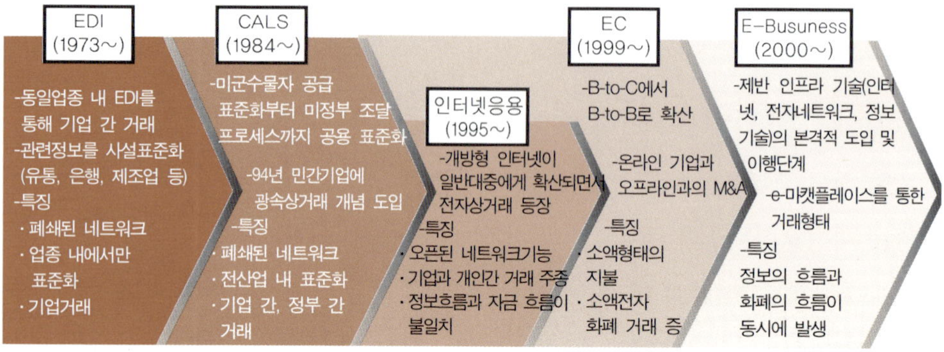

출처: 이두희(2006). 통합적 인터넷 마케팅.

3) e비즈니스 기회요인과 위협요인

e비즈니스는 사업효율성을 강화하고 새로운 수익원을 창출하고 투자를 발굴할 수 있다는 기회요인과 기업 간 경쟁과 정보 경쟁이 심화되고 경제적 이익이 감소할 수 있다는 위협요인이 있다.

• 기회요인

사업효율성 강화	새로운 수익원 창출	투자기회 발굴
· 접근성, 편의성 제공 · 마케팅 프로모션 · 고객충성도 제공 · 프로세스 효율화 · 조직관리의 효율성 제고	· 산업 간 융합 · 새로운 경쟁의 Rule 창출 · 커뮤니티 구축에 따른 수익창출	· 투자자본 이득

• 위협요인

기업 간 경쟁 격화	경제적 이익 감소	정보 경쟁 심화
· 초일류 기업과의 경쟁 불가피 · 산업 간 경계소멸로 다차원적 경쟁강화 · 가치사슬의 해체로 부문별 경쟁 심화	· 정보불균형에 근거한 경제적 이익 기회 감소 · 각종 제약 조건(지리적 제약 등) 기회적 요소 소멸	· e-marketplace의 확산 및 정보접근성 제고에 따른 가격경쟁 심화 (고객협상력 증대)

3 e커머스 개념 및 특징

1) e커머스의 의미

e커머스는 개인, 기업, 정부 등 경제활동 주체들이 전화, 팩스, 컴퓨터 등 전자매체를 통신망과 결합해 제품이나 서비스를 사고파는 행위 인터넷 웹사이트상에 구축된 가상의 상점을 통해 제품과 서비스를 사고파는 모든 행위로 인터넷이나 네트워크를 통해 일어나는 모든 거래 행위이다. 스마트폰 확산에 따라 PC를 기반으로 하는 전자상거래 시장의 무게중심이 모바일 쇼핑으로 빠르게 옮겨가고 있다. 인터넷상에서 최종 소비자 대상으로 제품을 판매하는 것을 의미하는데 아마존닷컴, 11번가, G마켓, 인터파크 등이 있다.

[그림 7-1] 인터넷 쇼핑 사이트

최근에는 기존 e커머스기업뿐 아니라 대형유통기업과 전문몰에서도 확장과 투자가 매우 활발하게 일어나고 있다.

e커머스 시장이 2019년 100조 원 시대로 돌입하며 대형 유통업체와 기존 커머스 업체 그리고 전문몰까지 e커머스 시장에 대한 투자와 확대를 진행하고 있다. 대형 유통기업인 롯데나 신세계 그리고 현대백화점은 오프라인 기반하에 온라인 부서를 통합하거나 신기술을 통한 미래형 매장을 기획하고 신설법인을 설립하는 부분에 투자하고 있다. 롯데는 지속해서 '옴니채널'의 목표를 이루기 위해 O2O서비스에 집중하고 현대백화점은 아마존웹서비스와 함께 미래형 백화점 매장에 적합한 첨단기술시스템(무인마켓, 드론배송 등) 공동연구에 나선다.

기존 e커머스 기업인 11번가는 독립법인으로 출범하면서 SK그룹의 ICT 계열사인 SK플래닛 · SK텔레콤 · SK브로드밴드와 시너지 창출을 위해 노력 중이다. 이베이코리아와 쿠팡은 각각 회원전용서비스 혜택에 집중하며 기존 배송시스템에 기술을 접목하고 상품 검색부터 구매, 배송까지 편리하고 새로운 경험을 직접 제공하고자 한다. 네이버도 중소 판매자 생태계 조성을 통해 입점 상품을 늘려 검색 포털로 다양한 상품 데이터를 확보하려는 전략이다.

신선식품 전문몰도 대대적인 투자를 통해 빅모델을 통한 홍보 및 배송, 차별화된 상품 전략을 구축 중이다. 투자에 대한 위험요소들이 없는 건 아니지만, 한 해의 매출이 200조가 넘는 전자상거래 독보적 1위인 아마존 기업을 보면서 세계를 움직이는 한국형 e커머스 기업을 기대하게 된다.

2) e비즈니스와 e커머스의 관계

e커머스는 전자상거래에 한정되어 마케팅 및 판매에 집중되어 있고 e비즈니스는 인터넷 및 정보기술을 활용하는 전반에 걸친 가치 활동을 모두 포함한다. e비즈니스는 인터넷을 통해 내부 효율화를 꾀하며 상품을 판매하는 전자상거래의 의미로부터 상품 판매를 포함한 인터넷에서의 모든 비즈니스 형태를 포괄한다.

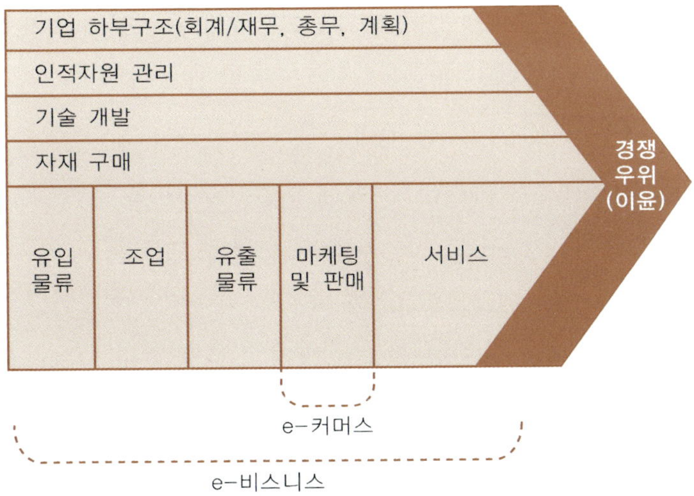

[그림 7-2] **e비즈니스와 e커머스의 관계**

출처: 박상현 외(2011). 관광정보론.

3) e커머스 유형

유형별로 구분하면 기업 간 거래, 기업과 소비자 간 거래, 기업과 정부 간 거래, 개인과 정부 간 거래, 개인과 기업 간 거래, 개인과 개인 간 거래 등으로 구분될 수 있다.

- BtoC: Business to Consumer(기업–소비자 간 거래)

상품의 생산자가 판매자가 소비자를 상대로 가상공간이 인터넷에 상점을 개설하여 상품을 판매하는 전자 소매를 의미하는 것으로 인터넷 쇼핑몰에 대한 소비자들의 관심 증대로 영역이 커지고 있다.

- BtoG: Business to Government(기업–정부 간 거래)

행정기관에서 필요한 거래로 정부는 입찰 등을 통하여 정부가 필요로 하는 물자를 조달하는 형태이다. 시설공산의 전산 입찰 시스템을 운영하여 필요한 물품을 공시하고 기업들이 전자적으로 입찰하는 방식이다.

• CtoG: Consumer to Government(소비자-정부 간 거래)

전자정부를 통해 개인이 필요로 하는 민원서류를 웹을 통해 발급받고 세금관련 서류를 전자적으로 작성하고 신고가 가능하다.

• CtoB: Consumer to Business (소비자-기업 간 거래)

소비자 개인이 필요로 하는 제품사양과 가격을 제시하면 이에 적합한 제품을 제공할 수 있는 공급업체나 제조업체와의 거래를 진행하는 것이다.

• CtoC: Cousumer to Consumer(소비자-소비자 간 거래)

개인이 소유하던 제품이나 신제품을 인터넷상에서 매매가 되거나 교환이 이루어지는 형태이다 주로 중고나라나 옥션 등을 통해 인터넷으로 정보가 공유됨으로 안전한 거래를 위해 사이트에서 사용자의 등급부여나 평판 등의 공유를 통해 다양하게 노력하고 있다.

4) 매체의 진화에 따른 e커머스의 발전

쇼핑시장의 구조변화는 주요 플랫폼 즉 매체의 특성에 따라 상거래의 형태가 달라진다. 오프라인 쇼핑에서는 면대면의 신뢰성이 가장 중요하고 이에 따라 직원이나 인테리어에 영향을 많이 받는다. 그러나 TV, PC, 모바일로 진화함에 따라 타기팅이나 결제가 시장 확대에 중요한 요인이 된다.

유통에 컨버전스가 이루어짐에 따라 고객의 의미는 고객 중심적 사고에서 고객 창출형 시대로 돌입했고, 본격적인 고령화 시대가 이루어짐에 따라 주력 고객군도 이동하고 있다. e커머스, m커머스, T커머스 융합을 통한 컨버전스가 확대됨으로 멀티채널 유통이 가능하게 되었다. 업태나 상품이 복합되면서 강력한 유통업체에 의한 산업 재편이 예상된다. 기업에서는 자동화된 비즈니스 시스템을 통해 전략적인 파트너십을 확산시키기 위해 노력하고 있다.

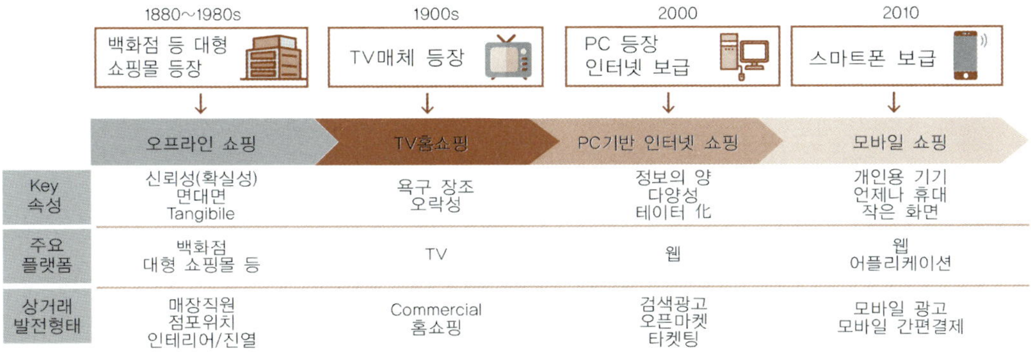

[그림 7-3] **쇼핑시장 구조의 변화**

출처: DMC리포트(2016). 쇼핑시장 현황과 전망.

4 m커머스 개념 및 특징

1) m커머스 개념

스마트폰의 보급률이 증가하면서 기존 e비즈니스와 무선인터넷이 결합하여 무선통신이 가능한 디바이스를 통해 이뤄지는 상거래 및 다양한 기업의 부가 가치 창출 활동을 의미한다. 즉 모바일을 매개체로 한 모든 형태의 비즈니스를 포괄하여 지칭한다. 기존의 유선을 통한 전자상거래는 주로 PC를 이용해서 인터넷에 접속하여 상거래를 수행했다면 m커머스는 언제 어디서나 무선 단말기를 활용하여 인터넷에 접속하고 전자상거래를 수행할 수 있다. 따라서 m커머스란 이동통신 단말기와 통신네트워크를 이용하여 이루어지는 각종 정보, 서비스, 재화에 대한 금전적 거래로 정의할 수 있다.

〈표 7-4〉 **m커머스의 정의들**

연구자 혹은 기관	정의
Druckernmiller(2000)	무선기기를 통한 전자상거래
Clarke(2001)	모바일 네트워크를 통하여 이루어지는 금전적인 가치를 지니는 것들의 교류
Siau and Shen(2003)	무선 기술의 발달로 모바일 단말기를 통해서 일어나는 새로운 형태의 전자상거래
김상훈 외(2006)	휴대전화, PDA 등 기타 무선 단말기와 공중무선 통신 네트워크를 이용하여 정보에 접속하고 거래 처리를 지원함으로써 정보, 서비스나 상품의 대가로 가치를 이전하게 하는 것

m비즈니스 구성요소는 디바이스, 플랫폼과 네트워크, 서비스로 구성되어 모바일 네트워크와 플랫폼기반에서 모바일 디바이스를 이용하여 다양한 서비스를 제공받은 비즈니스이다.

〈표 7-5〉 **m비즈니스 구성요소**

구분	내용
Contents	Application, m-web
Platform & network	Iosm Android, wifi
Device	Mobile phone, table PC

2) m커머스 특징

m커머스는 전자상거래와 모바일 디바이스의 특성을 결합하여 소비자들에게 차별화된 쇼핑 경험을 가져다준다. 모바일은 휴대가 간편하다는 측면에서 개인화에 밀접하게 연결되어 더 큰 편리함을 주고 인터넷의 확장과 함께 더욱 급속한 속도로 성장하고 있다. m커머스의 특징을 살펴보면 다음과 같다.

① 접근성(Reachability)

모바일 디바이스를 가진 사람은 언제 어디서나 서로 연결이 가능하다. "성인 사용자들은 모바일 디바이스를 97%가 손닿을 거리에 둔다."라는 조사결과가 있듯이 이제 모바일은 생활의 필수품이 되어 언제나 연결이 가능하며 필요시 특정 시간 및 대상에게만 제한할 수도 있다.

② 보안성(Security)

무선보안기술은 SSL(Secure Socket Layer)의 형태로 폐쇄적인 앤드투앤드(End to End)시스템 내에서 구체화된다. 따라서 인터넷망에서의 보안보다 수준 높은 보안을 가능하게 해준다.

③ 편리성(Convenience)

모바일 디바이스 특성상 휴대가 간편하며 정보를 얻기 위한 조작도 간단하게 할 수 있다. 커머스상에서의 결제 등이 매우 간편해지면서 편리성의 특징이 더욱 커지고 있다.

④ 위치확인(Localization)

특정 시점에 사용자가 위치한 곳을 안다면 그에 따른 적절한 서비스를 제공하여 거래하고 싶은 동기부여와 거래 시 만족도를 높일 수 있다. 서비스와 어플리케이션에 위치 정보를 결합하여 무선 디바이스에 높은 가치를 부여할 수 있다.

⑤ 개인화(Personalization)

모바일 디바이스에 설정된 개인 정보를 바탕으로 개인별 특성에 맞는 서비스를 제공하고 개인이 그 정보를 설정 및 변경이 가능한 것을 말한다. 개인화된 정보와 거래 처리 수준은 계속 성장하고 있어 일상생활에서 다양한 콘텐츠를 이용하고 지불 및 결제를 할 수 있다.

⑦ 즉시성(Instant Connectivity)

무선 단말기를 통해 언제 어디서나 즉시 인터넷에 접속하여 연결하는 것이 가능하다.

3) e커머스와 m커머스의 차이점

e비즈니스와 m비즈니스의 관계에서의 차이점은 통신 인프라 환경에서는 차이가 없으며 웹에서 제품이나 서비스를 사고파는 개념도 같다. 다만 통신 환경이 모바일 기기인가 아닌가가 가장 큰 기준이 된다. e비즈니스를 바탕으로 모바일 환경의 특성을 결합하여 m-비즈니스를 고려하는 것이 중요하다.

상품구현과 정보를 얻는 편이성에 대해서는 디바이스 크기와 더불어 PC를 이용한 e커머스가 더 많은 호응도를 가지고 있고 이동하기 편리하여 접근성이 좋고 결제기능이 수월한 측면에서는 m커머스가 더 높은 호응도를 가지고 있다. 상품구매 시에도 m커머스는 좀 더 충동적이고 프로모션에 영향을 많이 받는 것으로 나타났다. 그리고 휴대가 편리하다는 특성상 틈새시간을 이용하는 비율이 더 높은 것으로 알려진다. e커머스는 정보를 탐색하거나 거래하는 시간이 더 길고 다양한 정보를 탐색하기 편리하므로 충동구매가 상대적으로 적을 수 있다고 나타났다.

〈표 7-6〉 **e커머스와 m커머스 비교**

구분	e커머스	m커머스
네트워크	이동성 없음 복잡한 어플리케이션 안정적인 통신	이동성 제공 단순한 어플리케이션 상대적 불안정 통신
단말기	큰화면 대용량 메모리 높은 처리 속도 편리한 입출력장치	작은화면 작은 메모리 낮은 처리 속도 불편한 입출력 장치
장치	PC	스마트폰, Pad
사용위치	가정이나 사무실 고정위치 개인 혹은 단체 이용	가변위치 개인이용

출처: 박중기 외(2003). M-commerce 기술개요 및 시장전망.

4) m커머스 범위

① 쇼핑

전자상거래와 같이 이해가 쉽고 보편적인 것으로 사용자들이 가정이나 사무실과 같이 고정된 위치가 아니라 이동 중에 이동통신 단발기를 이용하여 구매가 가능하다. 신뢰성과 안정성이 담보되어야 하지만 모바일 디바이스를 이용한 신속한 검색 및 가격비교, 매장 위치 정보, 가격비교 및 주문까지 스마트폰을 통해 한 눈에 파악할 수 있다.

② 게임

모바일 게임은 모바일 기기에 기반을 둔 게임으로 인터넷에 접속하여 앱 마켓을 통해 게임을 내려받아 신속하고 편리하게 이용할 수 있다. 모바일 게임 특성상 쉽고 단순한 것이 특징이며 작은 화면에서도 편하게 즐길 수 있는 것이 강점이다.유료게임뿐 아니라 무료게임도 많고 취향별로 다양한 게임 콘텐츠의 출현으로 남녀노소를 초월하여 게임에 몰입한다.

③ 음악

모바일 기기를 통한 음악 다운로드 서비스는 사용자들이 즐겨 쓰는 성공적인 어플리케이션이다. 다양한 음악관련 어플리케이션의 출시는 스마트폰에서 사용자들이 편리하게 음악을 즐길 수 있다. 또한 유투브와 같은 콘텐츠를 제공하는 플랫폼에서 음악을 검색해 직접 들을 수 있는 기회가 점점 많아지고 있어서 음악 콘텐츠 시장의 구조 변화가 많이 일어나고 있다.

5 T커머스 개념 및 특징

1) IPTV와 스마트TV 의미 및 차이점

초고속 인터넷을 이용하여 영화나 드라마 등의 방송프로그램을 TV로 제공받는 서비스를 IPTV(Internet Protocol Television)이라고 한다. 시청자가 원하는 방송프로그램을 선택해서 볼 수 있고 기존 TV 홈쇼핑과 연계해서 전자상거래 및 정보 검색이 가능하다. IPTV는 인터넷, 인터넷 전화 그리고 TV서비스를 모두 사용할 수 있다는 장점과 인터넷이 없이는 TV시청이 불가능 하다는 단점이 존재한다.

스마트TV는 기존 TV에 컴퓨터 운영체제가 탑재되어 PC 기능이 혼합된 OS기반의 TV이다. 지상파 및 케이블 영상물도 볼 수 있고 기능은 IPTV와 유사하지만 계속 업데이트되는 다양한 어플리케이션을 다운받아서 활용할 수 있다는 것이다. 스마트폰, PC, 스마트TV가 서로 연동되어 개인화된 서비스를 실시간 제공받을 수 있고 SNS를 통해 다양한 정보와 콘텐츠를 공유할 수 있다.

구분	전통TV	인터넷TV / 케이블TV	IPTV	스마트TV
추구가치	품질	고품질	참여, 개방	지능, 개인화
전달방식	전파	인터넷망, 케이블망	인터넷망, 이동통신망	방송망, 인터넷망, 홈네트워크, 이동통신망
수익모델	시청료	가입비, 판매마진	중계수수료, 광고	중계수수료, 광고
애플리케이션	없음	TV수상기 / 셋톱박스 제조업체가 제작 공급하는 프로그램	사업자 중심의 소수 프로그램	불특정 소비자 및 전문 개발자가 제작 공급하는 다수프로그램
콘텐츠	지상파 방송	통신 및 케이블 사업자가 확보한 콘텐츠	온라인 상 유통되는 대부분 콘텐츠	온라인, 오프라인상의 모든 콘텐츠 실시간 방송,
미디어 / 인터넷 서비스	없음	제한적 서비스	실시간 방송, VOD웹 기반 멀티미디어, 인터넷 접속, T커머스, 화상전화, 클라우드	실시간 방송, VOD웹 기반 멀티미디어, 증강방송, 지능형 비서비스, 인터넷 접속, T커머스, 화상전화, 클라우드

출처: LG경제연구소.

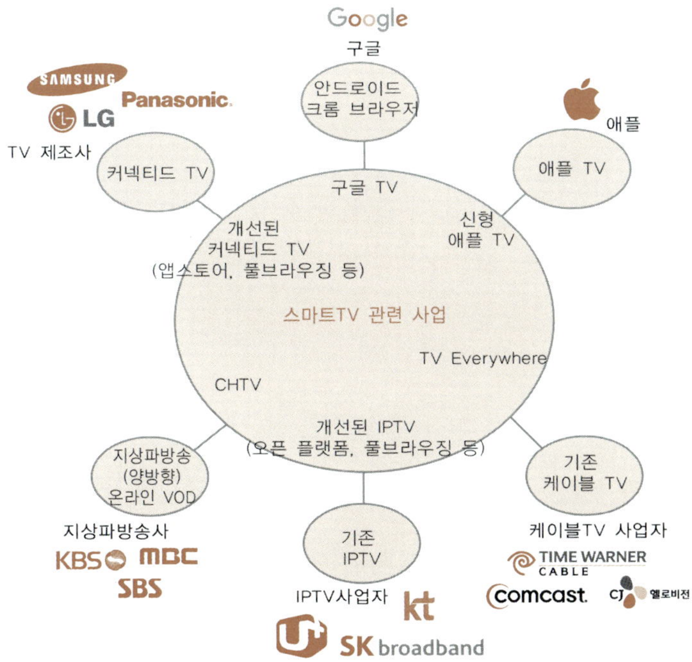

[그림 7-4] 스마트TV관련 추진 사항

출처: 이승엽(2012), 스마트TV 앱 관련 주요 사업자 동향 및 시장 활성화의 저해 요인 분석

2) T커머스 의미와 유형

T커머스는 TV의 사용편의성, 인터넷 즉시성 등이 결합되어 고객이 상품 및 서비스에 대한 정보 검색과 구매가 가능하도록 한 것이다. 즉 TV라는 매체를 통해 전자상거래를 할 수 있는 것으로 볼 수 있다. T커머스의 장점은 리모컨의 간단한 조작으로 필요한 기능을 수행할 수 있고 사용자에게 친숙한 인터페이스는 고객으로 하여금 더 편리하고 즐겁게 사용할 수 있도록 한다. TV의 크기 및 특성상 다양한 콘텐츠를 개인별로 임팩트 있게 전달할 수 있는 능력이 강하다. 고객의 신뢰도가 높고 서로 상호작용이 가능하므로 광고효과 및 홍보효과가 높다는 것도 강점이다.

① 상품판매형

TV 홈쇼핑과 가장 유사하지만 검색, 뱅킹을 통해 대금결제가 가능하다. 다양한 품목의 복합적인 상품을 다루는 것으로 대부분 직접 판매가 비중이 높을 것으로 예상된다. 비즈니스에서 높은 비중을 차지하며 가장 기본적인 서비스가 될 것이다.

② 용역제공형

주식거래, 예약, 예매 등 서비스의 영역을 소개 및 판매하는 것이다. 경쟁이 치열할 것으로 예상되며 e커머스 대비 차별화된 전략이 필요하다.

③ 콘텐츠제공형

디지털 콘텐츠로서 동영상 데이터와 음악, 게임, 뱅킹 등 다양한 서비스를 이용할 수 있다. 어플리케이션을 다운받을 수도 있고 웹으로 접속하여 해당 콘텐츠를 즐길 수 있다. 단순 검색도 포함되며 따라서 쇼핑도 편리하게 가능하다.

3) T커머스의 성장

출처: 한국T커머스협회.

T커머스는 홈쇼핑과 유사해 차별화 포인트가 부족하다던 T커머스가 과감한 투자와 정보통신기술(ICT)을 가지고 약진하고 있다. TV로 상품을 보고, 구매 · 결제하는 양방향 데이터 방송이다. 홈쇼핑은 생방송으로 송출되는 화면만 고객이 볼 수 있는 일방향 방송이라 구매이력만 쌓인다. 반면 T커머스는 고객이 리모컨으로 어떤 상품을 검색하고, 어떤 정보를 더 오래 보는지 같은 정보를 구매이력과 통합해 활용할 수 있다. 음성결제 서비스를 상용화하여 공인인증서나 휴대폰 인증번호

같은 별도의 인증수단이 필요 없다. 따라서 "구매해주세요"라는 키워드로 결제까지 연결이 가능하다.

6 s커머스 개념 및 특징

1) s커머스 의미

소셜 네트워크 서비스는 웹상에서 현실과 가상을 넘나드는 새로운 방식의 인적 네트워크를 구축하며 정보를 공유하고 의사소통을 도와주는 서비스를 말한다. 소셜 네트워크 서비스의 영향력이 점차 커지면서 소셜 네트워크 서비스는 이제 개인의 메시지를 전달하는 도구에서 기업의 상품을 홍보하는 마케팅의 도구로, 특정 단체의 특정 메시지를 전달하는 미디어로도 사용되고 있다. 이러한 소셜 네트워크 서비스의 홍보 및 마케팅 즉, 미디어로서의 영향력을 활용한 소셜 네트워크 기반의 커머스즉, 소셜 커머스가 점차 확대되고 있다. s커머스, 즉 소셜 커머스라는 용어는 야후의 장바구니 공유 서비스인 쇼퍼스피를 통해 처음 사용되었으며 지금은 SNS를 활용하는 e커머스라는 폭넓은 의미로 사용되고 있다. 정리하면 s커머스는 다수의 소비자가 판매자를 동시에 만나 소비자의 경험을 SNS를 통해 실시간 공유하고 구매할 수 있는 상행위라고 할 수 있다.

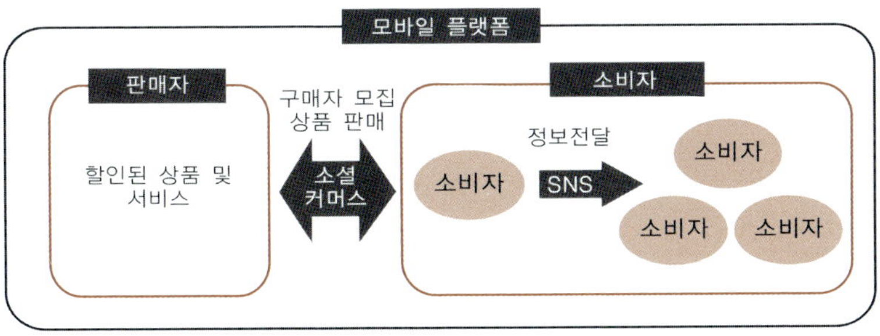

[그림 7-5] s커머스 서비스 구조

2) s커머스 유형 및 특징

(1) s커머스 유형

커뮤니케이션 연동 방식에 따라 소셜 링크형, 소셜 웹형, 공동구매형, 오프라인 연동형의 4가지 유형으로 구분하고 있다

〈표 7-7〉 S커머스 유형 및 방식

구분	방식
소셜 링크형	- 커머스 사이트에 소셜 네트워크로 이동할 수 있는 버튼형식의 링크를 게재 - 소셜 네트워크 사이트에 웹링크가 자동으로 생성되거나 웹문서가 그대로 복사되어 게시 - 소셜 커머스의 가장 기본적인 유형
소셜 웹형	- 커머스 사이트 안에서도 소셜 네트워크의 기능구현 - 커머스 사이트 안에서 이루어지는 소비자의 구매, 평가, 리뷰 등의 활동이 소비자의 소셜 - 네트워크에 자동으로 반영, 공유됨
공동구매형	- 공동구매 사이트가 소셜 네트워크와 결합한 형태 - 제품별로 정해진 최소 구매수량이 달성되면 큰 폭의 할인 혜택을 받을 수 있어, 소비자들로 하여금 적극적으로 소셜 네트워크를 통해 친구들을 참여시키기도 함 - 초대한 친구가 회원가입을 하거나 제품을 구매하면 현금 또는 포인트를 적립해 주는 인센티브 프로그램 운영
오프라인 연동형	- 오프라인 공간을 네트워킹이 가능한 단말기로 소셜 네트워크와 연결하는 유형 - 포스퀘어, 고왈라, 런파이프 등 위치기반 서비스를 활용하여 오프라인 상점에서의 경험을 소셜 네트워크를 통해 확산시키는 방식

(2) s커머스 특징

모바일 플랫폼의 성장과 더불어 여러 가지 종류의 간편 결제 시장이 열리면서 m커머스 시장은 급속도로 확대되고 있다, s커머스 또한 모바일의 실시간성 및 위치기반서비스를 기반으로 하여 성장하고 있다. 그리고 다양한 기능을 소셜네트웍 서비스와 결합해 편리하고 유용한 서비스를 제공한다.

① 즉시성

모바일 디바이스는 언제나 소지할 수 있고 항상 온라인을 유지할 수 있기 때문에 실시간으로 커머스 정보를 제공하고 이용자의 피드백을 받을 수 있다. 이 실시간성에 초점을 맞추어 “오늘의 거래”와 같은 특정 시간대에 특정 상품을 홍보하는

방식으로 소비자의 서비스 사용 욕구와 사용 빈도를 높인다.

② 공유성

소셜 네트워크 서비스를 통한 정보의 공유 및 이용자 확보는 지인의 추천 및 공유라는 점 때문에 구매에 대한 신뢰도를 높일 수 있다. 소셜 네트워크 서비스, 페이스북 및 트위터 등과의 연계를 통해 보다 편리한 상거래 경험을 제공하고, 더 많은 잠재적 소비자를 확보할 수 있다.

③ 연계성

위치기반서비스를 활용해 단순히 오프라인 매장 위치를 안내가 아닌 이용자의 위치를 파악해 근처 매장의 상품 및 서비스 쿠폰, 이용후기를 제공하는 등 적극적 매장 방문을 유도할 수 있다. 또한 오프라인에서 접한 상품을 온라인이나 모바일을 통해 할인된 가격으로 구매가 가능하다.

④ 보상성

보상 제도를 운영을 통해 이용자의 구매 및 공유 욕구를 이끌어 내고 로열티를 증대시키고 있다. 이용자의 구매 빈도나 친구에게 공유하여 실 구매가 이루어진 경우에 추가 쿠폰이나 포인트 제공, 사은품을 지급하는 등의 인센티브 및 보상제도를 운영하고 있다. 회원 등급을 분류하여 이를 통해 이용자 본인의 구매 욕구를 이끌어 낼 수 있고 이용자의 지인의 방문도 강력하게 유도할 수 있다.

7 관광과 e비즈니스 특징 및 향후 방향

관광업계도 e비즈니스의 발전에 따라 온라인 공간에서 여행상품이 거래되고 테마파크, 호텔 숙박권, 렌터카, 면세점 이용이 모두 가능하다. 이를 통해 시간 공간에 구애받지 않고 저렴한 가격으로 어디서나 상품 구매가 가능하게 되었다. 이제 가격으로 경쟁하는 시대가 아니라 기술에 기반하여 각각의 고객의 니즈를 파악한 서비스를 제공할 수 있게 될 때 변화하는 소비자를 만족시킬 수 있다. 신세계 정부회장은 "필요한 것을 사기 위해 집 밖을 나서는 시대는 지났다. 쇼핑은 새로운 것을 눈과 입과 귀로 즐기고 가족·친구들과 시간을 보내며 휴식을 통해 에너지를 얻는 활동"이라고 하며 업의 개념을 새롭게 정의했다.

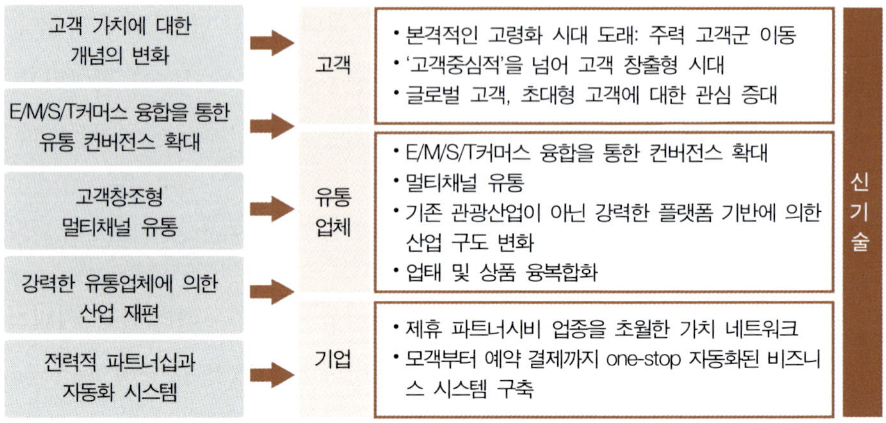

고객가치에 대한 변화와 더불어 창조하는 유통채널들에 의해서 신기술과 함께 산업 전반에 강력한 변화가 예상된다.

1) 관광 e비즈니스의 특징

(1) 효율성

당일 예약 서비스는 시간이 지날수록 상품의 가치가 떨어지는 것들을 저렴한 값에 판매하는 타임 커머스(Time Commerce)의 개념에서 탄생했다. 호텔 입장에서는 오늘이 지나면 재판매할 수 없는 객실로도 수익을 낼 수 있고 소비자 입장에서는 저렴한 값으로 구매할 수 있다는 장점이 맞물리며 적절한 공급과 수요가 발생했다. 소비자들의 선택권이 증대되었고 여행 및 숙박업소는 판매량이 증대하는 효과를 볼 수 있었다.

(2) 즉시성

대부분의 관광은 미리 계획하여 상품을 예약하고 이동하는 형태가 바람직하다고 생각했던 시기가 있었다. 충동적인 관광은 현지에 가서 예측하지 못했던 일들로 고생하고 무엇보다 사전 예약이 아닐 경우 비용에 있어서 큰 차이가 난다는 것이다. 그러나 온라인 및 모바일을 통한 서비스가 확대되면서 당일 예약 시장의 성장으로 진짜 여행을 계획했던 여행자만큼이나 충동적인 소비자들이 확대되고 있다. 소비자 입장에서 즉시적인 상품 구매가 더 큰 이점을 가져오기 때문이다.

(3) 확장성

초기 관광에서 전문 분야 '여행', '숙소'에 초점을 두었던 서비스들은 서비스를 더욱 세분화하며 확장시켰다. 교통패스, 레스토랑·뷔페 식사권, 스파 이용권, 관광지 입장권, 영화 관람권 등 카테고리가 문화 전반으로 넓어지고 다양해졌다. 야놀자는 모델 숙박에서 숙박을 거점으로 화장품, 배달서비스 등 다양한 제휴를 통한 co-promotion 및 야놀자 트래블을 비롯하여 야놀자 프랜차이즈로 다양한 o2o 서비스를 런칭했다. 데일리호텔의 경우 '고메gourmet' 서비스를 론칭했다. 고급 레스토랑이나 뷔페 식사권을 시간대별로 가격을 다르게 책정해 판매하고 있다.

(4) 융합성

관광과 유통이 결합하여 상승효과 내는 사례가 많아지고 있다. 호텔 신라 역시 백화점이 없는 상태에서 면세점 사업자로 빠른 성과를 이루어 내며 호텔 비즈니스를 관광과 접목해서 성공적인 비즈니스 융합을 만들어 내었다. 소셜 커머스인 티몬, 쿠팡, 위메프 등은 여행 상품에 대한 기획 및 서비스 제공이 s커머스에서 중요한 카테고리가 되었다. s커머스의 성장은 특히 여행 및 숙박업에 커다란 변화를 가져왔다.

(5) 가치성

관광업의 가치가 다양한 관점에서 다각적인 요소로 평가된다. 2008년에 창업해서 기업 가치를 2016년 225억 달러로 평가받은 에어비엔비는 대표적인 공유경제 플랫폼으로 집주인과 여행객을 중개하는 서비스를 제공하는 것으로 호텔업계에서 1위인 Hillton을 제치고 1위에 올랐다. 그 이후에도 급속도로 성장하여 2018년 에이비엔비의 기업가치는 310억 달러였다. 전문 숙박업자가 아닌 개인 간 숙박공유(Peer-to-Peer Vacation Rental)로 일반 개인들이 소유한 숙박시설을 온라인 플랫폼을 통해 제공하고 일정 수준의 숙박료를 받는 서비스이다. 기존 전통적인 숙박업이 건물과 객실을 가지고 있는 것과는 달리 플랫폼 하나로 시간과 공간을 초월해 전 세계의 숙박을 연결할 수 있는 차별화된 가치를 가지고 있다.

2) 관광업계 플랫폼

관광객들의 모바일 기기에 대한 의존도가 갈수록 높아짐에 따라 여행과 관련된 전반적인 정보가 모바일을 통해 유통되면서 관광업계 플랫폼 시장의 경쟁도 치열해지고 있다. 항공권과 숙박 예약뿐 아니라 세계 각지의 호텔 상품 비교, 공항 찾기, 관광 일정 계획까지 다양하게 이용되고 있다. 또한 기존 SNS 플랫폼과 전문 관광 플랫폼들이 경쟁 및 시너지를 통해 디지털 환경에 최적화된 플랫폼으로 성장하고 있다.

출처: 앱애니.

사례 분석

중소형 숙박 가맹점, 야놀자 프랜차이즈

야놀자가 국내 최초의 중소형 숙박 가맹점으로 2011년 8월 브랜드 '호텔야자'를 내놓은 이후 실속형 소형 숙박 브랜드 '얌'과 관광호텔급 브랜드 'H에비뉴'를 추가해 총 3개의 브랜드를 운영 중이다.

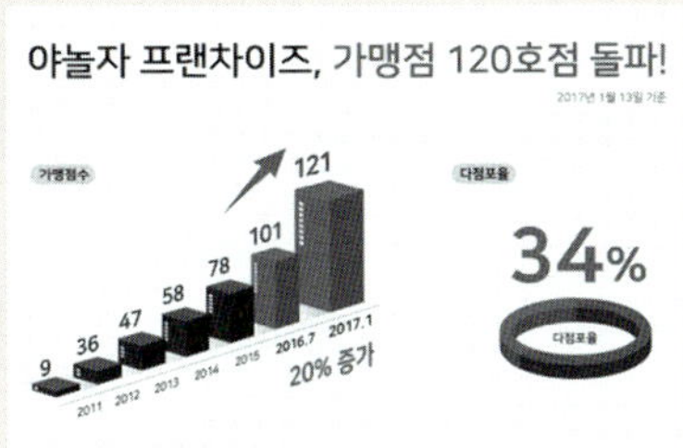

① 중소형 호텔 브랜드로의 이미지 개선

야놀자는 기존 러브모텔의 이미지에서 도심형 관광을 보다 편리하고 자유롭게 할 수 있는 숙박공간 제공으로 내수 활성화를 도모하고, 국내외 여행객, 출장객 등이 안심하고 이용할 수 있는 숙박 서비스 표준을 만들려 한다.

② 좋은 숙박연구소 설립을 통한 IoT 기술 접목

야놀자에서 개발 중인 숙박 IoT(사물인터넷기술)가 확대되면 30% 이상 업무 효율성이 개선될 것으로 기대된다. 이 기술은 예약시스템 개선은 물론, 모바일 키를 제공하는 키리스(Keyless), 객실 주문 자동화, 비품 재서 관리, 공과금 납부, 구인구직까지 다양한 분야로 확대하고 있다.

③ 중국 관광객 유치를 위한 마케팅 강화

야놀자는 국내 여가레저문화 활성화와 방한 외국인 관광객 2000만 시대를 맞아 외국인 관광 중 40% 이상을 차지하는 중국인 관광객 유치를 위해 FIT(개별자유여행객) 고객에 최적화된 야놀자 중국어 서비스를 연내 오픈하고 현지 마케팅을 강화할 예정이다.

④ 숙박 프랜차이즈 사업 확대

야놀자는 120호점 돌파를 기념해 더욱 폭넓은 외연 확장과 브랜드 가치 향상을 도모하며 야놀자 프랜차이즈에서 제공하는 MW 비품, MW 린넨, 세탁, 통신, 가전 사용에 따른 MRO 비용 10~30% 절감, 인테리어 리모델링 비용 감소, 야놀자가 제공하는 객실관리 시스템 노하우 접목으로 수익률이 높아지고 있다. 야놀자는 호텔, 모텔, 펜션, 게스트하우스까지 숙박 전 분야에 걸쳐 다양한 숙박 DB와 실시간 예약 제휴점을 모두 확보하고 있는 국내 유일의 숙박 서비스로 확대하고 있다.

사례 분석

처음 가보는 여행지를 현지인처럼, 트리플

여행을 뜻하는 '트립'에 가치를 더해준다는 의미가 있다. 그리고 여행하는 사람들인 '트립 피플'을 뜻하기도 한다. 트리플을 쓰면 바우처를 준비할 필요 없이 어디서든 앱 내에서 해결할 수 있다. 현지인처럼 여행할 수 있도록 돕는다. 책자를 보며 찾아다니기 보다 쉽고 간편하게 여행을 즐길 수 있도록 서비스를 발전시키고 있다.

[그림 7-5] **트리플 구성화면**

- 자동으로 실시간 최신 정보 제공: 검색을 최소화하고 원하는 지역에 맛집 정보, 메뉴, 리뷰, 날씨정보 등에 대해 추천, 다음날 가면 알람으로 추천
- 여행자가 일정을 등록하면 떠나기 7일 전에 와이파이 라우터 구매 알림 및 여행자 보험 가입 여부 확인, 엑티비티 상품을 제휴를 통해 고객의 구매를 편리하게 도움: 테마파크나 공연을 보러 가는 사람에게 티켓을 노출
- 풍부한 콘텐츠가 있는 호텔예약과 예약한 호텔의 조식, 체크인/아웃시간 정보 제공, 항공예약 서비스 준비 중

3) 한국 관광시장의 미래

지난 30년 동안 한국은 국민 소득의 증가, 산업화의 가속화, 한국 기업의 세계화 등의 성과와 인터넷 강국을 통한 온라인 및 모바일 비즈니스의 성장이 함께 이루어졌다. 이는 관광이 e비즈니스의 성장과 더불어 관광업의 생태계를 크게 변화시키고 더욱 성장할 수 있는 기회를 부여할 것이다. 따라서 관광업의 e비즈니스 산업의 향후 방향성은 다음과 같다.

① 여행자의 개인화 증대

기존의 단체(패키지)여행 형태나 정형화된 출장은 소규모 그룹 혹은 개별 여행 형태로 그리고 중소기업 출장자, 자유 여행자, 여성 출장자, 친인척 방문 등의 기회가 더욱 많아 질 것으로 예상된다. 이러한 형태는 특히 젊은 층에서 많이 이루어지며 검색 등의 서비스를 통해 합리적인 의사결정을 선호하는 세대가 인터넷을 많이 이용하게 될 것이다. 여성의 사회적 진출의 증대는 여성임원 증가로 이어지면서 기존 남성 중심의 출장 형태와는 사뭇 다른 형태가 될 것으로 보인다.

② 기술의 발전으로 여행행태의 변화

스마트폰의 발전과 인터넷 사용에 대한 편리함은 누구든지 여행 정보를 손쉽게 얻고 목적지에 대한 식견을 높여주고 있다. 한국 관광 여행자들은 인터넷이나 모바일을 통해 여행 상품 구매 경향이 강해서 이미 소셜 커머스 사이트 및 모바일 전문 app을 통해 구매가 일어난다. 인공지능(AI)과 가상현실(VR), 증강현실(AR), 사물인터넷(IoT), 빅데이터 등 적용되면서 새로운 쇼핑 경험을 제공하고 점원과 고객 사이의 접점을 최소화하면서 쇼핑의 편리성을 높여 줄 것이다.

③ 럭셔리 여행과 저가 여행 시장

저가 항공 시장의 성장과 더불어 단거리 여행이 급부상하고 있고 이는 여행 경비를 많이 감소시켜서 중산층들의 여행객들을 증가시켰다. 신흥 경제권에서 유입되는 여행객의 증가도 저가 항공 및 저가 호텔을 이용하려는 니즈가 강하기 때문에 이에 발맞춘 성장이 필요하다. 그러나 또한 중국, 인도, 인도네이시아 같은 신흥개발도상국을 통해 신흥 부자들이 증가해 럭셔리 여행에 대한 니즈도 역시 높아질 것이므로 두 가지 방향으로의 여행 상품의 변화가 필요하다.

■ ■ ■ 필수용어

• **T커머스(TV commerce)**: TV를 이용한 상거래. TV 화면에서 상품을 보고 리모컨 등을 통해 결제하는 방식이다. 홈쇼핑과 달리 녹화 방송만 운영한다. 상품 화면이 나온 이후 화면에 결제창과 데이터앱 등이 나타남

• **DIY(Do-It-Yourself) 여행**: 여행을 자기 취향대로 계획해서 만드는 여행으로 특정한 스타일에 얽매이지 않고 자유롭게 다양한 툴을 활용하여 조립이 가능함

CHAPTER 08

정보통신과 네트워크

학습목차

1. 정보통신과 네트워크 개념
2. 최신 네트워크 기술
3. 정보윤리
4. 정보보호의 목적과 대책

CHAPTER

08 정보통신과 네트워크

학/습/목/표

1. 정보통신과 네트워크 개념에 대해 이해할 수 있다.
2. 정보통신의 분류와 최신 네트워크 기술에 대해 알 수 있다.
3. 정보윤리와 정보보호의 목적과 대책에 대해 알 수 있다.

들어가는 말

지능정보화 시대, AI가 직면한 과제: 기술 윤리

지능정보화 시대에는 개인정보보호와 데이터 규제 등 윤리적 문제가 무역갈등으로도 이어질 수 있다는 전망이 나왔다. 왜냐하면 기술 패권이 글로벌 경제 시장의 블록화 현상을 강화할 것이기 때문이다.

유럽연합(EU)은 역외 기업 활동을 통해 얻게 된 역내 주민의 데이터를 역외로 이전하려면 EU의 적정성 평가를 통과해야 하는 개인정보보호 관련 일반 법률규정(GDPR)을 2018년 5월부터 시행 중이다. EU가 해외 기반 데이터 기술기업의 역내 진출을 막겠다고 한다면, 개인정보보호 조치 미흡을 이유로 적정성 평가를 통과시키지 않는 식의 무역장벽을 GDPR을 통해 세울 수 있다고 본다.

중국 5G의 선두기업인 화웨이를 둘러싸고, 미국이 보안 문제를 내세워 미국 우방국에 화웨이 제품을 사용하지 말라며 압박에 나선 것은 첨단 기술을 가지고 국가 간 패권 전쟁에 들어선 걸로 보여진다. 데이터를 활용한 기술 윤리 문제가 국가 간 경제제재로도 이어질 수 있는 만큼 기술기업의 AI 기술 상용화 단계에는 투명성과 책임성, 안전성이 필수다.

한국 사회에서도 이미 기술과 사회와의 충돌은 이어지고 있다. KT 아현지사 화재는 서울 지역 일대 KT에 연결된 인터넷망을 모두 마비시켰다. 잇단 사태로 기술 플랫폼 기업의 사회적 책임과 공론화, 안전성을 요구하는 사회적인 목소리가 높아지고 있다.

기술 기반 서비스 활용은 일반인에게도 열려있어 전문 분야로 한정 지어서는 안 된다. 사회가 함께 논의해 개인정보 보호의 원론적인 수준의 제안을 넘어 규제 관련 공론화를 구체화할 시점이다.

과학기술정보통신부 차원에서도 정보윤리 관련 법안을 내년 중 발의할 예정이다. 양청삼 과기정통부 지능정보사회추진단 기획총괄팀장은 "현재는 미풍양속 차원에서 음란정보 유통을 막는 관점 중심으로 법안이 마련됐는데, 내년 상반기 중 지능정보 사회윤리라는 포괄적인 관점으로 데이터 활용 범위 등 내용을 담아 국가정보화기본법 개정안을 내놓을 것"이라고 말했다.

출처: IT조선(2018. 12. 19.).

1 정보통신과 네트워크 개념

스마트폰과 인터넷의 발달로 네트워크는 이제 우리 생활에서 빼놓을 수 없는 중요한 요소로 자리 잡았다. 업무를 하거나 출퇴근 심지어 잠자리에 들기 직전까지도 네트워크(LAN, Wifi 등)가 잡히지 않는 상황을 못 견디거나 불안해하는 사람들이 많아져 사회적 문제가 되고 있다. 군사용과 연구용으로 시작된 인터넷의 역사는 발전을 거듭하여 현재 GIGA LTE까지 상용화되었으며 5G 시대를 준비할 차세대 네트워크 기술 역시 끊임없이 연구되어 혁신을 거듭하고 있다. 본 장에서는 정보통신과 네트워크의 개념과 최신 정보통신 기술, 그리고 정보윤리와 정보보호에 대해 알아보고자 한다.

1) 정보통신의 정의

① 정보란 어떤 상황에 대해 의사결정을 할 수 있게 하는 지식으로 여러 데이터들을 수집 및 가공하여 특정 목적에 부합되도록 만든 의미 있는 내용을 말한다. 통신이란 멀리 떨어진 개체 사이에 정보를 주고받는 행위를 말한다.
(불, 연기, 소리, 문자, 그림 등 ⇒ 유선전화, 무선전화, 위성통신 등)

② 정보통신(Information & Communication)이란 전달 '정보'와 전달에 필요한 '통신'이라는 수단의 기능이 합쳐진 개념으로 전기 통신에 의한 정보전송 기술과 컴퓨터에 의한 정보처리 기술을 결합하여 정확한 정보의 전달과 처리 체계를 의미한다. 따라서 넓은 의미의 정보통신은 인간의 몸동작이나 음성을 통하여 정보를 전달하는 것을 의미하고 좁은 의미의 정보통신은 기계에 의해 정보를 전달하는 것을 의미한다. 데이터 통신이란 멀리 떨어져 있는 컴퓨터들을 통신회선으로 연결하여 정보를 송수신하고 처리하는 것이다. 1990년대 통신, 컴퓨터, 반도체 기술의 비약적인 발전에 의해 정보전달, 처리, 유통속도가 엄청나게 빨라졌고 기술 간의 연계성이 높아지면서 네트워크를 이용하여 통합, 운용할 필요성이 제기되었다.

③ 전화망은 사방으로 전화선을 늘이거나 전화설비를 곳곳에 놓은 체계로 '음성'이라는 정보를 전달한다. 전화(전기 신호), 전화선, 공중교환 전화망(PSTN), 수신자의 전화기(전기 신호), 음성 정보를 의미한다.

- 컴퓨터망(Computer Network): 컴퓨터 '정보'를 '컴퓨터 네트워크'를 통해 상대방 컴퓨터에 전송 컴퓨터망의 통신규약에 따라 컴퓨터주소를 사용하여 정보 송신 / 수신. 국제 표준기관 ISO와 CCITT에서 만든 표준 통신규약 사용
- 네트워크 프로토콜(Network Protocol): 정보를 전송하기 위한 프로토콜이라는 통신규약
- 인터넷망: TCP / IP라는 통신 프로토콜을 사용

④ 정보기술(Information Technology: IT)이란 정보를 입력, 출력, 수집, 처리, 저장, 검색, 전송하는 소프트웨어 및 하드웨어 기술을 말한다. 정보통신 진흥 및 융합 활성화 등에 관한 특별법안에 의한 "정보통신"의 정의를 보면 「전기통신사업법」 제2조제2호에 따른 전기통신설비 또는 컴퓨터 등을 이용하거나 활용한 정보의 수집 · 가공 · 저장 · 처리 · 검색 · 송신 · 수신 및 서비스 제공 등과 관련되는 기기 · 기술 · 서비스 및 산업 등 일련의 활동과 수단을 말하

며, 다음 각 항목의 것을 포함한다.

⑤ 정보통신의 역할은 우선 멀리 떨어져 있는 사람과의 의사소통을 원활하게 해줌으로써 필요한 정보 등을 신속하게 제공해 준다. 시간과 거리의 제약을 극복할 수 있고 고속 통신이 가능하여 대용량의 파일을 공동으로 이용 가능하다. 또한 고품질 통신이 가능하며 다중전송과 광대역전송이 가능하다. 세계화를 앞당기고 환경 문제, 자원 문제 등 범세계적 문제 해결에 이바지할 수 있다.

2) 정보통신서비스와 정보통신융합

(1) 정보통신서비스

정보통신의 발달로 다양한 정보통신서비스가 등장하게 된다.

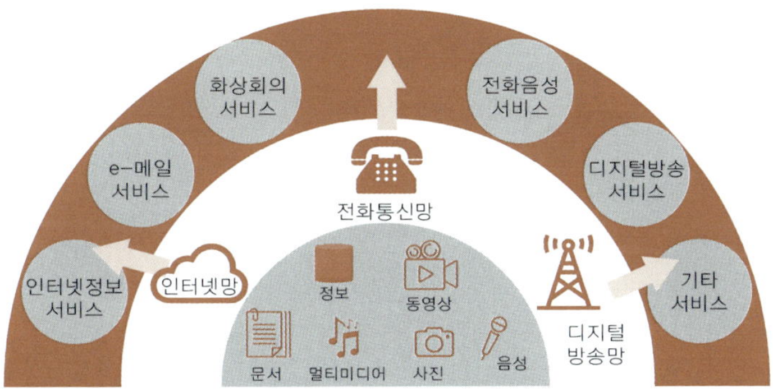

[그림 8-1] **정보통신서비스 관계망**

출처: 최윤철 외(2016). 컴퓨터와 IT기술의 이해.

(2) 정보통신융합

• 정보통신융합이란 정보통신 간 또는 정보통신과 타 산업 간에 기술 또는 서비스의 결합을 통해 새로운 가치를 창출하는 혁신적이고 창의적인 활동 및 현상

을 말한다.

- 정보통신기술(ICT) 분야 신기술·서비스가 2년간 규제를 면제받을 수 있게 되었다. 정보통신융합법 개정안에 따르면 규제 때문에 사업 시행이 어려운 신기술·서비스를 대상으로 규제의 전부 또는 일부를 일정 기간 적용하지 않는 '실증(테스트)을 위한 규제특례 제도'가 도입된다. 사업자가 규제특례를 신청하면 관계부처 검토, 심의위원회 의결을 거쳐 2년 이내에서 규제특례를 지정하며, 1회 연장할 수 있다.
- 기업의 창의적인 아이디어가 혁신적인 제품과 서비스로 이어져 새로운 시장을 창출하고 글로벌 경쟁력을 확보하기 위한 방안이 다양하게 필요하다.

3) 네트워크의 정의

네트워크란 사회적 의미로는 사람들이 모여서 형성된 조직 및 단체를 이야기하고 기술적 관점에서는 정보 공유를 목적으로 컴퓨터 장치와 여러 링크를 연결하여 형성된 망(Net), 즉 그물을 의미한다. 따라서 의미 그대로 설명하면 컴퓨터를 이용한 협업 작업으로 정리될 수 있다. IEEE(Institute of Electrical and Electronics Engineers, 국제 전기 전자 공학회)에서는 네트워크, 그중에서도 LAN을 다음과 같이 정의하였다. "몇 개의 독립적인 장치가 적절한 영역 내에서 적당히 빠른 속도의 물리적 통신 채널을 통하여 서로가 직접 통신할 수 있도록 지원해 주는 데이터 통신 체계"이다.

4) 네트워크의 종류

네트워크는 서비스 범위에 따라 PAN, LAN, WAN으로 구분되고 연결방식에 따라 유선망, 무선망, 모바일망으로 분류된다.

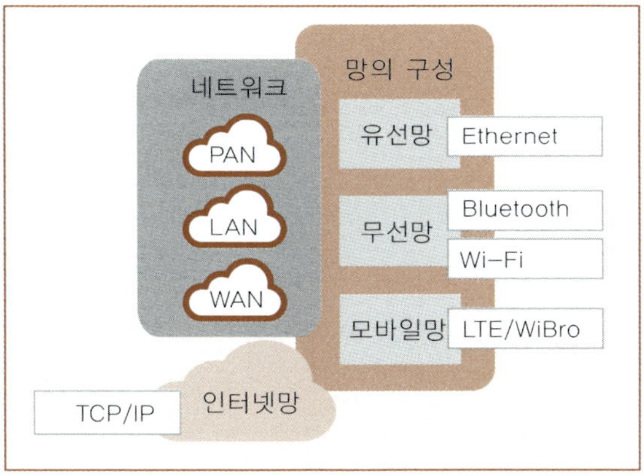

① 서비스의 범위

- **개인 영역 통신망**(Personal Area Network: PAN): 개인의 정보기간, 주로 휴대용 기기로 가까운 곳에서 동작되고 지원되고 집이나 건물처럼 소규모 지역에 적합한 컴퓨터망을 의미한다.

종류	유선	무선
PAN	디지털카메라와 컴퓨터	IrDA, Bluetooth, ZigBee, UWB(Ultra-WideBand)
LAN	Ethernet	Wi-Fi

- **원거리 통신망**(Wide Area Network: WAN): 근거리망 대비 넓은 지역, 시/도 범위나 국가간을 의미하며 대표적으로 인터넷을 의미한다.
- **백본 통신망**(Backbone Network): 네트워크의 최상위 레벨로 중심을 이루는 통신망이다. 국가단위의 초고속통신망은 백본통신망을 사용하여 기간망을 구성하고 기간망을 통해 LAN이나 WAN을 연결하여 정보를 교환한다.

② 연결방식

- **유선망**: 유선 LAN 또는 Ethernet으로 부르며 IEEE 802.3 표준방식으로 동작한다. 동축케이블, 광섬유 케이블로 속도가 빠르고 보안측면에서는 안전하나 설

치비용이 비싼 것이 단점이다.

- **무선망:** AP(Access Point)로부터 형성된 Hotspot 내에서 무선안테나로 접속하여 수십 미터까지 연결된다. 설치비용이 저렴하지만 유선대비 보완이 취약하다.
- **모바일망:** 수십 미터 이내에 고정된 지역에서 사용할 수 있고 수 킬로미터 지역을 통해 유동적으로 사용할 수 있는 망으로 다양하게 구성된다.

③ WWW

스위스 제네바에 위치한 유럽 핵물리연구소 CERN의 과학자들은 서로 간의 정보를 체계적으로, 쉽게 공유하기 위해 WWW이란 서비스를 만들어 사용하였다. 1989년 3월에 버너스-리(Berners-Lee)라는 CERN의 한 물리학자가 Web이란 개념을 제안하였고 1990년에 동료 Robert Cailliau와 함께 개정된 개념을 소개하였다. 기본 개념은 서로 다른 컴퓨터끼리 정보를 공유하고 서로 링크되어 찾기 쉽도록 Hypertext 형태의 서비스를 도입하자는 것이었다. WWW은 원래 인터넷의 수많은 서비스 중 한 가지에 불과했지만 이제는 인터넷 서비스 하면 WWW을 떠올릴 정도로 대표적인 서비스로 자리 잡았다. 유닉스 터미널 기반의 서비스에서 탈피하여 클라이언트-서버 개념의 서비스를 제공하였기 때문이다. 기존의 인터넷 서비스들은 그 표현방식이 제한되어 있으며 GUI방식이 아니기 때문에 익히는데 시간이 걸렸다. 그러나 WWW 서비스는 서버로부터 파일을 받아 사용자가 보기 쉽게 화면으로 보여주고 GUI 방식으로 사용하기 때문에 컴퓨터를 잘 모르는 사람도 쉽게 원하는 정보를 얻을 수 있다. 또한 새로운 형식의 정보가 있으면 브라우저를 업그레이드 하고 서버에 새 파일만 추가하면 끝이기 때문에 담을 수 있는 정보의 내용 또한 제한이 없다.

④ 모바일 네트워크

모바일 네트워크란 사용자가 아무런 제약을 받지 않고 스마트기기를 이용하여 다양한 형태의 정보에 자유롭게 접근할 수 있도록 하며, 궁극적으로 음성과 데이터의 통합을 통해 원하는 상대방과 커뮤니케이션할 수 있는 고객 지향적 종합 네트워크를 말한다.

스마트기기가 일상이 되면서 멀티미디어 서비스가 필요하게 되었다. 즉, 음성전화를 비롯해 게임, 스트리밍 등 가능한 멀티미디어 서비스가 하나의 단말기를 통해 제공되면서 망과 망 사이의 로밍은 물론 바다, 육지, 공중을 망라한 전 세계 어디서나 통화할 수 있는 국제 로밍 서비스가 가능한 고객 지향적인 종합 네트워크를 모바일 네트워크라 한다.

⑤ 인터넷망

인터넷(Internet)이란 Inter+Network이고 인터넷망은 Network of Network를 의미한다. 처음 시작은 1969년 미국방성 주도하여 4개 대학을 연결하는 ARPANET으로부터였다. 네트워크의 계층적 구조는 기관, 관공서, 통신사업자, 케이블 방송 사업자가 ISP(Internet Service Provider)에 가입하고 개인은 전화선, 케이블, 광섬유선 등을 통해서 ISP에 연결한다. 그리고 ISP는 인터넷에 연결된다. 최상위에서는 백본망을 통하여 지역 간을 연결한다.

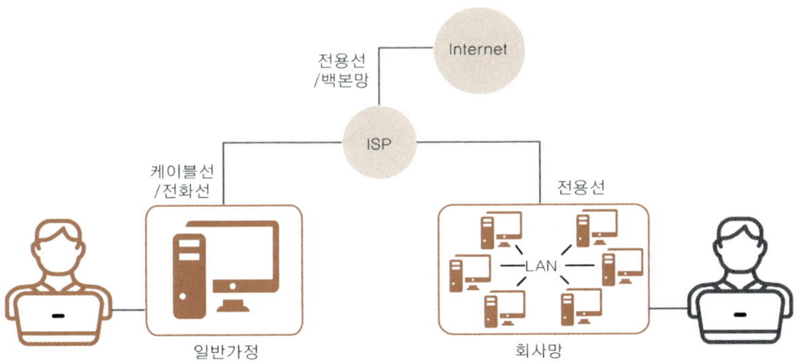

[그림 8-2] **네트워크의 구조**

인터넷 인프라의 구성은 TCP / IP 인터넷 프로토콜이다. TCP 프로토콜은 1500바이트 단위로 패킷을 만들어 IP층에 전달하고 수신하는 역할을 한다. IP 프로토콜은 패킷을 받아 주소를 해석하고 다음 경로를 결정하여 전송한다.

고정형 무선 인터넷망(Wi-Fi)과 모바일 인터넷망(WiBro, WiMAX)으로 나뉘는데 무선 인터넷망은 AP라는 무선안테나를 통해서 인터넷에 접속한다. 주파수 도달거리까지 핫스팟 설정이 가능하고 무선모뎀이 핫스팟지역에 들어오면 무선 LAN에 접속이 가능하다. 모바일 인터넷망은 도시나 넓은 지역을 지원할 수 있어서 수십 킬로미터 지역에서도 인터넷 접속이 가능하다.

홈네트웍에서 인터넷망을 구성하는 것은 케이블 또는 ADSL(Asymmetric Digital Subscriber Line) 모뎀이 홈 네트워크에서 ISP까지 신호를 송수신하는 것을 말한다. 인터넷 회선 한 개 이상의 컴퓨터와 프린터들이 공유하는 장치인 공유기(Router)는 최근 유무선을 모두 지원하기 시작했다. 중계기(Repeater)는 무선 라우터 10~15m로 수신된 전기신호를 다시 증폭해서 송신한다.

2 최신 네트워크 기술

새로운 기술이 계속해서 쏟아져 나오고 있다. 이미 자리 잡은 IT 업체는 물론 자금이 풍부한 스타트업까지 기업 및 일반 사용자용 네트워크 기술이 빠르게 등장한다. 시대를 이끌어갈 최신 기술들을 살펴보면 다음과 같다.

1) 차세대 무선 통신

고정된 장소가 아닌 24시간 언제 어디서나 접속이 가능하도록 하는 무선통신은 스마트폰이 일상화됨에 따라 큰 관심을 받고 있다. 지속적인 기술 개발과 표준화를 통해 데이터 전송속도가 지속적으로 빨라졌고 고용량 데이터 송수신이 가능해져서 와이파이의 사용비율은 계속 증가추세이다.

그런데 기존 무선통신 기술보다 수십 배 이상 데이터를 빠르게 전송할 수 있는 '라이파이'가 개발되었다. 전파가 아닌 가시광선을 사용해 정보를 전송하는 기술로 2011년 영국 에든버러대학교의 해럴드 하스 교수가 개발했다.

원리는 디지털 데이터를 읽는 것과 마찬가지로 라이파이는 0과 1을 빛의 깜빡임으로 구현하여 빛을 점등하면 1, 소등하면 0으로 표시해 원거리에 정보를 전달할 수 있다. 특히 라이파이는 수명이 길고 빛의 양이 풍부한 발광다이오드(LED) 조명의 확산으로 더 큰 기대를 하고 있다. 라이파이의 가시광선 주파수는 무선통신의 가용 주파수 대역보다 약 1만 배 이상 넓은 380~750테라헤르츠(THz)에 이르러서 게임, 방송, 금융 등 다양한 콘텐츠의 증가와 빅데이터의 활용 등으로 많은 정보를 수신할 수 있다. 또한 와이파이의 취약한 정보보안 문제를 일부 해결할 수 있는 대안이 되고 있어서 더욱 주목받고 있다.

출처: 한경매거진(2018. 9). 빅데이터 시대의 '라이파이'.

수중통신은 음파에 의한 데이터 통신이 가능해야 하기 때문에 아직까지는 데이터와 음성통신이 제한적으로만 가능하다. 수중에서 자유롭게 통신하기 위해서는 고난이도인 수중 무선 네트워크 기술이 필요하다.

수중통신 기술을 활용해서 바닷물, 해류, 수온, 염도, 조류 속도 등의 데이터를 확보해서 수자원 및 해양 환경 보호나 수색 및 구조 작전, 쓰나미와 같은 재난 상황 대응 등 다양한 분야에서 활용이 가능하다. 전 세계는 이미 수중 무선통신 네트워크를 구축해 적극적으로 활용하기 위해 많은 노력을 기울이고 있다. 미 NSF(National Science Foundation)가 지원하여 수중 통신을 위한 하드웨어 소프트웨어를 연구하는데 버팔로 대학교 전기공학과 클리포드 퍼나스 교수는 수중 음향 모뎀과 함께 스마트 소프트웨어 정의 무선 기술을 적용하여 성능을 10배까지 개선할 수 있다고 한다. 해운대 인근 바다 15m 수심에 수중 기지국과 센서를 설치했다. 센서가 측정한 바닷속 정보는 음파를 통해 수중기지국에서 해상 통신 부표(수중 기지국 제어국)로 전달된다.

우리나라도 해양수산부가 지원하여 수중 통신망 기술 개발을 위해 2015년부터

SK텔레콤, 호서대, 선박해양플랜트 연구소, 한국원자력연구원, 전자부품연구원 등과 '분산형 수중 관측 · 제어망 개발 사업'에 참여해 왔다. 그 결과 2018년 10월 육상-수상 통신을 잇는 기술을 성공적으로 선보였다. 즉 수온, 염도 등 정보 데이터를 SK텔레콤의 IoT망 LTE Cat.M1을 통해 충남 아산에 위치한 호서대 해양IT융합기술 연구소 서버로 전송한다. 바닷속 정보는 인터넷 접속을 통해 어디서든 손쉽게 확인할 수 있게 되었다. 이에 힘입어 수중-육상통신망 연동 기술 고도화를 진행함과 더불어 아직 진행 중인 국제 표준 개발도 추진할 계획이다.

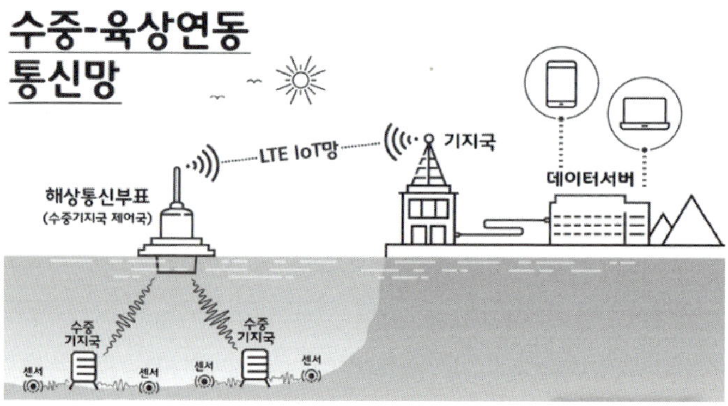

출처: newsis(2018. 10. 21.).

2) 오픈소스

오픈소스는 소프트웨어 시장을 혁신적으로 발전시켰다. 많은 미국 스타트업이나 소프트웨어 기업은 오픈 소스를 기반으로 출발했다. 대표적인 오픈소스, LAMP(리눅스, 아파치, 마이SQL, PHP)는 수많은 기업이 초기에 적은 비용으로 서비스 구축을 하고 사업을 시작하는 데 큰 바탕이 됐다. 이러한 결과는 개발 생태계에 선순환구조를 만들어 다시 기업 및 개인의 결과물을 소스로 공유하는 데 적극적으로 만들었다. 오픈 소스를 통한 혁신은 기업이 해결하고자 하는 문제를 내부 인력만으로 한계가 올 때 전 세계의 최고의 엔지니어가 같이 참여해서 해결할 수 있다는 커다란 장점이 있다.

구글이 개발한 오픈소스 프로그래밍 언어 '고(Go)'는 가볍고, 빠르게 컴파일링 할 수 있어 빠른 시간에 큰 성과를 얻었다. 이유는 애플리케이션을 쉽게 프로그래밍하여 편리하게 클라우드로 배포가 가능하기 때문이었다. 리눅스는 톱500개의 슈퍼컴퓨터에서 모두 리눅스를 구동 가능하게 만들었다. 슈퍼컴퓨터 이외의 컴퓨터에서는 말할 수 없는 수치이다. 그렇게 큰 성장의 발판을 이룬 것이 바로 오픈 소스의 힘이다. 그 뿐만이 아니라 컨테이너 혁명의 원동력이라 할 수 있는 것도 오픈소스인 도커(Docker)와 쿠버네티스(Kubernetes)이다. 신기술인 AI도 텐서플로우(TensorFlow), MXNet과 같은 오픈소스가 시장을 주도하고 있다. 데이터센터를 운영하는 기업은 모두 오픈소스 운영 체제를 사용한다.

오픈소스는 글로벌 비즈니스를 확산시키고 협업을 통해 전 세계의 다양한 문화와 재능이 어우러져 개발을 통해 새로운 세상을 만들어 가는데 기여할 것이다.

3) 가상현실(VR), 증강현실(AR)

대화형 플랫폼은 사람들이 디지털 세상과 상호작용하는 방식을 변화시키고 있다. 가상현실(VR), 증강현실(AR)은 사람들이 디지털 세상을 인식하는 방식을 바꾸고 있다. 이러한 인식과 상호작용 모델의 통합된 변화는 미래 몰입형 사용자 경험을 이끌어 낸다.

가상현실(VR)은 가상의 이미지로 가상공간을 만들어내어 실제처럼 보이게 하는 기술이다. 증강현실(AR)은 현실의 이미지에 3차원 가상 이미지를 겹쳐 하나의 영상으로 보여주는 기술이다. 가상현실 콘텐츠는 가상현실용 안경, 모션 인식장치 등 별도의 장비를 통해 전달된 사용자의 행위에 따라 가상의 공간에서 상호작용하며 사용자에게 체험 환경을 제공한다. 증강현실 콘텐츠는 현실에 가상 이미지를 덮어 더욱 현실감이 높게 느껴진다.

가상 및 증강현실에서 필요한 기술은 먼저 디스플레이 기술이다. VR용 HMD는 머리에 장착해서 쓰고 시야 가까이에 디지털 스크린을 통해 가상 이미지를 보여주기 때문에 높은 해상도가 필요하다. 그러나 높은 해상도는 전력 소모와 데이터 처리량을 높이는 단점이 있다. AR 서비스를 위한 HMD에는 비디오-시스루(Video See-Through) 방식과 광학식-시스루(Optical See-Through) 방식이 있다. 비디오-시스루 AR HMD는 VR HMD와 비슷하나, 실제 환경의 영상을 카메라를 통해 촬영하고 가상 이미지를 겹치는 방식으로 AR 콘텐츠를 구현하는 점이 다르다. 광학식-시스루(Optical See-Through) HMD 방식은 촬영된 카메라 영상을 이용하는 비디오-시스루 방식의 AR HMD와는 달리, 사용자의 눈으로 외부의 환경을 직접 인지함과 동시에 눈앞의 렌즈에 투사된 가상 이미지를 겹쳐 볼 수 있다. 2015년에 마이크로소프트의 홀로렌즈가 출시된 이후에 다양한 광학식-시스루 AR HMD들이 등장하고 있다. 최근 매직리프(Magic Leap)에서는 "매직리프 원(Magic Leap One)"이라는 제품을 발표하기도 하였다.

가상현실에서 가장 큰 문제점으로 대두되고 있는 것이 장시간 사용 시 멀미를 유발할 수 있다는 것이다. 이 문제 해결을 위해서 업계에서는 다양한 방식으로 노력 중인데 이 때 필요한 기술이 사용자의 위치/방향을 추적하는 기술이다. 사용자가 이동하는 위치나 바라보는 위치 및 방향에 맞추어 미디어/콘텐츠를 가시화하기 위해서 꼭 필요한 기술이다.

증강현실의 경우에는 사용자의 위치/방향 추적에 오류가 발생하면 미디어/콘텐츠 사용자의 몰입감을 감소시키게 된다. 사용자의 위치/방향 추적 기술은 센서로부터 수신되는 정보를 이용하는 방법과 카메라 영상 정보를 이용하는 방법이 있다. 이동하는 사용자의 위치를 인식하고 추적하기 위해 실외에서는 GPS, 중력센서, 가속센서 등을 이용하여 사용자의 위치나 방향 등에 대한 정보를 얻을 수 있다. 카메라 영상 정보를 이용하는 방법은 카메라 위치와 방향 정보 계산이 필요하다. 특정 모양의 이미지인 마커(marker)를 사용하여 카메라 추적을 통해 인식 속도, 인식 공간, 동시 인식 가능한 마커 수 등에서 기술적 발전이 이루어져 왔다.

가상. 증강현실 안에서 실제와 같은 자연스러운 상호작용을 지원하려면 시각, 청각뿐 아니라, 인간의 다른 감각을 지원하기 위한 가상 · 증강현실 사용자 인터페이스가 개발되어야 한다. 착용할 수 있는 밴드, 링 등 웨어러블 입력 장치를 비롯해 손과 사용자의 동작들, 그리고 음성 및 청각, 후각까지도 연구를 넓히고 있다.

특히 3차원 공간에서 음성 및 청각 인식을 위해 음향 자체를 3D로 녹음하고 3D로 재생하는 기술 연구가 한창이다. 그 외에도 용자가 실제 움직이는 탑승물 등에 있는 것과 같은 효과와 느낌을 제공하는 모션 시뮬레이터 기반 체감 기술은 시각, 청각, 촉각, 균형감각 등의 다양한 신호를 전달해서 이루어진다.

이러한 경험은 모든 인간의 감각뿐 아니라 다중 모드 디바이스의 고급 컴퓨터 감각을 모두 활용하는 기술이다. 즉 우리를 둘러싸고 있는 모든 환경이 컴퓨터가 되어 다양한 몰입 경험을 제공하게 되는 것이다.

4) 양자컴퓨팅

양자 컴퓨팅은 수퍼컴퓨터로 처리하는 데 수년이 걸리는 데이터를 수 초 이내에 처리해 낼 수 있는 기술이다. 물질의 양자적 성질을 이용한 양자 컴퓨팅은 0, 1, 그리고 0과 1의 조합을 동시에 나타내고 저장할 수 있는 양자 비트(quantum bits), 또는 큐비트(qubits)를 이용하여 데이터를 처리한다. 따라서 전통적인 디지털 컴퓨터에 비해 데이터 처리 속도가 훨씬 빠르다.

양자 컴퓨팅 기술이 주목받는 분야는 화학분야로 자연계의 다양한 물질 구조를 분석하여 신약이나 새로운 것을 개발 할 수 있다. 또한 해킹의 위협이 있는 경우 양자 컴퓨팅 기술이 막아낼 수 있고 풀어낼 수 있게 된다.

폭스바겐은 D-웨이브 시스템(D-Wave Systems)은 양자 컴퓨팅 기술을 도입하여 중국 베이징에서 운행 중인 1만여 대의 택시의 트래픽 흐름을 최적화하는 데 활용하기 시작했다. 폭스바겐 CIO 마틴 호프먼에 따르면, "앞으로 5년 이내에 양자 컴퓨팅은 지배적인 기술이 될 것이다"라고 호프먼은 말했다. J.P. 모건체이스도 IBM과 협력하여 리스크 분석, 트레이드 전략 등에 양자 컴퓨팅 기술을 활용하고 있다.

IBM과 인텔, 구글, 1큐빗, D-웨이브, 마이크로소프트 등은 양자 기계를 위한 프로그래밍 인터페이스 개발을 마쳤다.

양자컴퓨터 주요 활용 분야	
물류산업	배송지를 시간 손실 없이 가장 효율적으로 도는 물류 노선 최적화 작업에 활용
인터넷 광고 업체	인터넷 이용자 개개인의 특성에 맞는 맞춤형 광고 도입
금융 회사	주요 경제 환경 고려해 리스크 분석 마친 주식, 채권 투자포트폴리오 구성 및 금융 상품 개발
화학 업체	대규모 분자 데이터 분석에 근거한 고기능 화학 제품 개발
제약사	신약 개발 등에 활용
사이버 보안	안면 인식, 홍체 인식, 지문 인식 및 인간 행동 패턴 분석에 따른 보안 시스템 구축

출처: 크로스테크랩(2019). 2019 ICT트랜드.

2024년 세계 양자 컴퓨팅 시장 규모를 11조원으로 예측하고 있는 것으로 볼 때 양자 컴퓨팅 기술을 통해 머신러닝이 가속화되면 AI시대의 새로운 변혁을 예고할 것으로 본다.

3 정보윤리

정보통신윤리는 인터넷과 같은 정보통신 기술의 눈부신 발전으로 생긴 윤리적 문제들을 해결하는 데 필요한 것이다. 즉, 정보 사회에서 야기되는 윤리적 문제들을 해결하기 위한 규범체계로서, 단순히 정보통신 기기를 다루는 것뿐만 아니라, 정보사회를 살아가는 데 옳음과 그름, 좋음과 나쁨, 윤리적인 것과 비윤리적인 것을 올바르게 판단하여 행동하기 위해 필요한 규범 체계이다.

1) 필요성

① 정보화의 역기능으로 나타나는 불건전 정보 유통 및 컴퓨터 관련 범죄를 예방하기 위해서 필요하다.

② 정보통신 기기를 올바르게 사용할 줄 아는 능력과 태도를 지니기 위해 정보통신 윤리가 필요하다.

③ 인터넷이 만들어 낸 사이버 공간을 유익하고, 안전하며, 건전한 공간으로 만들기 위해 필요하다.

④ 인터넷은 자유롭고 평등한 의사소통을 가능하게 해주지만, 익명성과 사회적 실재감의 결여로 말미암아 비윤리적인 행동을 유발하기 쉬운 속성을 가지고 있으므로, 정보통신 윤리가 필요하다.

2) 정보통신 윤리의 역할

① 정보사회에서 우리가 해야 할 것과 해서는 안 되는 것을 선택하도록 도움을 준다.

② 앞으로 정보통신 기술의 발전에 따라 생겨나게 될 윤리 문제에 대해 우리가 미리 생각하고 예방하도록 도와주는 역할을 한다.

③ 정보사회에서 우리의 행동이나 제도, 정책을 어떻게 바꾸어야 하는지 알려주는 역할을 한다.

④ 인터넷을 통해 전 세계적으로 연결된 세계 시민들이 지켜야 할 규범을 제시해 주는 역할을 한다.

3) 네트워크 에티켓, 네티켓

인터넷이라는 공간은 실명이 아닌 익명으로 개인의 의견을 마음껏 표현할 수 있다는 자유가 있다는 것은 분명한 사실이지만 악성 댓글과 가짜 뉴스로, 때로는 조직화된 조작까지 사회적으로 심각한 상황이 되고 있다.

인터넷을 안전하고 건전한 곳으로 만들기 위해서는 정보 통신 윤리와 더불어 예절이 필요하다. 특히, 사이버공간은 서로의 존재를 눈으로 확인할 수 없으므로 예절에 어긋나는 행동을 하기 쉽다. 그러나 사이버 공간도 사람이 만나고 교류하는 사회적 공간이므로 사이버 공간에서의 예절이 바로 네티켓이다. 네티켓이란 사이버 공간에서 우리가 '해야 할 것'과 '해서는 안 되는 것'을 담고 있는 네트워크 에

티켓(network etiquette)을 의미한다.

댓글 실명제를 반대하는 가장 주요한 이유는 개인 의견을 마음껏 표현할 수 있는 '표현의 자유'를 들고 있다. 그러나 비방 · 모욕 · 욕설 등 악성 댓글과 가짜뉴스가 쏟아져 나오면서 여론을 호도하고 인터넷이 건전한 공론의 장으로서의 역할을 다하지 못하고 있는 것이 현실이다. 특히 검색수를 조작하는 소위 매크로 프로그램을 활용한 조직화한 댓글조작은 온라인 여론 왜곡을 넘어 대의민주주의 체제의 근간을 흔들 정도로 심각한 상황이 되고 있다. 네티켓은 상대방의 인격을 존중하는 것에서부터 시작되어 인터넷 사용자의 성숙한 인격이 필요하다. 네티켓이 지켜진다면 메시지나 콘텐츠에 대한 반응과 표현이 상대방에게 불쾌감이나 피해를 주는 일이 아니라 사이버 세상에서 서로 발전하는 소통의 장이 될 것이기 때문이다.

4 정보보호의 목적과 대책

1) 개인정보보호의 필요성

최근 급속히 증가하고 있는 스마트폰, 태블릿 PC 등 다양한 스마트 기기의 확산으로 일상생활에서 혁명적인 변화가 일어나고 있다. 언제 어디서나 정보통신서비스를 편리하게 활용할 수 있는 유비쿼터스 사회를 거쳐, 스마트폰 등 각종 스마트 기기로 대화와 소통이 이루어지고 업무처리, 교육, 의료 등 사회 전반에서 스마트 기술이 활용되는 '스마트라이프(Smartlife)'로 진화되고 있는 실정이다.

이와 같이 정보통신기술의 발전은 일상생활뿐 아니라, 산업, 행정 등 사회 전 영역에서 변화를 선도하는 핵심적인 요소로 기능하여 우리의 일상생활을 보다 편리하게 만들었지만, 눈부신 기술 발전 이면에는 해킹, 바이러스 사고, 과도한 스팸 수신, 저작권 침해 및 명예 훼손, 보이스 피싱 등 다양한 사이버 범죄와 정보 격차로 인한 소외 계층의 발생 등 정보화 역기능 문제 또한 심화되고 있는 것도 사실이다.

사이버 범죄를 통해 유출된 개인정보는 스팸메일, 불법 텔레마케팅 등에 악용되어 개인에게 원치 않는 광고성 정보가 끊임없이 전송되는 동시에, 대량의 스팸메일 발송을 위한 계정 도용, 보이스 피싱 등 범죄행위에 악용될 우려가 있으며 이러한 문제점이 개인정보의 주체에게 미치는 정신적 · 물질적 피해 규모는 측정이 어렵다. 뿐만 아니라 한 번 유출된 개인정보는 회수가 사실상 불가능하기 때문에 더욱 심각하다고 할 수 있다.

또한, 기업 측면에서도 개인정보 유출 사고 발생 시 고객의 신뢰 상실은 물론 기업의 이미지 저하와 소송 등 송무 비용이나 손해배상금 등 실질적 비용이 소요되는 등 유 · 무형으로 기업 자산의 손실을 가져오게 된다. 따라서 개인 측면에서나 기업의 측면에 모두 개인정보 유출에 따른 사회적 비용이 기하급수적으로 증가할 수 있어 이에 대한 적극적인 대응이 시급한 상황이다.

개인정보 유출 사례

- 2018년 3월 페이스북 5천만 명 이상 개인정보 유출(한국 8만 6천 명)
- 2017년 6월 빗썸 3만 건 비트코인 거래 개인정보 유출
- 2017년 3월 여기어때 97만 건 숙박 개인정보 유출
- 2016년 7월 쇼핑몰 인터파크 고객 정보 1,000만 건 유출
- 2014년 6월 홈플러스 고객 정보 700만 건 유출
- 2014년 1월 국민·롯데·농협 카드의 고객 개인정보 1억 400만 건 유출
- 2011년 7월 네이트·싸이월드 회원 3,500만 명 개인정보가 유출
- 2011년 11월 넥슨 '메이플스토리'에서 1,320만 명의 개인정보 유출

2) 개인정보 보호를 위한 대책

개인정보보호의 중요성이 증대되면서 우리나라에서도 개인정보보호 관련 법령의 제정 및 개정 작업이 지속적으로 이루어지고 있다. 정보통신망법은 정보통신기술을 활용한 신규 IT서비스의 보급 확대 등 정보통신환경의 변화로 발생하는 각종 문제에 적극적으로 대처하기 위해 지금까지 수차례 개정되어 왔다. 특히 최근 개정된 정보통신망법은 해킹 등으로 인한 대규모 개인정보 유출 사고를 사전에 예방

하고 향후 유사사고 재발 및 2차 피해를 방지하기 위해 기업의 과도한 개인정보 수집을 제한하고, 상향된 기술적·관리적 보호조치 기준을 적용하여, 2012년 8월 18일부터 시행되었다.

① 정보보호산업법

2015년 6월 「정보보호산업의 진흥에 관한 법률(정보보호산업법)」이 제정되었으며, 정부는 이의 본격적인 시행과 함께 5년마다 「정보보호산업 진흥계획」을 수립할 예정이다. 국내 정보보안 시장 확대, 관련 전문가의 육성과 기업 지원 등 전반적으로 일본의 「사이버보안 전략」과 유사한 정책방향을 갖고 있으나 다소 특이한 점으로는 정부 공공기관과 민간기업 간의 정보보안 시스템 계약에 있어서 민간기업이 하도급재하도급을 위한 별도의 승인절차가 필요하다는 것이다

② 행정자치부

행정자치부는 국제교류 확대에 따른 개인정보보호와 관련된 국제업무를 수행할 수 있도록 「개인정보보호정책관」을 신설하고 산하에 관련 법제화 업무를 수행하는 개인정보보호협력과를 신설하였다. 또한 2017년까지의 개인정보보호 계획을 담은 「제2차 개인정보보호기본계획」을 수립할 예정이며, ICT 발전과 시대상황에 맞추어 지속적으로 3차, 4차 기본계획을 발표할 예정이다. 개인의 존엄과 가치가 존중받는 선진 정보사회를 비전으로 하는 2차 기본계획은 4대 목표 및 14개 과제로 구성되었으며, 일본의 「사이버보안 전략」의 개인정보 부분과 상당 부분이 유사하다고 볼 수 있다.

③ 경찰청의 사이버테러 대응 전담조직

2016년 경찰청은 해킹, DDoS 공격 등 사이버테러에 대응하기 위한 전담조직을 전국 3개 지역에 신설하고, 관련한 인력의 보충 및 역량강화를 위한 훈련을 실시할 것을 발표하였다. 기존의 사이버테러 대응 전담조직의 확대를 통해 보안상 취약 지역을 더욱 강화하고 정보보호실태조사를 시행하고 있다.

④ 한국인터넷진흥원

한국인터넷진흥원은 매년 정보보호와 관련된 실태조사를 개인과 기업 대상으로 실시하고, 그 결과를 온오프라인 등을 통해서 국민에게 공유하고 있다. 정보보호 인식 수준과 같은 일반 설문부터 정보보안 사고 사례의 공유 그리고 정부의 새로운 정보보안 정책서비스 등을 소개하는 역할을 하고 있다.

2015년부터 2017년까지 추진되는 범부처 차원의 「개인정보보호 정상화 대책」은 개인의 정보를 보호하고 피해에 대한 확산을 최소화하기 위해 추진되며 다음의 7개 핵심 과제로 구성되었다.

- 피해자 권리 구제 강화
- 개인정보 관련 범죄에 대한 처벌 강화
- 주민등록번호의 제한적 변경 허용 방안 마련
- 인터넷과 불법 유통시장에 떠돌고 있는 개인정보 삭제파기
- 감독 사각지대에 대한 관리감독 강화
- 기업이 정보보호에 스스로 예방하는 여건 조성
- 개인정보보호 관련 법률 및 행정체계 개편

〈표 8-1〉 **개인정보의 개념에 대한 각 국의 입법례**

구분	법령	정의
OECD	개인정보보호지침 (Guidelines on the Protection of Privacy and Transborder Flows of Personal Data)	개인 데이터(personal data)는 식별되거나 식별될 수 있는 개인에 관한 모든 정보를 지칭
EU	개인정보보호지침 (Directive 95 / 46 EC)	개인 데이터(personal data)는 식별되거나 식별될 수 있는 개인에 관한 모든 정보를 지칭 *식별 가능한 개인은 직접 또는 간접적으로 신원 확인번호, 신체적, 생리적, 정신적, 경제적, 사회적 동일성(identity)을 나타내는 요소를 참조하여 그 신원이 확인될 수 있는 사람을 지칭
미국	프라이버시법 (Privacy Act, 1974)	개인기록(Record)은 행정기관이 보유하는 개인에 관한 정보(information about an individual)의 개개 항목 또는 그 집합 *개인기록에는 당해 개인의 이름, 식별번호-부호, 지문, 성문, 자신과 같은 당해 개인의 고유한 식별자(Identifying particulars)가 포함

영국	개인정보보호법 (Data Protection Act, 1998)	개인기록(personal data)은 신원확인이 가능한 생존하는 개인에 관한 기록으로서, 그 기록 또는 다른 정보로부터 신원확인이 가능한 것을 의미
프랑스	국가정보처리자유법 (Loi n° 78-17 du 6 janvier 1978 relative à l'informatique, aux fichiers et aux libertés)	기명이나 무기명의 형식에 관계없이 직접 또는 간접으로 자연인의 신원을 식별하거나 확인할 수 있는 개인 또는 법인이 처리하는 정보
독일	데이터보호법 (Bundesdatenschutzgesetz, 1974)	자연인의 신원을 식별하거나 식별할 수 있는 정보주체에 관한 인적 및 물적 환경에 관한 일체의 정보
스웨덴	데이터보호법 (Personal Data Act, 1998)	생존하는 자연인에 관하여 직접 또는 간접으로 식별할 수 있는 모든 유형의 정보
일본	개인정보보호법 (個人情報の保護に関する法律)	개인정보는 생존하는 개인에 관한 정보로서 성명, 생년월일 기타 기술(記述)에 의해 특정 개인을 식별할 수 있는 정보

〈표 8-2〉 **개인정보의 보존기간이 명시된 법령 예시**

근거법령	개인정보의 종류	보존기간
통신비밀보호법 (통신사실확인자료)	로그기록자료, 접속지의 추적자료	3개월
	전기통신일시, 전기통신개시·종료시간, 사용도수, 상대방의 가입자번호, 발신기지국의 위치추적자료	12개월
전자상거래등에서의 소비자보호에 관한 법률(거래기록)	소비자의 불만 또는 분쟁처리에 관한 기록	3년
	계약 또는 청약철회 등에 관한 기록, 대금 결제 및 재화 등의 공급에 관한 기록	5년
전자금융거래법 (전자금융거래기록)	건당 거래금액 1만 원 이하 전자금융거래에 관한 기록, 전자지급수단 이용과 관련된 거래승인에 관한 기록	1년
	전자금융거래 종류 및 금액, 상대방에 관한 정보, 지급인의 출금 동의에 관한 사항, 전자금융거래와 관련한 전자적 장치의 접속기록, 전자금융거래 신청 및 조건의 변경에 관한 사항, 건당 거래금액 1만 원 초과 전자금융거래에 관한 기록	5년
신용정보의 이용 및 보호에 관한 법률	신용정보 업무처리에 관한 기록	3년
의료법(진료에 관한 기록)	처방전	2년
	진단서 등의 부본	3년
	환자 명부, 검사소견기록, 간호기록부, 방사선 사진 및 그 소견서, 조산기록부	5년
	진료기록부, 수술기록	10년
국세기본법	국세부과 제척 기간(조세시효)	10년
	국세징수원 및 국세환급금 소멸시효	5년
상법	보험금액 청구권 소멸시효, 보험료 / 적립금 반환청구권 소멸시효	2년
	상사채권 소멸시효, 배당금 지급청구권 소멸시효	5년
	사채상환청구권 소멸시효	10년
제조물책임법	손해배상청구권 소멸시효	3년 / 10년

■■■ 필수용어

- **Wibro(Wireless Broadband):** 와이브로, 무선 광대역 인터넷 서비스, 휴대폰, 스마트폰의 3G, 4G 이동통신처럼 언제 어디서나 이동하면서 인터넷을 이용할 수 있고 최대 다운로드 속도는 10Mbps, 최대 전송 거리는 1km이며, 시속 120km로 이동하면서 사용할 수 있음.
- **Wi-Fi(Wireless Fidelity):** 와이파이로 고성능 무선통신을 가능하게 하는 무선랜 기술로 WiFi를 지원하는 지역에 있거나 컴퓨터에는 무선 랜 카드와 무선 랜 카드를 위한 드라이버가 설치되어 있어야 사용이 가능함
- **LTE(Long Term Evolution):** 3세대 이동통신(3G) 광대역 부호 분할 다중 접속(W-CDMA)와 진화 기술로 유력한 4세대 이동통신(4G) 후보기술 (4G기준은 정지 상태에서는 1Gbps, 이동 중에는 100Mbps의 전송속도를 내는 것인데 우리나라에서는 주파수부족으로 75Mbps로 약간 미치지 못함 LTE-A의 등장으로 4G시대가 열림)
- **Bluetooth:** 블루투스로 핸드폰, 컴퓨터, 무선프린터, 저장 장치, 세탁기, 냉장고 등 다양한 종류의 전자 장비에 무선 데이터 교환을 지원하는 근거리 무선 개인 통신망 기술
- **Ubiquitous:** 유비쿼터스로 사용자가 컴퓨터나 네트워크를 인식하지 않은 상태에서 장소에 구애받지 않고 자유롭게 네트워크에 접속할 수 있는 환경

CHAPTER 09

클라우드와 빅데이터 분석

학습목차

CHAPTER

09 클라우드와 빅데이터 분석

학/습/목/표

1. 클라우드 컴퓨팅의 개념 및 특징을 알 수 있다.
2. 클라우드 컴퓨팅 서비스를 이해할 수 있다.
3. 데이터의 개념과 빅데이터 분석에 대해 알 수 있다.

들어가는 말

빅데이터, 클라우드 정보화사업 비중 21 → 35%, 빅데이터 이용율 9.5% → 20%로 확대

국가정보화사업 정책방향을 전산화·정보화→지능화로 전환하여 4차 산업혁명의 기회를 극대화하고, 지능화 혁신의 편익을 국민 모두가 누릴 수 있도록 제6차 국가정보화기본계획(2018~2022년)을 수립했다.

지능형 국가 수립을 위해 인공지능(AI)·빅데이터·클라우드 등 지능정보기술을 적용하는 정보화사업 비중을 정부가 2022년까지 35%로 확대하기로 했다. 지능화 혁신을 주도할 소프트웨어 전문·융합인재 2만명을 육성하고, 2020~2022년 디지털 불평등을 해소하기 위해 우체국·도서관에서 취약계약 70만 명에게 정보역량 교육을 실시한다.

데이터 경제 활성화를 위해 기업의 빅데이터 이용률을 2018년 9.5%에서 2022년 20%까지 높인다. 자율주행차, 핀테크 등 미래형 신산업을 육성하고, 인공지능, 클라우드, 양자컴퓨팅 등 유망기술 육성과 신산업 생태계 조성에도 주력한다.

세계 최초로 5세대(5G) 이동통신 무선 네트워크를 조기 상용화하고, 10기가 유선 네트워크를 확충하여 초연결사회로의 진입을 돕는다. 네트워크 품질과 안정성을 확보하기 위해 통신구간 해킹을 원천 차단할 수 있는 양자 암호통신 등을 도입하고, 통신재난 발생 시 조기 대응할 수 있는 통신재난 방지 대응체계를 마련한다.

국내 클라우드 시장규모는 2015년 5천145억 원에서 2021년 1조3천41억 원으로 연평균 16.8% 성장할 것으로 예상되고 있다. 이를 위해 정부는 '행정·공공기관 민간 클라우드 이용 가이드라인'을 우선 개정해 공공부문이 민간 클라우드 시장 확대의 마중물 역할을 하도록 민간 클라우드 이용의 문턱을 대폭 낮추기로 했다.

또한 데이터 보유 분야에 클라우드를 접목함으로써, 국내 클라우드 산업의 경쟁력 강화를 추진하고, 이를 토대로 해외 진출까지 지속 성장할 수 있는 생태계를 조성한다. 공공부문에는 전자정부 공통의 인프라, 소프트웨어 등을 클라우드로 제공하는 '전자정부 클라우드 플랫폼'을 구축해 기존 정부 클라우드 환경을 고도화한다.

한편 원격지 SW개발 사업을 현행 39.6%(633개 사업) 수준에서 50%(800개 사업)로 확대하면 기업은 157억 원의 비용을 절감할 것으로 예상된다. 간접 고용 일자리 183개도 창출될 것으로 추산되고 있다.

출처: 한국경제(2018. 12. 30.).

1 클라우드 컴퓨팅의 개념 및 특징

클라우드(Cloud)는 단어 자체로는 "구름"을 나타내는데 다양한 집합체와 연결하여 필요한 자원을 이용하게 된다는 의미이다. 클라우드 컴퓨팅(Cloud Computing)이란 인터넷에 구름처럼 떠 있는 거대한 컴퓨터군을 필요에 따라 이용할 수 있는 컴퓨터의 형태이다. 기존에는 IT자원을 보유했다고 하면 클라우드에서는 가상화된 IT 자원을 인터넷을 통해 서비스 받는 형태이다. 따라서 소유자와 운영자가 분리된다. 클라우드 컴퓨팅에서 사용자는 IT자원, 즉 소프트웨어, 스토리지, 서버, 네트워크를 필요한 만큼 빌려서 사용하고, 서비스 부하에 따라서 실시간 확장성을 지원받으며 사용한 만큼 지불하게 하는 것을 뜻한다.

IT자원은 두 가지 큰 특징을 갖고 있다. 고도의 확장성과 추상화된 컴퓨터 리소스라는 점이다. 고도의 확장성이란 급격한 트랜잭션의 증가나 이용자 수 변화에 대해 신속하고 유연하게 처리능력을 증감할 수 있는 컴퓨팅 리소스를 가리킨다. 그리고 물리적인 리소스를 추상화하여 여러 개로 나누어 쓸 수 있다는 특징이 있다.

〈표 9-1〉 기관별 클라우드 컴퓨팅 정의

Gartner	인터넷 기술 활용으로 많은 고객들에게 높은 수준의 확장성 가진 서비스로 제공하는 컴퓨터의 한 형태
Forest Research	표준화된 IT기반 기능들이 IP를 통해 제공되고 언제나 접근이 허용되고 수요 변화에 따라 가변적이며 사용량 혹은 광고에 기반한 모형을 제공하고 웹 혹은 프로그램적인 인터페이스를 제공
IBM	웹 기반 응용 소프트웨어를 활용해 대용량 데이터베이스를 인터넷 가상공간에서 분산 처리하고 이 데이터를 컴퓨터나 휴대전화, PDA 등 다양한 단말기에서 불러오거나 가공할 수 있게 하는 환경
TTA	가상화와 분산처리 기술을 기반으로 인터넷을 통해 대규모 IT자원을 임대하고, 사용한 만큼의 요금을 지불하는 컴퓨팅 환경을 의미

출처: 강원영(2013.3). 최근 클라우드 컴퓨팅 서비스 동향 재구성.

1) 클라우드 컴퓨팅 개념

기존에는 사용자가 개인용 PC 등에 필요자료 및 소프트웨어를 각각 저장하고 관리하였는데 클라우드 컴퓨팅 개념이 도입되면서 클라우드 컴퓨팅 네트워크에 접속하면 애플리케이션, 스토리지, OS, 보안 등 필요한 IT자원을 원하는 시점에 필요로 하는 만큼 골라 담아서 사용하고 사용량에 기반하여 대가를 지불한다. 자료 공유가 언제 어디서나 자유롭게 가능하다는 장점이 있고 사용자가 홈페이지를 만들어 어떤 웹서비스를 구축한다고 할 때 기존에는 홈페이지 저작용 프로그램과 웹서버 및 데이터를 저장할 수 있는 스토리 그리고 고속회선을 필요한 만큼 구입하여 구축할 수 있다. 따라서 클라우드 컴퓨팅을 활용하면 해당 네트워크에 필요로 하는 웹서버의 용량을 설정하고 원하는 서비스를 만들고 저장하고 처리해 줄 수 있다.

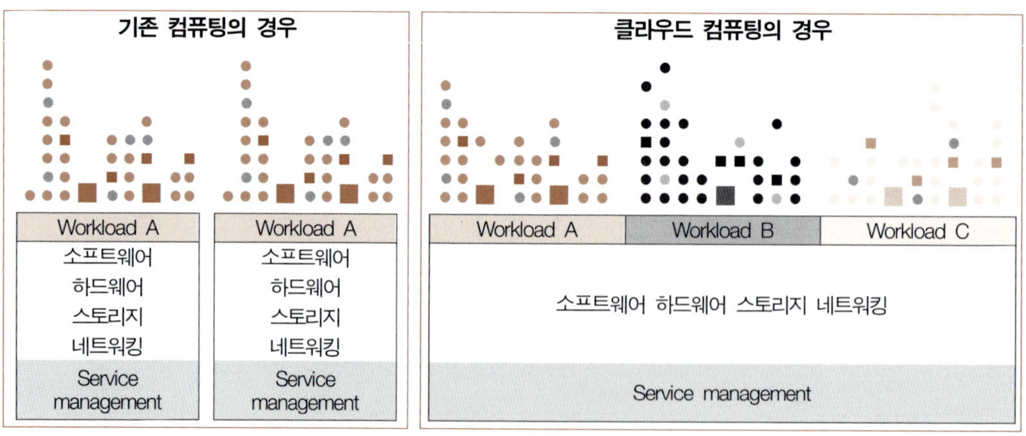

① 장점

- 사용자가 자신의 필요에 따라 언제든지 컴퓨터 자원을 직접 디바이스에 처리할 필요 없이 사용할 수 있다.
- 서버 및 소프트웨어를 사용자가 클라우드 컴퓨터 네트워크에 접속하여 제공받을 수 있으므로 서버 및 소프트웨어를 구입해서 설치할 필요가 없어 IT작업비용이 대폭 줄어든다.
- 데이터 및 소프트웨어가 장비 간 연동이 수월하여 장비관리업무 및 PC나 서버 자원 등의 에너지 효율을 대폭 줄일 수 있다.

② 단점

- 외부의 서버를 이용하는 것이라 자사 서버를 이용하는 것 대비 서버의 공격 및 서버 손상으로 인한 개인정보가 유출 및 유실될 가능성이 있다고 IT관리자들이 이야기한다.
- 추상화된 컴퓨터리소스가 특징이기에 대부분은 보관장소가 명확하지 않다.
- 모든 애플리케이션을 보관할 수 없으므로 애플리케이션을 설치하는 데 제약이 있을 수 있다.
- 공유된 인프라를 사용함으로 특수한 회사 요구에 맞추거나 각기 다른 회사의 클라우드 컴퓨팅 활용 시 제한이 있다.

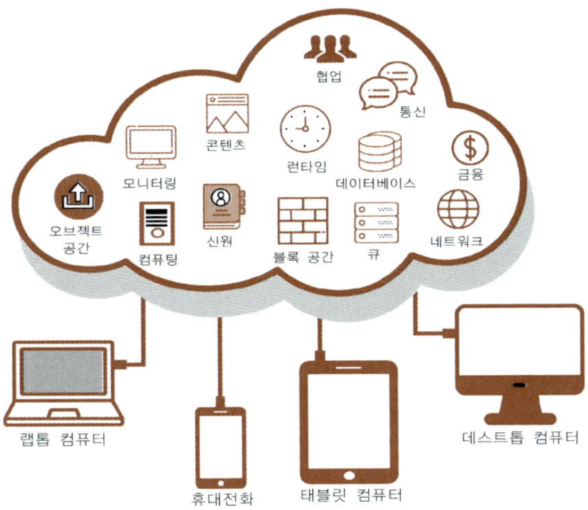

[그림 9-1] **클라우드 컴퓨팅의 개념도**

2) 그리드 컴퓨팅

그리드 컴퓨팅(Grid Computing)이란 네트워크상의 컴퓨터나 데이터 등의 리소스를 격자구조의 네트워크(Grid)로 가상화해서 통합하고 연결하여 사용하는 것을 말한다. 즉 글로벌하게 있는 고성능 다기능 컴퓨터, 데이터 보관장치, 첨단 장치 등을 인터넷과 같은 네트워크에 연결하여 하나의 거대한 컴퓨터로 생각하고 상호 공유하여 접속할 수 있도록 하는 기술이다.

가상 공간 안에 슈퍼컴퓨터 시스템을 경제적인 비용으로 활용할 수 있어 유용하다. 그리드 컴퓨팅이 제대로 역할을 하기 위해서는 대용량을 전송처리 할 수 있어야 하는데 전송 구조의 경우 P2P(Peer to Peer)구조를 가지고 있어야 한다.

그리드 컴퓨팅은 집중 관리가 되지 않은 분산된 자원을 조화시키고 개방표준형 프로토콜이나 인터페이스를 사용한다. 따라서 그리드 컴퓨팅에서는 대규모 과학기술적 계산 등을 분산 처리하고 항공기, 지진 설계 등 자연재해 예측을 하는 데 큰 역할을 할 수 있다. 그러나 IT리소스 관리, 스케줄링, 데이터 관리 등의 표준화 작업은 실제로 불가능하다. 대규모 컴퓨터 처리 능력을 발휘할 수 있는 구성으로 되어 있어서 관리나 유지비용은 상대적으로 비싼 편이다.

3) 그리드 컴퓨팅과 클라우드 컴퓨팅의 차이

그리드 컴퓨팅은 지리적으로 분산되어 있고 각기 다른 조직이 관리하지만 클라우드 컴퓨팅은 지리적인 분산은 있어도 중앙에서 단일 조직으로 관리하게 된다. 컴퓨터의 구성도 그리드 컴퓨팅은 다른 구성들이 많이 혼재하고 리소스 관리나 스케줄링 데이터 관리 보안 등의 기술표준이 존재 한다. 반해 클라우드 컴퓨팅은 단일 기종이 대부분이고 기술표준이 특별히 존재하지 않는다. 그리드 컴퓨팅은 상호 접속성을 중시하고 대규모 연산처리나 과학기술적 계산 등 병렬성이 높은 애플리케이션에 적합하다. 클라우드 컴퓨팅은 상호 접속성은 중시되지 않으나 작은 어플리케이션부터 대규모까지 유연하게 광범위한 용도로 이용이 가능하다.

2 클라우드 컴퓨팅 서비스

모든 인프라가 가상화 환경으로 이루어져 원하는 시기에, 필요한 만큼 사용하고 사용한 만큼만 비용을 내는 유연성을 원한다. 모든 서비스는 인터넷 기반으로 자동화되어 있어 빠르게 이루어진다. 클라우드 컴퓨팅은 구성하는 컴퓨터도 표준화되어 있고 서비스를 제공하는 제공자에 의해 데이터센터 내에서의 IT 리소스와 데이터가 관리된다. 주요 서비스 제공 기업은 마이크로소프트, 아마존 등이 있다.

클라우드 컴퓨팅은 서비스의 운영에 따라 유형은 공용(Public) 클라우드, 사설(Private) 클라우드, 하이브리드(Hybrid) 클라우드 세 가지로 나뉜다. 공용 클라우드는 인터넷상으로 여러 사용자들에 의해 공유되는 IT 환경이고 모든 하드웨어, 소프트웨어 및 기타 자원 인프라를 클라우드 공급자가 소유하고 관리한다. 사설 클라우드는 단일 비즈니스나 조직에서 독점적으로 사용되는 클라우드 컴퓨팅 리소스이다. 고객사 규모가 크거나 중요한 자료가 있을 경우 자체 클라우드 환경을 구축해 그 안에서 조절해서 사용하는 것이다. 하이브리드 클라우드는 공용 클라우드와 사설 클라우드 간에 데이터와 응용 프로그램을 공유할 수 있는 기술로 함께 바인딩된 공용 클라우드와 사설 클라우드를 결합한다. 하이브리드 클라우드는 데이터 및 응용 프로그램을 사설 클라우드와 공용 클라우드 간에 이동할 수 있도록 하여, 비즈니스에 더 높은 유연성, 더 많은 개발 옵션을 제공한다.

1) 클라우드 컴퓨팅 서비스 유형

서비스 모델은 클라우드 제공자가 임대·제공하는 IT자원의 범위에 따라 IaaS, PaaS 및 SaaS로 분류한다. 세 가지는 SaaS(Software as a Service), PaaS(Platform as a Service), IaaS(Infrastructure as a Service)이다. 이아스(Iaas)는 물리적인 서버, 스토리지, 네트워크를 가상화하여 다수의 고객에게 유동적인 인프라 서비스 형태로 제공하는 것이다. 파스(Paas)는 개발 플랫폼이나 모바일 웹 같은 것을 개발하는 환경을 제공하는 것이고, 사스(Saas)는 기업 또는 일반 소비자가 다양한 애플리케이션을 인터넷 및 웹브라우저를 통해 소프트웨어 패키지 형태로 제공해 준다.

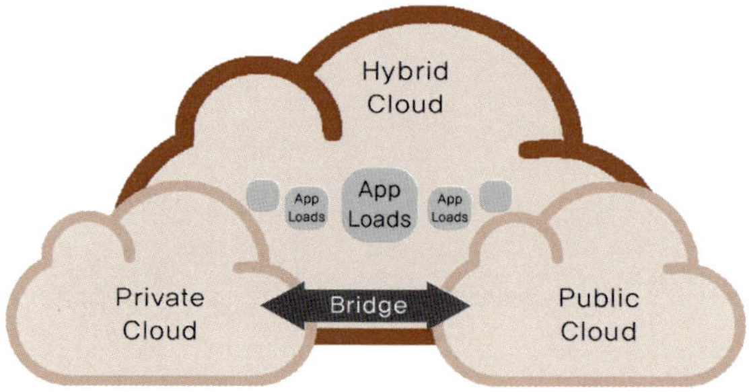

출처: Nalee와 함께 떠나는 IT이야기. http://naleejang.tistory.com/89에서 검색.

SaaS는 클라우드 컴퓨팅 서비스 사업자가 클라우드 컴퓨팅 서버에 소프트웨어를 제공하고, 사용자가 원격으로 접속해 해당 소프트웨어를 활용하는 모델이다. ERP나 CRM 등 다양한 소프트웨어를 서비스 제공 업체에 비용을 지불하고 필요한 만큼 소프트웨어를 사용하는 클라우드를 의미한다. 이는 클라우드 컴퓨팅의 최상위 계층에 해당하는 것으로 다양한 애플리케이션을 여러 클라이언트 조직에서 제공하고, 이러한 애플리케이션은 다중 임대 방식을 통해 서비스로 제공한다. 즉, 클라우드 컴퓨팅 서비스 사업자로부터 제공받은 이메일 관리 프로그램이나 문서 관련 소프트웨어 및 핵심 애플리케이션 등에 이르는 모든 소프트웨어를 사용자는 클라우드 서비스를 통해 제공받을 수 있다. 예시로는 Salesforce가 제공하는 CRM서비스, 구글Docs, 마이크로소프트 Office365, Yodlee 뱅킹 자산관리 서비스 등이 해당된다.

PaaS는 사용자가 소프트웨어를 개발할 수 있는 토대를 제공해주는 서비스이다. 클라우드 서비스 사업자는 PaaS를 통해 서비스 구성 컴포넌트 및 호환성 제공 서비스를 지원한다. SaaS가 소프트웨어의 활용을 위한 서비스 모델이라면, PaaS는 소프트웨어 개발을 위한 서비스 모델이라 할 수 있다. 여기에는 컴파일 언어, 웹 프로그램, 제작 툴, 데이터베이스 인터페이스, 과금모듈, 사용자 관리모듈 등이 포함될 수 있다. 즉, 응용서비스 개발자들은 클라우드 서비스 사업자가 마련해 놓은 플랫폼 상에서 데이터베이스와 애플리케이션 서버, 파일시스템과 관련한 솔루션 등 미들웨어까지 확장된 IT 자원을 활용하여 새로운 애플리케이션을 만들어 사용할 수 있다. 개발을 위한 소프트웨어 환경을 제공한다고 보면 이해가 쉽다. 예시로는 마이크로소프트의 MS-SQL Azure, 구글의 AppEngine, 코스콤의 K 파스타(K PaaS-TA) 등이 있다.

IaaS는 서버 인프라를 서비스로 제공하는 것으로 CPU, 메모리, 저장 장치(Storage) 및 네트워크 등 IT 인프라를 서비스 형태로 제공한다. 이는 사용자에게 서버나 스토리지 같은 하드웨어 자체를 판매하는 것이 아니라 하드웨어가 지닌 저장 혹은 컴퓨팅 능력만을 제공하는 서비스 모델이다. 스토리지를 자신만을 위한 독립적인 장비로 사용하는 Dropbox, 네이버 N드라이브, 다음 클라우드와 같은 클라우드 상에서 저장 공간을 제공하는 서비스도 저장 장치를 서비스 형태로 제공한다는 관점에서 IaaS에 속한다고 볼 수 있다. IaaS 서비스는 주로 네트워크 망을 기반으로 한 통신사와 다양한 사용자를 기반으로 한 대형 포털, 그리고 애플이나 삼성처럼 단말기를 기반으로 하는 제조 업체, 마지막으로 클라우드 전문 서비스 업체가 서비스를 제공하고 있다. 예시로는 Amazon EC2, KT의 UCloudBiz, SKT의 TCloudBiz, LGU+의 CloudN 및 이노그리드의 Cloudit 등이 있다.

위에서 언급한 클라우드 컴퓨팅의 대표적인 3가지 서비스 모델 이외에도 다음과 같은 6가지 서비스 모델들이 있을 수 있다.

① AaaS(Architecture as a Service): 가상화 기술(Virtualization Technology)과 같은 아키텍처 구성을 위한 기술들을 제공하는 서비스 모델이다.
② BaaS(Business as a Service): 비즈니스(경영, 마케팅, 제조, 인사, 프로세스, 재무 등) 전반에 걸친 기능들을 제공하는 서비스 모델이다.
③ FaaS(Framework as a Service): 서비스 개발에 필요한 프레임워크들을 사용법, 실체 등을 포함하여 제공하므로 서비스 구성을 도와주는 서비스 모델이다.

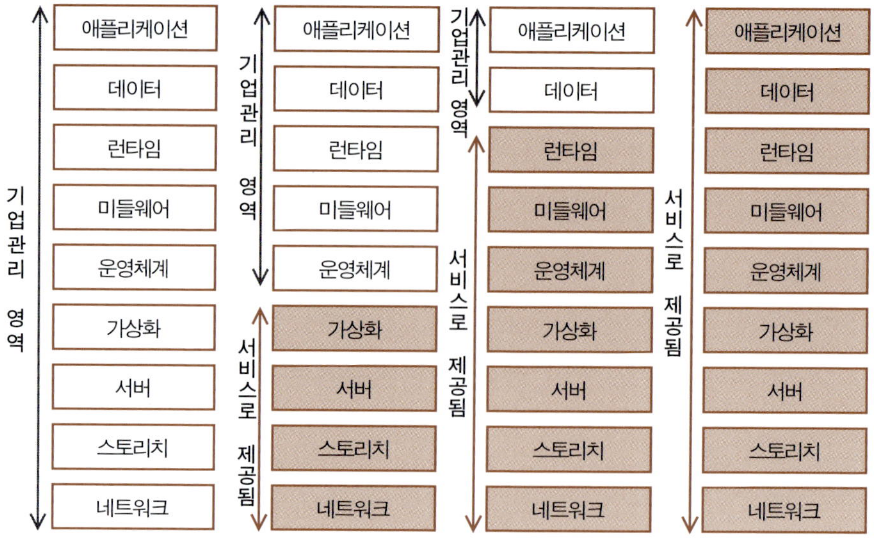

[그림 9-2] 클라우드 서비스 유형 비교

출처: Microsoft, 교보증권 리서치센터.

④ HaaS(Hardware as a Service): IaaS와 동일 개념으로, 컴퓨팅 능력(Compute)이나 저장 장치, 데이터베이스 등과 같은 물리적 공간을 총괄적으로 제공하여 컴퓨팅 서비스를 제공하는 서비스 모델이다.

⑤ IDaaS(Identity as a Service): Identity와 관련된 서비스를 제공하는 서비스 모델이다.

⑥ CaaS(Communication as a Service): IT망을 기반으로 한 음성 기반 서비스로 기간 통신이 아닌 별정 통신과 같은 부가 통신 사업자가 제공하는 서비스 모델이다.

2) 클라우드 컴퓨팅 기술

클라우드 컴퓨팅을 구성하기 위한 공통적인 기술 요소들로는 분산 컴퓨팅, 가상화, 시스템 관리, 서비스 플랫폼, 모바일 플랫폼 기술 등이 있다. 모바일 플랫폼은 엄밀히 말하면 클라우드 컴퓨팅을 구성하기 위한 핵심 공통 기술 요소는 아니지만, 현재 휴대폰 등 모바일 기술과 관련해서 많은 관심을 가지고 있고 다른 매체와의 유연한 연동을 위해 필요한 기술이기 때문에 함께 설명하고자 한다.

① 분산 컴퓨팅

분산 컴퓨팅은 클라우드 컴퓨팅 하드웨어를 구성함에 있어 인트라넷 또는 인터넷으로 연결된 다수의 컴퓨팅 자원을 하나로 연결하는 기술을 말한다. 분산 컴퓨팅과 관련한 기술로는 분산 파일시스템, 분산 데이터베이스 등이 있다. 분산 컴퓨팅에서는 독립적인 파일 시스템 및 데이터베이스를 단일 시스템으로 인지하고 접근할 수 있도록 하며 대용량 데이터들에 대한 빠른 처리 속도를 가져올 수 있도록 하는 기술이다.

② 가상화

클라우드 컴퓨팅에서 가상화는 자원 가상화(Resource Virtualization)를 의미하며 자원 가상화는 스토리지 볼륨, 네임 스페이스, 네트워크 자원 등과 같은 구체적인 시스템 리소스에 대한 가상화를 의미한다. 서버, 스토리지, 네트워크가 클라우드 컴퓨팅에서의 대표적인 가상화 대상이다.

③ 시스템 관리

클라우드 컴퓨팅에서 시스템 관리는 사용자 가상 컴퓨팅 환경을 제공하고, 제공된 가상 시스템을 사용자가 모니터링하며, 사용자 서비스별 자원 활용 정도에 따른 동적인 자원 활당 및 동적 스케줄링을 제공해 준다. 또한 클라우드 컴퓨팅을 구성하고 있는 주요 시스템 솔루션 마스터들에 대한 관리로 시스템 전체의 고가용성을 보장한다.

④ 서비스 플랫폼

서비스 플랫폼은 사용자들이 클라우드 컴퓨팅 인프라에 사용자 고유의 응용 또는 인터넷 서비스를 구축하기 위한 인터페이스를 구축한다. 서비스 플랫폼에서는 프로그래밍 언어의 인터프리터 환경 등과 같은 소프트웨어 개발 환경들과 보유 서비스들의 API(Application Programming Interface)를 제공하여 연결 가능하도록 한다. 또한 협업을 위한 인터페이스, 대용량 데이터처리를 위한 분산 병렬 처리 환경, 데이터베이스 인터페이스 등을 서비스 플랫폼으로 제공하기도 한다.

⑤ 모바일 플랫폼

모바일 플랫폼은 모바일 장치(Mobile Device)에서 다른 애플리케이션들이 잘 돌아갈 수 있게 플랫폼 역할을 하는 실행 환경을 말한다. 모바일 기기도 일반적인 컴퓨터처럼 iPhone, Windows Mobile과 같은 모바일용 운영 체제가 나오면서 운영 체제 자체가 플랫폼 역할을 대신하게 되었다. 모바일 플랫폼은 응용 프로그램 관리와 API(Application Programming Interface) 관리 기능을 포함하고 있으며, 응용 프로그램 플랫폼으로는 Java, BREW, Flash Macromedia, i-mode 등이 있다. 모바일 플랫폼 기능으로서 운영 체제는 RIM OS, Window Mobile, Android, iPhone 등이 있으며, 그 구조에 따라 전문 OS, VM 모드 OS, 개방형 OS로 분류된다.

3) 클라우드 컴퓨팅 동향

(1) 해외 동향

마이크로소프트는 글로벌 2위 사업자로 2010년 2월 Azure(에저) 서비스 런칭으로 Window, MS Office 등 전통적 제품과 시장 지배력으로 2011년 Pass, 2013년 laaS 분야에 진입하여 서비스를 제공 중이다. 클라우드 서비스가 활성화되면서 주가에도 많은 영향을 미쳤다. 아마존은 글로벌 1위 사업자로 2002년 공용 클라우드 중심으로 AWS(Amazon Web Service)를 시작해 현재는 laaS 클라우드 서비스가 대표적이다. 다양한 선택의 폭과 저렴한 가격, 데이터베이스 선택에 대한 폭이 커서 시장 점유율이 가장 높다. 그리고 자동화되고 실용적인 AI플랫폼과 서비스를 사용한다. IBM은 2005년에 설립된 SoftLayer를 인수하면서 2013년에 클라우드를 제공하기 시작하였으며, 인공지능 시스템인 왓슨(Watson)과 PaaS를 기반으로 IBM의 다양한 IT자원을 활용하고 있다. 구글은 2010년 크롬 OS를 통해 SaaS기반 서비스를 처음 시작하였으며 점차 IaaS, PaaS로 확대하며 Google Cloud platform을 통해 빅데이터 관련 사업으로 발전시키고 있다.

(2) 국내 동향

LG CNS는 2002년 스토리지와 백업영역에 컴퓨팅 도입을 시작으로 2015년부터 중견기업 및 대기업 대상 프라이빗(Private) 클라우드 서비스를 본격적으로 제공했다. IaaS, PaaS, SaaS 전 분야에 걸쳐 서비스가 가능한 만큼 데이터센터, 호스팅, 스토리지 등 이용자가 원하는 서비스를 전 분야에 걸쳐 자동화 기능을 통해 제공한다.

SKT는 2009년 IBM과 협력하여 PaaS 기반 환경을 구축한 후 기업을 대상으로 2011년 IaaS, 2013년 SaaS로 분야로 진입하였다. 기업 이외에도 개인 고객을 대상으로 인공지능 음성인식 디바이스 '누구(NUGU)'를 클라우드에 연결하여 개인 비서 서비스를 제공하고 있다. T bizpoint는 웹, 에이전트 등을 이용해 서비스(그룹웨어, 문서보안, 메일, 콜센터 등)를 기업에 제공한다.

KT는 2010년 개인용 클라우드 서비스를 시작으로 IaaS 기반 서비스를 오픈하였다 2011년 기업용 클라우드 서비스로 사업을 확대했다. uCloud biz 서비스는 IaaS 기반으로 제공하며, IT자원을 공유하지 않고 별도의 인프라로 운영되는 VPC(Virtual Private Cloud) 방식의 특화된 서비스를 금융권, 공공기관 등에 제공한다.

코스콤은 한국정보화진흥원에서 오픈한 개방형 PaaS(파스-타 (PaaS-Ta))를 기반으로 'K파스-타'를 개발했다. 서비스 이용자는 별도의 장비 도입 없이 운영 환경(개발언어, 어플리케이션 서버, DBMS 등)을 선택한 후 제공된 플랫폼을 통해 개발 및 대고객 서비스 제공한다.

3 클라우드 컴퓨팅 서비스의 미래와 당면과제

클라우드 컴퓨팅 서비스는 시간과 리소스에서 효율적이고 경제적이다. 인프라를 선택하고 구축 완료하기까지의 시간이 몇 분 안에 가능하다. 그리고 구축된 인프라가 모자라서 서비스를 지속할 수 없는 난감한 상황을 맞이하거나 계획보다 너무 버려지는 인프라가 많아 비용이 낭비될 때도 있었는데 클라우드 컴퓨팅 서비스는 실시간으로 자유롭게 증감할 수 있고 합리적인 비용이어서 유연한 대응이 가능하다.

1) 서비스의 미래

SaaS(Software as a Service)는 비즈니스와 소비자들이 초기 클라우드 서비스를 맛볼 수 있는 유연하고 경제적으로 매력적인 문을 열어 놓았다. IaaS(Infrastructure as a Service)와 PaaS(Platform as a Service)의 성장은 퍼블릭과 프라이빗 부문에서 사용할 수 잇는 클라우드 솔루션의 수를 늘려놓았다. 더 많은 조직들이 클라우드가 보장하는 단순성과 고성능을 활용하게 될 것이다.

운영을 간소화하고 자사의 고객들이 서비스에 더 쉽게 접근하게 만들고 싶어하는 기업들은 자사의 비즈니스 프로세스에 SaaS, IaaS 및 PaaS를 통합하는 방향으로 더욱 적극적으로 움직이게 될 것이다.

클라우드 서비스가 비즈니스 운영의 핵심적인 요소가 되면서 데이터 스토리지가 폭발적으로 증가할 것으로 예상된다. 이를 위해 서비스 업체들은 더 큰 용량의 스토리지 장비를 갖춘 데이터센터를 더 많이 개설할 것이다. 데이터센터 소유주들이 가용 스토리지 증가를 위해 움직이고 있는 동안, 미래지향적인 기업들은 자사의 목표를 달성하기 위해 그런 공간을 활용할 수 있게 될 것이다. 예를 들면, 빅데이터 작업을 하고 있는 기업들은 대규모 데이터 세트를 저장하고, 데이터 세트에 대한 분석작업을 수행해서, 고객 행태, 인간 시스템, 그리고 전략적 금융 투자 같은 분야에 대한 가치 있는 통찰력을 얻기 위해 늘어난 저장 용량을 활용할 것이다. 중소기업의 경우, 증가된 스토리지 용량은 저렴한 가격으로 맞춤형 또는 개인 맞춤형 스토리지 옵션을 제공하게 될 것임을 의미한다.

(1) 클라우드로 변화된 세상 1: 집(Connected Home)

아침에 일어나면 미리 설정해 둔 시간에 따끈한 모닝커피와 토스트가 준비되어 있다. 지난밤에 수면 상태를 분석해 그에 맞는 음악이 흘러나온다. 간단한 아침식사와 더불어 출근 준비를 하는 동안 오늘의 주요 뉴스를 스피커를 통해 브리핑 해준다. 서버에 저장되어 있는 나의 주요한 스케줄에 대해서도 간략히 리뷰를 해주어 오늘 할 일에 대해 기억을 상기시켜 준다.

그리고 클라우드 서버에 있는 내/외부 정보를 조합하여 비가 올 텐데 우산을 챙기라든지, 햇볕이 너무 강하니 선글라스를 준비하라는 등의 날씨 정보를 제공해주어 달라지는 날씨에 미리 대비할 수 있도록 도와준다. 회사에서 일하는 동안 모바일 앱을 통해 로봇 청소기를 조정하고 집안의 온도와 습도를 확인하여 창문을 열고 닫을 수 있다. 그리고 주말에는 평일에 핸드폰에서 보았던 영화를 거실 TV를 통해 연결해서 보며 클라우드 스토리지에 TV, PC, 태블릿, 스마트 폰 모두가 연결되어 원하는 영화와 음악을 각자의 방에서 원하는 기기로 언제나 똑같이 보고 들을 수 있다. 편리하고 아늑한 집에서 행복이 더욱 커져 갈 수 있다.

(2) 클라우드로 변화된 세상 2: 오피스(Unplugged Office)

오피스의 모든 환경이 무선이고 모든 업무는 자동으로 클라우드 저장 공간에 업로드 되어 별도로 미팅을 통해 보고하지 않아도 업무에 대한 현황 및 성과를 볼 수 있다. 외부 미팅이 있을 때에도 PC 없이 이동하여 스마트 안경을 통해 빔을 연결하고 무선 키보드를 연결하여 본사의 회의내용을 모두 확인하고 공유할 수 있다. 직접 출장가지 않아도 화상회의를 통해 클라우드 서버에 올린 문서를 활용하여 옆에 있는 것처럼 대화하고 논의할 수 있다. 필요한 영상자료 시현도 모두 가능하기 때문에 생산적이고 효율적으로 일할 수 있다. 사무실도 이제 더 이상 개인 좌석이 없다. '모바일 오피스(Mobile office)'라는 개념이 도입되어 이미 실시하고 있는 회사들이 외국계 회사를 중심으로 있지만 더 발전할 것이다. 홍채나 지문을 인식하여 사무실에 들어가면 도서관이나 공유 오피스처럼 출근해서 앉게 된 빈자리가 오늘 나의 자리가 된다. 개인 사물함에서 노트북 및 사무용품을 가져와서 사용하게 된다. 상사와 미팅을 잡기위해 클라우드 서버에 접속하여 상대방의 스케줄을 확인하고 비어 있는 시간에 예약을 위한 미팅 요청 메시지를 보내게 된다. 그러면 자동으로 미팅 요청 메일이나 메신저가 상대방에게 전달되고 전달을 수락하게 되면 미팅이 진행된다. 상사와도 부하직원과도 별도의 미팅 약속 없이 만날 시간이 주어지지 않는다. 따라서 관리 감독하는 업무 체계에서 벗어나 스스로 업무를 설계하고 추진하고 피드백을 받는다. 이러한 업무 환경은 재택근무에도 활용할 수 있고 다른 공간에서도 언제든 일할 수 있어 일과 삶이 균형을 이룰 수 있게 된다.

(3) 클라우드로 변화된 세상 3: 병원(remote medical service)

병원은 몸에 이상이 오고 많이 아파야 치료 받기 위한 곳으로 생각되어져 왔다 특히 종합병원은 예약 없이 병원에 가면 오랫동안 기다리게 되고 때로는 치료를 받고 오지 못할 경우까지 생기게 된다. 또한 병의 원인을 잘 모를 경우 검사에만도 시간을 많이 써야 하고 그 사이에 병은 자라서 심각한 상황에 오게 된다. 클라우드 서비스가 도입되면 나의 건강상태를 매일매일 순간순간 자동으로 저장하여 분석하고 나를 담당하는 의사가 병원에서 모니터링할 수 있다. 그리고 몸에 검진이나 치료가 필요할 경우 원격으로 상태를 확인하고 조치할 수 있다. 기존에 쌓여 있는 데이터를 통해 병의 원인을 찾거나 진료에 훨씬 더 정확하고 빠르게 의사결정을 할 수 있다. 따라서 치료를 위한 병원이 아니라 예방을 위한 병원으로 목적이 전환된다. 한 번의 치료와 약을 처방 받기 위해서가 아니라 일상의 나의 삶에서의 교정을 해 줄 수 있는 수단이 된다. 치료의 방법도 나와 비슷한 체질 및 상태를 가진 환자들의 정보를 취합 분석하여 그에 맞는 처방을 내릴 수 있어 병의 치료 기간을 줄이고 재발도 막을 수 있다. 개개인의 건강한 삶을 지속적으로 유지할 수 있는 방법이 생기기에 건강하고 밝은 사회를 이룰 수 있다.

(4) 클라우드로 변화된 세상 4: 학교(Global Experience Education)

기존의 학교는 성실함이 가장 필요한 덕목이었다. 매일매일 출석하고 집중하여 수업을 듣고 친구들과 한 교실에서 놀면서 사교성을 기르는 것, 이것이 일반적인 학교에서 일어나는 일이다. 미래의 학교는 매일 학교에 나와 선생님과 친구들을 만날 필요가 없다. 사이버로 출석 체크를 하고 학교 클라우드 서비스에 접속해서 선생님이 올려 주신 주요한 파일을 다운받고 내가 제출해야 할 과제를 업로드 한다. 기존의 편적 지식 습득 기반의 수업, 수학공식과 영어단어를 외우고 확인받고 매일 오프라인으로 노트나 책에 확인 도장을 받는 방식에서 벗어나 PC, 모바일, 태블릿을 활용하여 학생 모두가 참여하고 여러 생각과 의견을 모아 지혜를 키우는 세상이 되었다. 전 세계의 좋은 강의를 제휴된 학교와 직접 클라우드 서버를 접속해 들을 수 있고, 다른 나라 학생들과 함께 토론하며 생각을 교류할 수 있다.

또한 가상현실, 증강현실을 통해 우주에 직접 다녀 온 것과 같은 체험을 하고 사라진 공룡을 데려오기도 한다. 주어진 과목도 학생들의 선호에 따라 온라인으로 직접 수강신청 할 수 있고 기술을 접목한 교과서들이 즐비하다. 다양한 교육 정보들이 각국의 언어로 통역이 되어 선생님의 역할을 대신해 줄 수 있다. 학습 과정을 완료하면 게임 형태의 퀴즈를 풀면서 리워드를 받을 수 있다. 새로운 형태의 학습을 즐기며 학습 효과는 배가 된다. 실제로 고등 교육을 받기 어려운 환경에 있어도 인터넷이 연결되고 자신의 의지가 있다면 누구나 자유롭게 수준 높은 교육을 받을 수 있는 시대가 오게 된 것이다.

2) 당면과제

클라우드 컴퓨팅은 복잡한 인프라 관리 체계를 쉽게 해주고 전 세계 데이터 센터를 여러 개 보유하고 있어 글로벌 서비스를 하는데도 쉽게 접근이 가능하다. 기업이 인프라와 IT기술을 활용하는 데 많은 도움을 주면서 블루오션으로 부상하고 있다. 그러나 그에 따른 문제점도 계속 대두되고 있어 앞으로 해결해 나가야 할 커다란 과제이다.

(1) 보안 강화

클라우드 컴퓨팅 서비스의 강점으로 클라우드 사업자들의 기술력과 전문성으로 철저한 보안 관리를 내세우고 있다. 그렇지만 클라우드 컴퓨팅 서비스는 일반적으로 여러 고객이 시스템 환경을 공유하는 방식으로 되어 있기 때문에 기업 내부에서는 기업의 핵심 정보가 대량으로 유출될 수 있다는 가능성을 배제하기가 어렵다. 가상화 기술의 발전에 따라 보안에 대한 투자도 더 많이 이루어지고 있지만 주요한 데이터들이 어떻게 다루어지고 있을지 의심이 일어날 수 있는 상황이다.

가상화 환경은 외부로부터 공격 경로가 더욱 다양해 질 수 있는 환경이라 악성코드 전파가 쉽고 사이버 공격도 늘어나고 있다. 또한 사물인터넷 시대를 맞이하면서 데이터가 들어오는 접점이 무한대로 늘어나고 있기 때문에 외부로부터의 보안 위협이 커지고 있다.

(2) 부적절한 접근권한관리

합법적인 사용자나 운영자가 아니라 제3자가 엑세스를 하고 데이터를 열어 보고 수정하고 삭제하며 무단접근을 할 수 없도록 해야 한다. 제3자가 도용한 인증 정보를 활용해서 클라우드 컴퓨팅 서비스의 중요한 영역에 접근하여 활동내역과 거래내역을 확인한다. 그리고 운영되어지고 있는 데이터를 조작하여 다른 형태의 정보로 바꾸고 불법적인 비즈니스를 하기도 한다. 클라우드 컴퓨팅 서비스를 제공하는 기업은 서비스 관리를 위해 필요한 사용자의 인터페이스나 API를 노출하는데 이러한 것들이 악용되면 이는 조직과 사용자에게 엄청난 피해를 줄 수 있다. 부적절한 엑세스로 판단된다면 초기에 해결할 수 있도록 조치하는 것이 필요하다.

(3) 데이터 백업

클라우드 컴퓨팅 서비스를 이용하면 할수록 점점 더 의존도가 높아진다. 인프라

관리자를 고용하지 않아도 되고 고용했더라도 상대적으로 많은 부분에 대해 기술적으로 정책적으로 클라우드 업체에 의존해서 처리하게 된다. 이러한 이유로 시간이 지날수록 벗어나기 어려워지는데 서비스에 대한 장애 특히 데이터에 대한 손실이 생겼을 경우 문제가 심각해질 수 있다. 그래서 데이터에 문제가 발생했을 때 백업받을 수 있는 기능을 설정하도록 해야 한다. 언제 발생 될지 모른다고 대비하지 않고 있다가 문제가 발생된 후 처리를 하려고 하면 내부에서 관련 개발자를 확보하는 것도 쉽지 않고 백업이나 복원이 쉽지 않다.

(4) 개발 지원과 표준화

클라우드 컴퓨팅 서비스가 구축에 효율적이고 경제적이지만 서비스를 운영하는데 있어서의 비용은 결코 저렴하다고만 할 수 없다. 또한 플랫폼 서비스를 이용하거나 클라우드가 제공하는 기술을 추가로 이용하게 되면 그 비용이 만만치 않다. 그 이유는 국내에서는 클라우드 컴퓨팅 기술을 가지고 있는 개발자를 확보하기 어렵고 수요에 대해 컨설팅을 해주는 인력도 부족한 실정 때문이다. 이러한 부분을 해결하기 위해서는 적극적인 개발 지원과 클라우드 컴퓨팅 기술의 표준화가 필요하다. 표준화가 이루어지면 클라우드 컴퓨팅 서비스 간 이동이 자유롭고 고객관점에서의 지원과 서비스도 확장될 것이기 때문이다.

(5) 내부 프로세스 개선

개인과 기업은 클라우드 컴퓨팅에 대한 정보가 상대적으로 충분하지 않다. 따라서 클라우드 컴퓨팅 서비스가 어떻게 활용될 수 있을지에 대한 예측이 쉽지 않다. 개별 개인 및 기업에 어떠한 영향을 줄 수 있을지 충분히 판단하고 업체를 결정하는 것이 중요하다. 특히 IT전문가는 비즈니스의 목표 상황을 이해하여 구매, 구축, 관리할 클라우드 서비스에 대한 논의를 시작한다. 클라우드 컴퓨팅 서비스의 옵션에 대한 선택도 향후 기업의 변화와 발전 방향에 따라 신중한 고민이 필요하다.

경영진이 나서서 기업 전체가 서비스에 대해 기본적인 이해와 관심을 가질 수 있는 기업의 분위기 조성을 만들고 이에 따라 설정한 목표를 현실적으로 달성하는데 필요한 리소스를 IT팀이 주축이 되지만 연관된 부서들과 함께 의사 결정하여 추후 평가할 수 있도록 해야 한다.

4 데이터베이스 기술

IT산업이 만드는 세상에서는 모든 것이 데이터와 연결되어있다. 데이터는 정보를 만들어 낼 수 있는 원재료이고 관찰이나 측정을 통해 알게 된 사실이나 값을 의미한다. 그런데 이 데이터들이 모여서 기업의 혁신을 이끌어 내고 있다.

페이스북과 구글, 네이버와 카카오톡과 같은 SNS나 포탈 사업자가 아니더라도 에어비앤비, 아마존, 애플, GE, 테슬라, 현대자동차, 삼성전자, SK 모두 데이터사업자가 되고자 한다. 도대체 어떠한 이유로 업종에 관계없이 데이터에 대해 관심을 갖게 하고 데이터를 수집하고 활용하는데 많은 투자를 하게 할까?

급변하는 산업 환경 속에 불확실성이 커지는 디지털 시대에는 산업 간의 경계가 더 이상 존재하지 않는다. 따라서 기존 산업체계가 아닌 새로운 관점에서의 사업모델이 필요한데 이것을 구상함에서 가장 영향력 있는 도구가 바로 데이터이다.

수집된 데이터를 가공하여 의미 있는 해석을 만들고 이렇게 정확한 정보가 만들어지면 비즈니스 환경에 대해 효율적인 의사결정을 할 수 있게 된다는 것이다.

1) 데이터베이스의 정의

데이터베이스는 체계화된 데이터를 모아서 관리하는 기술로 일관성 있게 효율적으로 데이터를 중복시키거나 누락시키지 않는다. 데이터베이스로의 역할을 수행하려면 다음과 같은 네 가지 조건을 만족해야만 하는데 바로 통합, 저장, 운영, 공유이다.

(1) 통합 데이터

데이터를 한 곳에 모아 두어야 한다는 뜻이다. 데이터가 여기저기 흩어져 있다면, 데이터베이스가 될 수 없으며, 반드시 데이터는 한 곳에 통합해두어야 한다는 것이다. 또한 데이터베이스를 구성할 때 동일한 데이터가 여러 개 존재하면, 중복되는 데이터들을 갱신(수정)하거나 삭제할 때 어려움과 혼란이 따르기 때문에 데이터 중복성은 허용하지 않는다. 예외적으로 효율적 활용을 위해 이를 허용하는 경우가 있다고는 하지만 기본적으로 데이터의 중복을 최소화하는 통합 데이터라고 할 수 있다.

(2) 저장 데이터

데이터가 한 곳에 모여 있다고 해서 데이터베이스가 될 수는 없다. 데이터베이스가 되기 위해서는 반드시 컴퓨터가 접근할 수 있는 저장 매체에 저장되어 있어야 한다는 것이다. 데이터베이스에 저장되어 있는 데이터들을 활용하기 위해서는 어떠한 기록 장치에든 저장되어 있어야 할 것이다. 장부에 적혀 서랍 속에 보관되어 있는 데이터들이라면 종이에 적혀 저장돼 있겠지만, 대부분 데이터베이스는 컴퓨터가 접근하기 때문에 컴퓨터가 접근하여 활용할 수 있도록 하드디스크 등의 매체에 저장돼 있어야 할 것이다.

(3) 운영 데이터

필요한 데이터를 의미하는 것이다. 필요 없는 데이터를 모아두는 것은 의미가 없다는 뜻이기도 하다. 즉, 데이터베이스의 데이터는 조직을 관리하고 주요 기능을 수행하기 위해 꼭 필요하고 지속적으로 유지해야 할 필요가 있는 데이터를 말하는 것이다. 데이터 유효기간을 설정하고 지속적으로 업데이트 하는 이유가 여기에 있다.

(4) 공유 데이터

데이터베이스는 여러 사람 또는 여러 응용 시스템에서 공유 및 공용될 수 있어야 한다는 것이다. 데이터베이스의 기본적인 목적은 여러 사람이 데이터를 공유해 함께 활용하는 것이기 때문에 데이터베이스를 조직 내 여러 사용자가 함께 소유하고 이용할 수 있는 공유 및 공유 데이터라고 말할 수 있다. 이를 위하여 데이터베이스는 다양한 목적을 위해 사용될 수 있도록 구성해야 한다.

2) 데이터베이스의 특징

데이터는 시대에 따라 가치에 대한 기준과 활용이 많이 달라질 수 있지만 본질적인 특성에는 변함이 없다. 컴퓨터가 상용화되기 전에 데이터는 일을 하는 과정에서 자연스럽게 얻어지는 부산물이었다. 컴퓨터의 상용화 이후, 기업들이 데이터의 활용에 관심을 갖게 되면서 데이터는 기업의 주요한 자산이 되었다. 데이터의 특징은 실시간 접근성, 진화성, 동시공유, 활용성으로 요약해 볼 수 있다.

(1) 실시간 접근성

데이터베이스의 데이터들은 상호 밀접한 관계로 연결되어 있어야 하고, 실시간으로 데이터를 저장하고 읽어올 수 있어야 한다. 즉, 데이터베이스는 사용자의 데이터 요구에 실시간으로 응답할 수 있어야 한다는 것이다. 사용자의 특성이나 서비스 유형에 따라 응답시간은 다를 수 있지만 일반적으로 실시간 접근을 통해 사용자의 요청에 따라 원하는 데이터를 제공할 수 있어야 한다.

(2) 진화성

데이터베이스의 데이터들은 동적인 성격을 가지고 현실을 정확히 반영할 수 있어야 한다. 끊임없이 변화하는 상황에 대한 반영을 통해 정확한 상태를 파악할 수 있게 하는 것이 중요하다. 만약 사용자가 저장되어 있는 데이터를 변경하였음에도 바로 처리, 적용하지 못하고 있다가 혼돈된 상황이 벌어질 수 있다. 데이터는 흐르는 시간을 반영하여야 하고 따라서 계속 삽입, 삭제, 수정의 과정이 필수적으로 필요하다.

(3) 동시공유

데이터베이스는 서로 다른 사용자 및 시스템에서 동시에 접근하여 사용가능하여야 한다. 이러한 동시공유는 사용자가 서로 다른 데이터를 동시에 사용하는 것뿐만 아니라, 같은 데이터를 동시에 사용하는 것도 모두 지원한다는 의미이다. 이는 단순히 여러 사용자가 데이터를 함께 사용한다는 것과는 개념이 다르다고 할 수 있다.

(4) 활용성

데이터베이스는 사용자가 데이터 저장 위치를 정확히 알지 못해도 그 내용, 즉 키워드로 데이터에 접근이 가능해야 한다. 예를 들어 데이터의 조건을 설정하고 이에 맞추어 관련된 데이터를 찾는 일이다. 이러한 특징을 가진 데이터베이스는 컴퓨터에서 DBMS(Data Base Management System, 데이터베이스 관리시스템)라는 프로그램을 사용하여 구축되고 관리된다. DBMS는 사용자가 컴퓨터에서 데이터베이스를 만들고, 유지, 관리할 수 있도록 해주는 프로그램으로, 데이터와 응용프로그램 사이에서 중재자 및 모든 프로그램들이 데이터베이스를 유용하게 활용할 수 있도록 관리해 주는 소프트웨어를 말하는 것이다.

5 빅데이터 분석

페이스북의 경우 매출이 5조 원 정도 수준인데 IPO(Initial Public Offering, 기업공개)시 그 가치는 100조 원에 달했다. 이것은 페이스북이 갖고 있는 데이터 기반으로 전개할 수 있는 다양한 비즈니스의 가능성이 매우 높기 때문에 이를 긍정적으로 평가한 것으로 볼 수 있다.

결국 유용하고, 가치가 있는 데이터들을 얼마나 많이 시스템에 갖고 있느냐 하는 것이 중요한 시대가 된 것이다. 이러한 것들을 고려해 볼 때, 결국 빅데이터란 '기존 IT시스템이 데이터를 수집, 관리, 분석하는 역량을 넘어서는 대규모의 방대한 데이터'라고 말할 수 있다. 아니 종래에는 볼 수 없었던 "다양한 형태의 데이터가 빠른 속도로 생성되는 대량의 데이터"라고 말할 수 있다.

1) 빅데이터 특성

빅데이터의 특성으로는 규모증가, 다양성 증가 등의 특성들이 있다.

구분	주요 내용
규모(Volume) 증가	- 기술적인 발전과 IT의 일상화가 진행되면 해마다 디지털 정보량이 기하급수적으로 폭증 → 제타바이트(ZB) 시대로 진입
다양성(Variety)의 증가	- 로그기록, 소셜, 위치, 소비, 현실데이터 등 데이터 종류의 증가 - 텍스트 이외의 멀티미디어 등 비정형화된 데이터 유형의 다양화
속도(Velocity)의 증가	- 구조화되지 않은 데이터, 데이터 저장방식의 차이, 중복성 문제 등 - 데이터 종류의 확대, 외부 데이터의 활용으로 관리대상의 증가 - 데이터 관리 및 처리의 복잡성이 심화되고 새로운 기법 요구
복잡성(Complexity)의 증가	- 사물정보(센서, 모니터링), 스트리밍 정보 등 실시간 정보 증가 - 실시간성으로 인한 데이터 생성의 이동(유통) 속도의 증가 - 대규모 데이터 처리 및 가치 있는 현재 정보(실시간) 활용을 위해 데이터 처리 및 분석소고가 중요

2) 빅데이터 단계별 특징

(1) 빅데이터 1단계: 데이터 창출

기계 및 센서, 라이프 로그, 위치정보, 모바일 앱 등 다양한 빅데이터를 무의식적으로 경험하는 것이다. 소셜 미디어, 이메일과 문자 등 여러 가지 데이터들이 하루에도 측정할 수 없는 크기로 창출된다.

빅데이터 1단계, 즉 데이터를 최대한 생산해서 거대한 정보의 집합체로 만드는 과정이다. 이 단계에서는 데이터의 엄청난 규모, 다양한 종류, 빠른 생성 속도에 대응해야 한다.

(2) 빅데이터 2단계: 데이터 획득

엄청난 규모의 데이터가 쌓이다 보니 해당 데이터를 특정 공간에 담아 넣어 보관할 필요성을 느끼게 되었다. 그러나 늘어나는 데이터의 양은 감당하기 어렵고 저장할 수 있는 공간은 한정적이다. 그래서 필요한 것이 클라우드이다. 현실 공간을 넘어 가상의 공간에 수많은 데이터들을 안정적으로 보관하고 관리할 수 있다. 이것이 2단계로 분류할 수 있다.

(3) 빅데이터 3단계: 정보 처리

엄청난 규모의 데이터를 잘 정리해 보관하다보니 그 데이터 중에서 의미 있는 것을 찾고 양질의 데이터로 분류하여 보관하고 싶은 니즈가 생긴다. 처음엔 양이 중요하지만 시간이 갈수록 정말 쓸모 있는 데이터가 어떤 것인지 궁금해지고 그것에 대한 관리가 하고 싶어진다. 이것이 바로 빅데이터 분석 및 가공 솔루션이다. 대기업뿐 아니라 중소기업에서도 솔루션을 도입하여 그동안의 경험과 노하우를 저장하고 관리한다. 일반적인 데이터를 가치 있는 데이터로 전환하는 작업 이것이 3단계이다.

(4) 빅데이터 4단계: 비즈니스 프로세스

빅데이터 1~3세대를 지나 가치 있는 데이터를 구축할 수 있는 단계에 이르렀다. 이제는 빅데이터를 통해 비즈니스 모델을 만드는 작업이 필요하다. 고객들에게 매력적인 상품과 서비스를 제공하고 수익을 창출할 수 있는 단계로 이용료, 중계수수료, 입점료, 광고수익 등 다양한 형태로 창출된다. 이것이 바로 4단계에 해당된다.

6 빅데이터 비즈니스 사례

초기 인터넷 기업들이 많은 투자를 받고 사용자를 유치하기 위해 많은 노력을 했지만 서비스의 이용률이 높아지고 사용자 수가 증가하는 것에 비례하여 수익이 창출되지는 않는다는 것이 수많은 인터넷 기업의 몰락으로 증명되었다. 결국 기본이 탄탄한 비즈니스 모델이 구축될 때 기업은 수익을 창출하여 성장할 수 있는 기반이 된다. 비즈니스 모델은 고객이 원하는 가치를 제공하고 그에 따른 이익을 실현하는 것을 의미한다. 빅데이터 비즈니스 모델과 기존 비즈니스 모델의 차이점은 수익을 창출하는 대상이 데이터와 데이터에 연계된 가치에 있다는 것이다.

1) 데이터 비즈니스의 3요소

(1) 데이터

기업 경쟁력의 가장 중요한 요소로 데이터 자체나 데이터를 분석해서 얻은 결과를 가지고 차별적인 가치를 제공하는 것을 의미한다. 오랜 시간을 두고 축적되어진 데이터는 쉽게 따라하기 어려운 자산이고 지속적으로 데이터를 수집 분석해 본 부분 역시 막대한 경쟁력이 될 수 있다. 흐르는 데이터는 살아있는 유기체와 같아서 분석에 대한 집행 경험이 쌓이면 쌓일수록 정확도가 높아진다.

(2) 플랫폼

데이터와 고객 경험을 연결하는 통로로 데이터 공급자와 수요자가 만나 고객에게 새로운 경험을 제공하는 공간이다. 어떠한 관점에서 어떠한 방식으로 데이터에 접근하여 활용할 수 있는 플랫폼을 구현하느냐가 중요하다. 구글의 유튜브, 페이스 북도 모두 데이터 플랫폼이다. 이들의 빅데이터 큐레이션을 통해 서비스를 전달받고 비즈니스 모델도 계속적으로 발전시키고 있다.

(3) 고객경험

빅데이터 기업들은 기존 문제를 새로운 방식으로 풀어서 고객에게 가장 적합한 서비스를 제공함으로 고객의 만족도를 높이는 것이다. 고객들이 남긴 다양한 라이프 로그를 종합하여 성향을 분석하고 그에 맞는 음악, 그에 맞는 영화, 그에 맞는 게임 그리고 다양한 생활 서비스를 제공하게 된다. 고객 자신보다 고객에 대해 더 잘 이해하고 설명해 줄 수 있는 데이터들이 쏟아질 때 고객 경험은 더욱 풍부해 질 수 있다.

2) 빅데이터 비즈니스 사례

(1) 금융

신용이 낮은 사람들에게 신용등급을 재평가해서 빅데이터를 이용해 대출을 제공한다. 일반적으로 몇십 개의 변수로 개인의 신용도를 평가하는데 이 업체는 수만개 이상의 변수 데이터를 수집하여 구글의 기계학습을 활용 개인의 신용도를 분석한다. 기존 방식에 비해 60% 개선되었고 대출상환율도 90% 높아졌다.

(2) 통신

이동통신사의 가장 큰 고민은 고객이 다른 통신사로 이탈하는 것이다. 이러한 이탈의 징조를 알아 미리 예방하기 위해 다양한 가설을 수립하고 분석했다. 통화품질, 서비스 저하, 금전적 문제, 가족요금제, 경쟁사마케팅 등을 분석하며 통화빈도가 줄어들 때가 이탈의 징조라고 생각했는데 실제로는 가까운 지인의 이탈이 가장 크게 영향을 미친다는 사실을 알아냈다. 이를 위해 통화기록데이터를 분석 자주 통화하는 사람들과의 관계도를 만들었다. 고객이탈의 특정패턴을 찾아낸 후 특별 마케팅을 한 결과 이탈률이 3분의 1로 감소했다

(3) 경영

소셜미디어 데이터로 기업의 위험을 파악해 사전에 알람을 주는 서비스로 새로운 기술이 출현하거나 고객의 선호도가 바뀌거나 내부에서 갈등이 있거나 이런 부분을 파악해 대응하는 것은 기업의 생존과 관련이 된다. 제품에서 상한 음식을 고객이 발견하였는데 초기 단계에 파악해 고객들의 불만을 최소화 시킬 수 있었다.

(4) 패션

인터넷 상의 콘텐츠를 실시간 수집하고 분석해서 의류제조업체와 유통업체에 최신 트렌드를 공유한다. 다양한 브랜드별 가격구조, 할인율, 포지셔닝 비교를 통해 국가별로 어떠한 디자인 색깔이 잘 팔리는지 파악한 후 개인별 패션취향을 더하여 빅데이터에 의해 추천해 준다. 그리고 사용자들은 다양한 스타일 게임을 통해 자신만의 패션 스타일을 찾고 자신이 직접 의견을 내어 맞춤형 옷을 제작한다.

(5) 여행

호텔이나 휴가지에 대한 리뷰로 여행자들이 생생한 경험을 참고하여 순위를 부여한다. 숙박에 맛집 정보를 결합하기 위해 식당관련 전문 데이터를 보유하고 있는 기업과 제휴하여 10만 건 가까운 리뷰와 코멘트를 활용 가능하게 되었다.

(6) 스포츠

실제 선수들의 경기 데이터를 토대로 만든 가상 스포츠 게임으로 본인이 감독이 되어 선수를 트레이닝하고 방출 및 영입할 수 있다. 실제 프로팀들이 사용하는 데이터를 이용해 감독이나 코치처럼 판단함으로 몰입도가 높아진다. 경기에 직접 참여하고 있는 것처럼 느껴져서 만족도가 높다.

7 관광산업과 클라우드, 빅데이터

관광산업을 발전시키기 위해 여행사 및 지방자치단체에서 클라우드와 빅데이터를 활용하는 사례가 증가하고 있다. 소프트웨어(SW)업계는 클라우드나 빅데이터를 관광 부문에 접목할 경우 효율 높은 관광 정책을 추진할 수 있다고 설명하고 있다.

1) 관광산업과 클라우드

관광산업을 발전시키기 위해 지방자치단체에서 빅데이터를 활용하는 사례가 증가하고 있다. 소프트웨어(SW)업계는 빅데이터를 관광 부문에 접목할 경우 효율 높은 관광 정책을 추진할 수 있다고 설명하고 있다.

여행은 크게 세 가지 단계로 이루어진다. 여행 정보를 수집하고 일정을 짜는 준비, 실제 여행을 하는 단계 그리고 여행 후 후기를 올리고 공유하는 마무리로 구분할 수 있다. 이런 과정 과정마다 모바일, SNS, 클라우드 컴퓨팅 시대를 맞아 일대 혁명이 일고 있다. 포털사이트를 통해 검색한 뉴스기사나 커뮤니티나 블로그 등이 새로운 정보 창구가 된 것이다.

이에 맞춰 관광업계에서도 다방면으로 발 빠른 대처를 준비 중인데 성공적으로 자리 잡은 케이스가 델타항공사다. 델타항공은 항공권 예약, 항공기 소개, 서비스 루트 소개 등 모두 페이스북을 이용하고 있다. 단순히 고객과의 커뮤니케이션 채널을 넘어 예약, 검색까지 진행하고 있다. 국내에서는 트위터나 블로그를 통한 마케팅 정도가 눈에 띈다. 몇 년 전과 달라진 것이 있다면 모바일을 통해 후기를 남기는 이용객이 급증하고 있다는 것이다. 실제로 모바일 트래픽은 매년 3.5배 정도 증가하는 추세다.

최근에는 비디오 트래픽도 상당히 증가하고 있다. 기존에는 파일 간, 이미지 간의 트래픽이 대부분이었다. 작년부터 동영상을 올리는 사람이 늘고 있으며 현재는 발생하는 트래픽의 절반이 동영상 트래픽이다. 최근 여행사 혹은 항공사 사이트에서도 동영상이 많이 올라오는 것을 확인할 수 있다. 동영상은 서버 파워가 많이 필요하지만 여행지에 대해 가장 생생하게 보여줄 수 있는 방법이기 때문에 선택하는 이가 많아졌기 때문이다.

따라서 단순하게 앱 개발로 끝나는 것이 아니라 모바일 환경에 안에 있는 콘텐츠, 이미지를 내포하고 있어야 하고 이렇게 많은 콘텐츠를 확보하기 위해 클라우드 컴퓨팅이 절실한 것이다. 관광에서는 가격 경쟁이 심화되고 있는데 콘도나 민박, 펜션까지 가격을 모두 비교해 주는 실시간 검색은 성수기인 여름에 트래픽이 급증한다. 하지만 기존의 환경으로는 순간순간 급변하는 트래픽에 일일이 대응하기는 어렵다. 이런 이유들로 관광업은 클라우드 컴퓨팅 시스템과 잘 맞는다.

한국형 의료 · 관광 클라우드 플랫폼 구축 사업이 이달부터 네이버 클라우드 플랫폼을 기반으로 개발된다. 국내 우수한 의료 서비스를 찾는 외국인에게 예약 · 결제, 사후 관리 등에 대한 의료 맞춤 서비스와 문화 · 관광 · 숙박, 교통 등 전 산업에 걸친 서비스를 클라우드 기반으로 빅데이터를 활용하여 제공할 것이다.

2) 관광산업과 빅데이터

제주도는 '관광객 유동인구 빅데이터 가공 플랫폼 구축' 사업을 진행하고 있다. 제주도는 관광객 유동인구를 통계화 된 관광객 현황으로 전환해 관광정책에 도입하고 있다. 한국관광공사도 지난해 '함평 나비축제', '보령 머드 축제', '가평 자라섬 페스티벌' 등 국내 주요 16개 축제에 방문한 관광객을 대상으로 관광행태와 특성을 빅데이터로 분석하는 사업을 진행한 바 있다.

정부도 관광 부문에 빅데이터 접목을 지원하고 있다. 외국인 관광 활성화를 위해 포함되는 이 사업은 다국어 관광정보(역사문화자원, 생활사, 관광명소, 스토리텔링 등)를 DB화하고, 비콘(Beacon) 기술을 활용해 스마트폰에서 외국 관광객들이 다국어로 관련 정보를 확인할 수 있게 된다.

최근 유동인구, 카드 소비, SNS를 포함한 소셜 데이터 분석 등의 개별 데이터를 융합해 관광산업 맞춤형 데이터를 제공하고 있다. 특히 특정 지자체, 관광지 혹은 축제를 방문한 성별 · 연령별 · 월별 · 주별 · 시간대별 관광객 현황, 내국인 관광객의 거주지 기반 이동 패턴 · 24시간 이후 방문지, 외국인 관광객의 국적별 방문현황, 관광지 혹은 축제에 대한 SNS 연관어 및 긍 · 부정어에 대한 정보 등을 제공할 수 있는 관광분석솔루션이 출시되고 있다.

해외에서도 빅데이터를 관광 부문과 접목하려는 움직임이 확산되고 있다. 특히, 일본은 2020년 올림픽을 앞두고 빅데이터를 활용해 외국인 관광객을 최대한 유치하려는 준비를 하고 있다. 일본 빅데이터 전문업체 나이틀리(nightley.jp)는 외국인 관광객들이 트위터에 올리는 정보를 빅데이터로 분석해 시각화하는 '인바운드 인사이트(inbound insight)' 서비스를 개발했다. 이 서비스는 트위터, 웨이보 등에서 위치정보를 포함한 일본 내 SNS 데이터를 수집해 외국인 관광객들이 어떤 부문에 관심을 보이는지, 이동 경로 등을 파악해 시각화한다. 중국 장쑤성의 전장시 경우 IBM IOC(지능형운영센터)를 도입해 관광객의 원활한 여행을 위한 교통관리 개선에 활용하고 있다.

현실적으로 우리나라 관광부문의 기업들이 대부분 영세하기에 빅데이터를 직접 운영할 만한 하드웨어, 소프트웨어를 갖춘 기업들이 많지 않고 역량을 갖춘 인재들도 관광업계에는 더욱 부족한 실정이다. 그러나 관광이 기존의 산업범위를 벗어나 타 산업과 융합과 복합을 통해 새로운 비즈니스 모델이 지속적으로 창출되어야 한다. 따라서 빅데이터에 대한 관심과 교육 그리고 많은 시도는 필수불가결하다.

■ ■ ■ 필수용어

- **가상화(Vitualization)**: 가상화(假像化)는 컴퓨터에서 컴퓨터 리소스의 추상화를 일컫는 광범위한 용어이다. 물리적인 컴퓨터 리소스의 특징을 다른 시스템, 응용 프로그램, 최종 사용자들이 리소스와 상호 작용하는 방식으로부터 감추는 기술로 주변에 막을 씌워 "기술적으로 자세한 부분을 숨기는 것"이다. 가상화는 다른 물리적 위치에서 리소스를 한데로 합치거나 제어 시스템을 단순하게 하여 다중 송수신 접근과 같은 것을 통해 기반이 되는 기능 추가를 보이지 않게 하는 외부 인터페이스를 만들어 낸다.

CHAPTER 10

사물인터넷

학습목차

1. 사물인터넷의 개념
2. 사물인터넷의 시장 전망
3. 사물인터넷의 주요 핵심기술
4. 사물인터넷의 서비스 사례
5. 사물인터넷의 미래
6. 관광과 사물인터넷

CHAPTER

10 사물인터넷

학/습/목/표

1. 사물인터넷의 개념과 시장 전망에 대해 이해한다.
2. 사물인터넷의 서비스 구성요소와 사례에 대해 알아본다.
3. 사물인터넷의 미래와 관광과 사물인터넷에 대해 알아본다.

들어가는 말

서울 관광객 5000만 유치를 위한 2020년 '관광플라자' 조성, IoT 등 4차 산업기술 활용… 산업 생태계 혁신 기반 마련

주용태 서울시 관광체육국장은 민선7기 서울관광의 마스터플랜으로서 2023년 5000만 관광객을 목표로 '서울관광 중기 발전계획(2019~2023)'을 발표하며 앞으로 인구구조 변화와 4차 산업혁명에 따른 국내외 관광환경 변화에 선제적으로 대응하기 위한 조치가 필요하다고 했다. 스마트한 관광 생태계를 구축하고자 함이다.

관광시민 모두를 위한 '지속성장하는 스마트 관광도시' 실현을 위해 '시민(Citizen)'과 '관광객(Traveler)'을 합쳐 '관광시민(Travel Citizen)'이라는 개념을 도입한다. △시민이 행복한 관광도시, △콘텐츠가 풍부한 관광매력 도시, △편리하고 신뢰받는 스마트 관광도시, △경제를 살리는 지속가능한 관광산업도시, △대표도시로서 책임을 다하는 관광리딩도시 등 5대 핵심전략을 설정했다.

경제적·신체적 제약이 여행제약으로 이어지지 않고 누구나 행복하게 서울여행을 즐길 수 있도록, 관광복지 차원에서 '서울형 여행바우처' 제도 도입을 통해 근로약자와 관광취약계층의 관광향유 기회 보장의 기회를 주고자 한다. 그리고 관광객이 기호에 따라 선택할 수 있도록 한류 등 20개 테마로 '서울 M.V.P(Must Visit Place)' 코스를 조성하고, MICE산업, 의료관광, 한류·공연 등 관광객의 지출이 높은 고부가가치 융·복합 관광산업도 지속 육성할 예정이다.

■ 2020년까지 도심에 '서울 관광플라자' 조성

사물인터넷(IoT), 증강현실(AR) 등을 도입해 인터넷 활용 비중이 계속 높아지고 있는 여행패턴을 돕는 스마트 관광 통합 플랫폼 구축을 위해 4차 산업 혁명 기술을 활용하고자 한다.

자생적 기반이 어려운 관광업체를 지원하기 위해 산학연 관광협력단 형태로 '서울관광 R&D 지원센터'를 설치해 기업 브랜딩, 관광콘텐츠 개발 등 문제해결형 연구개발을 지원하고, 관광산업에 대한 안정적 투자를 위해 2022년까지 500억 원 규모의 '서울관광진흥기금'도 조성한다

이번 계획의 성공적 실행을 위해 "2020년까지 도심에 '서울 관광플라자'를 조성하고, 관광 유관기관과 서울관광 관련 기능을 집적해 시너지 효과를 창출하겠다"는 의지도 표명했다.

출처: 파이낸셜뉴스(2018. 10. 4.).

1 사물인터넷의 개념

유비쿼터스(Ubiquitous)는 사용자가 언제 어디서나 네트워크에 자유롭게 접속할 수 있는 정보통신 환경을 말한다. 유비쿼터스는 사람·사물·공간 등 모든 것(things)이 인터넷으로 연결되어 정보, 즉 데이터를 수집·생성·공유·활용한다는 사물인터넷(Internet of Things: IoT)으로 발전했다. 과거에는 기술의 한계로 구축비용이 비싸고 사물 간 호환성을 유지/관리하는 방법이 복잡했다. 그러나 통신 환경의 진화와 비용의 하락, 센서의 소형화 및 고성능화와 가격 하락으로 인해 투자대비 효과가 커짐에 따라 사물인터넷 시대가 도래한 것이다. 다시 말해서 생활 속 사물들을 유무선 네트워크로 연결해 정보를 공유하는 기술을 통해 인공지능, 즉 하나의 네트워크로 연결되는 거대한 세상, 로봇과 기계가 일상으로 들어오는 세상이 도래하고 있다. 초연결사회로 이루어진 사물인터넷 세상이 열리기까지 인터넷의 변천사를 보면 다음과 같다.

구분	인터넷 1.0 초고속 인터넷	인터넷 2.0 광대역/모바일 인터넷	인터넷 3.0 사물 인터넷
연결매체	컴퓨터(PC연결)	스마트폰(사람연결)	센서, 웨어러블 등 (모든 사람-사물 연결)
소프트웨어	[기반] Windows, Linux [응용] Explorer,	[기반] Android, iOS [응용] 페이스북, 카카오톡	다양한 응용 S/W 등장 예상
전략	초고속정보통신망 전략('95)	광대역통합망 전략('04)	사물인터넷 전략('14)
대표서비스 및 상품	인터넷포털/뱅킹, 전자정부	IPTV, 모바일앱, SNS 등	스마트 홈/카, 스마트에너지, 생산공정,

[그림 10-1] 인터넷의 변천사

출처: 산업일보(2016. 4. 14.). 미국, '혁신적인 파괴적 기술, IoT선정'.

1) 사물인터넷의 정의

- 인간과 사물, 서비스 등 분산된 구성요소들 간에 인위적인 개입 없이 상호협력적으로 센싱, 네트워킹, 정보 처리 등 지능적 관계를 형성하는 사물 공간 연결망을 의미
- 센싱, 유무선통신 및 네트워크 인프라 기술, IoT 서비스 인터페이스 기술 등이 결합된 첨단 지능형 서비스
- 와이파이, 블루투스 등 무선 통신 기술이 탑재되고 인터넷 프로토콜 주소를 가지고 다양한 제품에 연결되어 똑똑한 정보를 주고 제어할 수 있는 상태

사물인터넷과 클라우드와 빅데이터, 인공지능은 결코 개별적으로 작동하지 않는다. 사물인터넷이 클라우드 환경에서 데이터 축적을 통해 빅데이터를 만들어 내고 클라우드에 축적된 빅데이터를 인공지능(AI)가 분석해 이를 인식, 판단 및 처리할 것이다.

얼마 전까지 우리가 느끼는 사이버 세계는 가전제품, 전자기기뿐만 아니라 헬스케어, 원격검침, 스마트 홈, 스마트 카 등 다양한 분야에서 사물을 네트워크로 연

결해 정보를 공유하면서 현실화된 세계로 변화하여 가고 있다. 모바일이 PC에만 의존하던 정보통신산업의 많은 영역을 바꾸었듯이 사물인터넷은 여러 가지 아날로그 기술과 사회제도를 혁명적으로 변화시키는 기술적 기반을 제공할 수 있다.

2) M2M과 IoT, IoE의 개념 비교

세 가지 개념이 혼용되어 쓰이는 이유는 초연결 통신환경에 대한 기본적인 전제가 동일하기 때문이고 용어가 나온 시점들의 차이에 따라서 다르게 불리게 되어 결국 본질적인 측면은 동일선 상에 있다고 할 수 있다.

M2M의 주체는 기계(Machine)인데 반해 IoT는 사물(Things)로 그리고 IoE는 만물, 즉 모든 것(Everything) 연결의 주체가 확대되었다고 볼 수 있다. M2M은 IoT개념이 전에 나온 개념으로 정보를 수집 가공하는 수동적인 측면이 강하고 IoT는 스스로 정보를 생성 공유하는 것으로 능동적 측면이 강하다. IoE는 인류문명의 모든 요소가 상호 연결되는 만물지능인터넷(Intelligent IoE: IIoE)으로 나아갈 것이라는 의미이다. 그리고 M2M은 기술적 측면의 접근에 더 치우쳐 있고 IoT, IoE는 환경 혹은 서비스 관점이 더욱 부각된다.

3) 사물인터넷 범위와 제품

사물인터넷이 연결할 수 있는 곳은 스마트TV, 온도 조절 장치, 정보시스템 등 홈 전자기기, 심장동기와 심장박동 모니터 등 의학기기, 스마트 냉장고, 오븐, 세탁기 등 가전제품, 드론과 같은 항공기와 더불어 동물이나 사람에 바이오칩을 통해 건강상태 등 위치 정보 등을 추적할 수 있다. 뿐만 아니라 '가상 현실(Virtual Reality)'과 '3D 프린팅(3D Printing)'도 사물인터넷 환경을 촉진하는 구현 기술로써 사물인터넷의 범주로 볼 수 있다.

이러한 경향에서 보면 사물인터넷은 최신 IT 제품이나 서비스를 통칭하는 것처럼 보인다. 즉 넓은 관점에서 '인터넷에 연결된 제품'이라면 모두 사물인터넷에 포함될 수 있는 모든 사물들이 포함된다고 할 수 있다. 사물인터넷이 가진 공통점은 센서를 가지고 있거나 특정 일을 수행할 수 있는 기능을 지니거나 혹은 둘 다에 해당된다. 사물인터넷을 통해 수십억 개의 사물이 서로 연결될 수 있다. 사물인터넷에서 다양한 커넥티드 기기는 그 자체보다 함께 연결될 때 더 큰 수행 능력을 자동화하여 발휘할 수 있다. 연결된 네트워크를 통해 정보와 지능을 공유하고 행동을 실시간 자동으로 수행하기 때문에 사람이 필요 없는 상태인데 이를 앰비언트 인텔리전스(ambient intelligence)라고 한다. 스마트 기기에서 수집한 일부 데이터와 또 다른 스마트 기기에서 수집한 데이터를 결합해서 더 스마트하고 흥미로운 결과를 도출해 내는 것을 의미한다.

사물인터넷(IoT)으로 만들어진 다양한 제품은 다음과 같다.

- 주차장에 인터넷을 연결해 원하는 구역의 주차 요금과 주차 가능 여부를 확인해 줌
- 애완견에게 센서 목걸이를 착용하여 온도와 위치 등의 정보를 알려주어 건강상태, 질병, 위치 등을 확인해 줌
- 월트디즈니 미키마우스가 적외선 센서를 가지고 관람객 정보를 수집하여 어떤 놀이기구를 얼마나 선호하는지 어떤 놀이기구 줄이 짧은지 정보를 확인해 줌
- 나이키에서 센서가 부착된 신발과 퓨얼밴드로 운동량을 확인해 줌
- 자판기에서 재고가 떨어지면 공급자에게 바로 알려줌
- 공중화장실에 센서를 설치해 어떤 화장실이 비었는지 미리 알려줌

2 사물인터넷의 시장 전망

1) 시장 규모 및 성장 추이

시장 조사 기관인 비즈니스 인사이더(Business Insider: BI)에 따르면, 전 세계 사물인터넷 시장 규모는 연평균 약 44%의 고성장을 통해 2020년이면 6,000억 달러에 이를 것으로 예상된다고 하는데. 특히 소프트웨어 및 서비스 시장의 비중이 높을 것으로 예측하고 있다.

또한 가트너(Gartner)는 2020년의 전 세계 사물인터넷 시장 규모에서 전체 매출의 80%가 서비스에서 발생할 것이라고 전망하고 있다. 조사 기관마다 시장 규모에 대한 예측은 다르지만, 사물인터넷 시장에서 소프트웨어 및 서비스가 차지하는 비중이 우위를 차지한다는 점은 주목할 필요가 있다. 즉 센서와 같은 하드웨어는 사물인터넷 서비스가 활성화되기 위한 기반 기술로 반드시 필요하지만, 부가가치 창출을 위해서 집중해야 할 핵심 기술은 소프트웨어와 서비스라는 것이다. 사물을 동작시킬 때 사용자 정보를 확보할 수 있는 채널이 늘어나 고객에게 적합하고 경쟁사와 차별화된 사물인터넷(IoT) 서비스를 제공하는 것이 중요하기 때문이다.

해외 주요 국가들은 글로벌 시장 선점을 위해 연구 개발을 위한 사물 인터넷 액션 플랜을 적극적으로 진행하고 있다. 유럽은 선박에 VMS(Vessel Monitering System)을 설치해 왔고, 미래 모든 사물이 인터넷과 연결될 것을 대비해 연구개발 계획 중 '미래네트워기반'을 선정하고 인프라 구축을 위한 구체적인 플랜을 실행하고 있다. 아울러 모든 가정의 전력 사용량 검침을 위한 스마트미터도 설치 중이다.

미국은 'Grid 2030 계획'을 에너지국(Department of Energy: DOE)에서 수립하여 국방부의 운반설비에 M2M 기술을 활용한 추적시스템을 도입하였고, 뉴욕시는 택시의 텔레매틱스 서비스 도입을 의무화하였다. 국가정보위원회(National Intelligence Council: NIC)는 사물인터넷을 2025년까지 국가 경쟁력에 영향을 미칠 '혁신적인 파괴적 기술(Disruptive Civil Technology)' 중 하나로 선정 하였다.

중국 국무원은 '중장기 과학기술 발전 계획(2006~2020)'에 스마트 그리드 등 사물인터넷 분야에 6조원을 투자한다고 발표하였다. 공업정보화부는 국가 차원의 프로젝트 및 지원 정책을 추진하기 위한 전략으로 "사물망 12-5 발전규획"을 수립(2011.11.28)하여 국가 핵심기술개발 및 산업화, 표준연구를 진행하고 있다.

사물인터넷은 일자리 시장에서의 변혁을 예고하고 있다. 원격 모니터링 및 원격제어의 도입은 위험의 노출이 커서 진행할 때 많은 부담을 갖고 있는 일이나 생활에서 단순 반복적인 업무로 고정적인 리소스가 지속적으로 드는 일을 사물인터넷 서비스로 대체할 수 있게 된다. 또한 프로세스의 자동화로 복잡한 업무들이 처리되는데 시간과 비용이 절약되어 기존 업무에서 처리해야 하는 일의 내용이 달라질 수 있다.

IT 리서치 전문기업 Gartner는 비즈니스 프로세스의 변화에 따라 인력 수요가 50% 감소할 것으로 예상하고 있는데 반면 사물인터넷 발전에 따른 새로운 일자리 창출로 주요 디지털 비즈니스 관련 직업은 500% 성장할 것으로 전망했다.

2) 국내 시장 규모 및 성장 추이

국내 사물인터넷 시장은 2015년 3.8조 원에서 2022년 22.9조 원까지 성장할 전망이며 서비스 관련 매출의 비중이 52.6%까지 증가하며 성장을 주도할 전망이다. 세계적으로는 2015년부터 2020년까지 사물인터넷의 연평균 성장률이 41%에 이를 것으로 GDP의 11%정도까지 성장할 것으로 전망하고 있다. 이러한 추세로 성장한다면 사물인터넷은 하나의 커다란 생태계를 구성할 수 있을 것이다. 사물인터넷 생태계에서는 IoT기기를 통해 기업이나 정부, 소비자들 중 서비스 이용자들이 플랫폼에 접근할 수 있도록 지원하고 서비스에 연결하고 모니터링한다. 모든 것이 연결되는 과정에서 방대한 비정형 데이터의 분석과 이를 효과적으로 처리하는 산업으로 거대한 시장 형성이 이루어질 것이다.

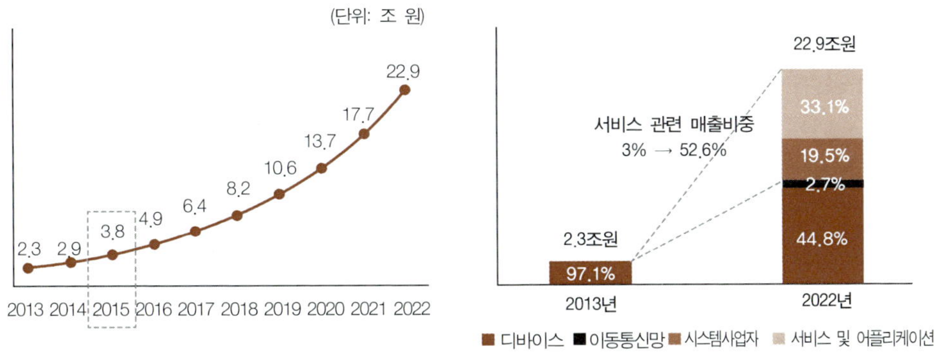

[그림 10-2] 국내 사물인터넷 전망

출처: 임정선(2015). IoT-가속화되는 연결의 빅뱅과 플랫폼 경쟁의 서막, 2015 ICT 10대 주목이슈. KT 경제경영연구소 Special Report.

3) 사물인터넷(IoT) 서비스의 영역별 시장 전망

사물인터넷 서비스는 종래 재난, 재해, 공장 자동화 등의 일부분에 영향을 미치던 것에서 대규모의 공공, 기업 시장 예를 들어 농업, 교통시스템 관리, 도시의 건물 및 시스템 안전 관리 등으로 비중이 확대되고 있다. 그리고 개인에게 직접적으로 영향을 미치는 B2C(Business to Consumer) 서비스가 확산 스마트 가전기반의 에너지 절감, 보안, 헬스 케어와 자율주행을 위한 스마트 카, 에너지 효율과 친환경을 위한 스마트 그리드 등을 통해 B2C 서비스가 확산되고 있다. 우리나라에서는 법을 통해 규제하고 있지만 우버의 성장과 투자는 계속되고 있다.

사물인터넷에 대한 기업의 협력은 다양한 영역에서 이루어지고 있다. 네트워크나 통신기업, 제조, 자동화, 자동차기업, 가전과 반도체 기업, 소프트웨어와 인터넷 기업 각각 자신의 영역에서 플랫폼을 확장하며 융합산업으로 발전하고 있다. 사물인터넷의 주요 분야는 스마트 시티, 스마트 홈, 산업용 서비스, 무인 자동차, 웨어러블 시스템이다. 그중에서도 의료산업이나 유통 및 산업용 서비스 산업에 큰 투자가 일어날 것으로 예상하고 있다.

정부도 IoT 산업 육성을 위하여 2017년부터 2022년까지 참여기업을 선정하여 지원하는 프로그램을 진행하고 있다. 2017년에는 가전업체를 중심으로 IoT모듈을 제공하는 교육을 지원하고 2018년에서 2019년에는 통신사나 플랫폼 업체를 중심으로 빅데이터 활용 컨설팅을 진행한다. 2020년부터 2022년까지 건설사, 자동차, 병원 등에서 업체를 선정하여 이종플랫폼을 연동하는 것을 지원한다.

이를 통해 새로운 시장이 창출되고 기업은 조직 간의 협업을 강화시키고, 운영의 효율화를 통해 기업 경쟁력을 높일 수 있다. 그리고 고도화된 유·무선 네트워크 환경과 기반 기술을 중심으로 고객은 다양한 상품과 서비스를 제공받게 된다.

비즈니스적 관점		기술적 관점	
비즈니스 영역	자동차, 헬스케어, 스마트 홈, 엔터테인먼트 등	물리적 영역	유비쿼터스, 증강현실, 가상세계
생태계구축	개방-폐쇄 통합-분산	솔루션 주기	기술, 제품, 시스템, 서비스, 애플리케이션, 인프라
비즈니스 모델	가치 평가, 가치 공유, 가치 공동생성	디바이스	스마트폰, 패드, 노트북, TV
디지털화	서비스의 다양화, 양방향성	클라우드화	개인클라우드, 공공클라우드

3 사물인터넷 주요 핵심기술

사물인터넷에서 사물은 단말기부터 단순 기계, 시계, 스마트 측정기기 뿐만 아니라 우리가 일상적으로 활용하고 있는 생필품 및 자동차까지 다양한 영역으로 확대될 수 있다. 이와 같은 사물인터넷 서비스 제공을 위해서는 사물인터넷의 진화된 기술이 우선적으로 필요하다.

1) 센서(Sensor) 기술

인간은 시각, 후각, 청각, 미각, 촉각의 다섯 가지 감각을 이용해 물질이나 외부의 상태 및 변화를 알아차린다. 센서 기술은 사람의 오감을 대신하여 정보를 수집하는 도구이다. 모든 사물들이 스스로 정보를 주고받으며 지시받은 것을 스스로 알아서 해주기 위해서는 센서 기술이 필요하다. 인간의 오감은 시각은 일정한 거리와 크기만 볼 수 있으며, 청각의 경우 일정한 범위의 주파수만 구분할 수 있다. 따라서 인간은 식물이나 동물이 내는 초음파는 전혀 들을 수 없다. 하지만 센서는 이러한 한계를 뛰어넘을 수 있다. 인간의 오감으로 인지 불가능한 영역까지 확대하여 감지할 수 있다. 고주파음을 감지하는 초음파센서기, 적외선을 이용한 야간 투시센서, 초정밀 소리감지 센서, 위성을 이용한 거리 및 위치 측정 센서, 온도/습도/가스 등을 측정하는 센서 등은 인간이 미처 감지하지 못하는 것들을 거뜬히 해낼 수 있다.

또한 이 센서들은 사용자의 위치, 활동량, 상태 등을 확인하여 정보를 생성하고 통신이 연결되어 있을 시 원하는 곳으로 전송도 가능하다. 다양한 스마트 디바이스에 연계되어 소비자가 원하는 형태로 우리의 일상에 투입되어진다.

자율 자동차 도입에 따른 센서의 발전은 대한 더 많은 기대를 갖고 있다. 기존 자동차에 탑재되는 센서는 장애물, 충격감지 등 30개의 센서가 200개 정도 사용되는데, 자율주행차가 나오면 훨씬 더 다양한 종류의 센서가 장착될 것이다. 따라서 시장조사기관 'BBC 리서치'는 센서 시장을 2021년 220조원 규모로 예측함에 따라 센서 장착 수가 1조가 훌쩍 넘을 것으로 보고 있다.

2) 네트워킹(Networking) 기술

인간과 사물, 서비스 등 분산된 환경요소들을 서로 연결시킬 수 있는 무선 네트워킹 기능이다. 모든 사물에 컴퓨팅 능력 및 무선 통신 능력을 부여하여 언제, 어디서나 사물들끼리의 통신이 가능한 유비쿼터스 환경을 구현하여 센서노드가 자율적인 네트워크를 형성하고 센서노드로부터 획득한 정보를 수집하여 감시/제어 용도로 활용하는 기술이다.

IoT 기술 전개에 있어 근간이 되며 특히, 인간의 개입 없이, 혹은 최소한의 개입으로 사물 간 협력하여 센싱, 정보 처리 및 교환을 위한 상호 지능적 자율적인 네트워크 형성에 있어 무선 센서 라우팅 기술은 중요하다. 또한 다양한 기기와의 정보 교환과 연동을 위해 센서 네트워크의 물리계층 및 네트워크 기술도 중요한 기술 요소로 자리 잡고 있다. 센서 네트워크는 일반적으로 저비용/저전력/다기능의 센서노드들로 이루어져 있으며, 이러한 센서들은 라디오 트랜시버와 데이터 처리를 실현하는 마이크로프로세서가 장착되어 있다. 이 센서들은 전통적인 RF기술을 이용한 단거리 통신을 시작으로 3G, LTE 등의 기술을 이용한 장거리 통신을 실현하고 있으며 RFID, NFC, WiFi, Bluetooth, ZigBee, GSM, 3G, LTE 등 다양한 네트워크 기술에 적용되고 있다.

블루투스 4.0의 경우 3.0에 비해 에너지 소비를 50%가까이 개선했고, 위치 정보 및 경보 알람을 알려주는 웨어러블 밴드2의 경우 건전지 1개로 1년 이상 사용이 가능하다. 차세대 무선 이동 통신 규격인 5G는 LTE보다 100~1000배까지 수많은 데이터를 빠른 속도로 전송할 수 있다.

3) 인터페이스(Interface) 기술

인터페이스는 서로 다른 두 개의 장치 사이에서 정보나 신호를 주고받을 때 만나는 접점이나 경계면이다. 즉, 사용자가 기기를 쉽게 동작시키는데 도움을 주는 시스템을 의미한다.

IoT서비스 인터페이스 기술은 주요 구성 요소(인간, 사물, 서비스)를 통해 특정 기능을 하는 응용서비스와 연동하는 역할을 하는 것을 의미한다. 따라서 정보를 검출, 가공, 정형화, 추출, 처리 및 저장 기능을 의미하는 검출정보 기반기술과 위치정보 기반기술, 보안기술, 데이터마이닝 기술, 웹서비스 기술 등으로 구성된다. 각종 센서 등을 이용해 구해진 막대한 양의 정보를 저장하고 분석하여 처리하는 빅데이터 기술, 오래 전 과거에 축적된 여러 가지 데이터 속에서 가치 있는 정보를 추출해 내는 데이터마이닝 기술, 개인의 프라이버시에 해당하는 정보의 보안에 관한 영역도 서비스 인터페이스 기술에 모두 포함된다.

4) 클라우드 컴퓨팅(cloud computing) 기술

사물인터넷과 클라우드는 매우 밀접한 관계이다. 사용자가 사물인터넷 기기를 사용하려면 수많은 데이터를 주고받아야 하는데 이러한 데이터를 효율적으로 관리하기 위해서 필요한 것이 바로 클라우드 서비스이기 때문이다. 기업은 시시각각이 데이터를 취합하고 분석함으로써 사용자가 무엇을 원하는지 파악하고 업데이트하여 사물인터넷 기기의 성능을 개선시킬 수 있다. 클라우드 컴퓨팅은 언제, 어디서나, 모든 센서가 여러 네트워크에서 애플리케이션, 컨트롤러 및 모니터링 기기들과 소통할 수 있도록 도와준다.

지능형 서비스를 제공하기 위해서는 센싱 기반하에 빅데이터 분석이 필요한데 클라우드 컴퓨팅은 빅데이터 분석을 위해서도 꼭 필요한 서비스 인프라이다.

최근 업데이트 되어지는 클라우드 컴퓨팅 기술은 수십 억 개의 사물인터넷 기기를 감당할 수 있을 정도로 방대한 확장공간을 제공한다. 그리고 가상 사물인터넷 기기를 클라우드 상에 생성하여 인터넷 연결이 어려운 상황이거나 배터리가 다 소모된 경우에도 명령과 데이터가 기기에 보관되어 있다가 복구된 후에 실제 기기에 자동으로 저장될 수 있도록 구축 되어 있다.

5) 빅데이터 분석(Big data analytics) 기술

마이크로소프트는 "사물 인터넷을 특별하게 만드는 것은 '사물'이 아닌 데이터다"라고 했다. 즉 사물인터넷은 디지털 세상에서 모든 산업 분야에서 일어나는 거대한 변화를 지칭하는 용어이고 진정한 가치는 사물보다 그 사물이 입체적으로 생산해내는 '데이터'에 있다는 것이다.

사물인터넷에서 수집된 데이터는 여러 종류의 기기와 어우러질 때 더 의미 있는 데이터가 산출된다. 데이터 수집은 개별 기기에서 수집된 데이터를 중앙 데이터베이스에 데이터를 전송하는 것을 말한다. 수집된 대량의 데이터를 저장하는 공간이 필요한데 저장할 데이터의 증가에 비해 저장 비용을 절감시키기 위한 방법으로 클라우드 데이터웨어 하우스가 필요하다.

사물인터넷에서 빅데이터 분석은 엄청난 양의 센서 데이터를 가지고 연관 관계를 찾는 고난이도의 영역이다. 어떠한 부분에 가치가 있는지, 문제점은 무엇인지, 개선할 방향은 어떤 부분인지를 알아내어 향후 결과를 예측해야 하는 것으로 일반적인 데이터 처리 방식이 아닌 특수한 처리 및 분석 기법이 필요하다. 따라서 구조화되지 않은 인간 중심 데이터와 머신 생성 데이터를 스스로 분류하고 패턴체계를 인식하여 결과를 만드는 데이터 모델링, 머신러닝 기술에 대한 관심과 적용이 많아지고 있다.

6) 블록체인(Blockchain) 기술

일반적인 사물인터넷은 중앙 서버에서 데이터를 처리하는 중앙 집중형 시스템으로 데이터를 수집하고 처리 및 분석을 위한 비용, 기기의 수를 늘리는 확장성, 보안성 등에서 단점이 존재한다. 중앙처리시스템의 네트워크에 문제가 발생할 때, 해당 시스템에 연결되어 있는 사물인터넷 기기는 사용할 수 없다. 그러나 블록체인 기반 사물인터넷은 일부 기기에 문제가 생겨도 사용하는데 전혀 문제가 되지 않는다. 기존 사물인터넷은 수집, 처리하는 데이터가 제한적인데 반해 블록체인 기반에서는 데이터의 처리가 자유롭다. 비용적인 측면에서도 시스템 구축비용이 많이 절약되며 기기별 보안 수준이 달라 데이터 위조나 변조 시 복구가 어려운 반면, 블록체인 기반 사물인터넷은 분산구조로 각각의 기기별로 데이터를 공유 및 검증할 수 있어 데이터 위조 및 변조가 어렵다.

아직까지는 광범위한 관점에서 하드웨어와 소프트웨어들, 그리고 화폐 암호화 방식과 보안 프로세스까지 통합하고 조율하는 과정이 필요하지만 블록체인 기반하의 사물인터넷은 지속적으로 발전하여 세상에 많은 변화를 일으킬 것이다.

사물인터넷의 성장을 위해서는 센서(Sensor), 네트워킹(Networking), 인터페이스(Interface)의 3대 핵심기술에 자동화된 지능형 서비스를 위해 클라우드 컴퓨팅(cloud computing), 빅데이터 분석(Big data analytics), 블록체인(Blockchain)의 주요 기술이 융합되었을 때 비로소 진정한 사물인터넷 구현이 가능하다.

4 사물인터넷 서비스 사례

구글과 애플이 사물인터넷 플랫폼시장 주도권 다툼을 시작했다. 구글이 개발한 안드로이드 씽스는 안드로이드 운영체제를 기반으로 사물인터넷 제품을 만들 수 있도록 도와준다. 이를 통해 사물인터넷 기기의 센서 및 디스플레이 조절이 가능하다. 애플은 아이오에스(iOS) 기반의 아이폰과 아이패드에 스마트 홈 브랜드 '홈킷'을 적용해 독자적인 생태계 구축을 시도하고 있다. 글로벌 기업부터 국내기업까지 사물인터넷의 시장에 대한 관심은 스마트 홈, 시티, 카, 헬스 등 다양한 영역으로 커지고 있다.

1) 스마트 홈

스마트 홈이라는 카테고리로 나뉘는 이유는 가정에서 활용되는 가전제품 한 가지로 자동화되기는 어려운 단계에 이르렀기 때문이다. 가전제품의 모든 기기가 연동되어 지능화되고 통신망에 연결되면서 사용자 행동을 분석하여 그 기반으로 자동화 맞춤형 서비스 제공한다. 기기를 판매하는 것뿐 아니라 응용 소프트웨어 개발 및 관련 부가 서비스 산업 성장 등 파급 효과가 높다. 스마트 홈은 2025년경까지 가사 자동화, 에너지 관리 효율화 등을 통해 연간 최대 3,490억 달러의 경제적 효과가 창출될 것으로 기대한다.

스마트 홈에서는 수면 습관을 분석해 잠자리 환경을 가장 편안하게 만들기도 하고 최적화된 온도와 습도 정보를 전달해 숙면을 유도하기도 하기도 한다. 플러그는 전기 사용량을 실시간으로 전달하기도 하고, 위치 기반 서비스를 활용해 자동으로 점등과 소등도 가능하다.

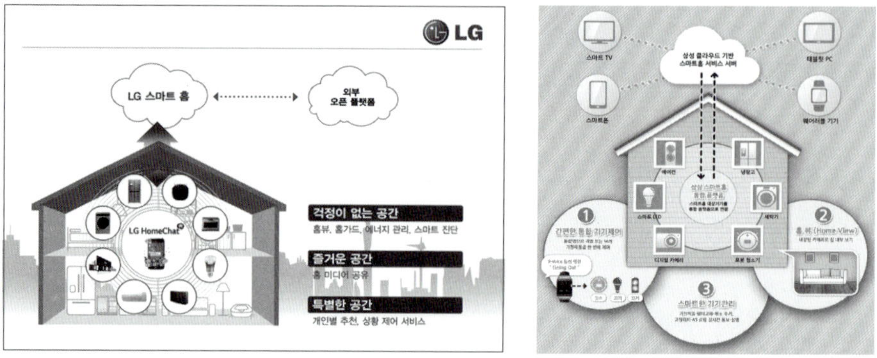

[그림 10-3] LG 전자는 홈챗(Home chat) vs 삼성전자 스마트 홈(Smart Home)
출처: 베타뉴스(2014. 9. 3.); 삼성뉴스룸(2014. 1. 6.).

서비스를 통해 원격 모니터링과 원격 제어 서비스를 제공하는 시스템이 LG와 삼성에서 출시되었다. 가스 불을 껐는지 밸브를 잠갔는지 고민하는 걱정이 사라지고, 귀가 전 에어컨/보일러를 미리 작동시켜서 집에 돌아왔을 때 편안함을 느끼는 시대가 가능해진다. LG는 글로벌 스마트 홈 플랫폼 업체인 네스트 및 올조인과 협력하여 가전에 다양한 기술을 탑재했다. 인터넷에 연결된 가전 기기들과 모바일 디바이스가 SNS 플랫폼을 중심으로 결합되어 집안 가전 기기의 상태를 원격으로 파악하고 제어함으로. 냉장고에는 냉장실 내 탑제한 카메라 기반으로 보관 중인 음식을 확인하고 신선도를 파악할 수 있다. 스마트 세탁기는 맞춤형 세탁코스로 추천 및 자동 설정이 가능하다 광파오븐은 원하는 요리 선택 시 온도 시간 등의 설정이 쉽게 가능하다. 삼성전자가 선보인 스마트 홈 역시 집안의 가정기기들이 IT와 만나 통합적으로 움직인다고 생각하면 되는데 스마트TV, 스마트폰, 태블릿 PC, 갤럭시 기어 같은 웨어러블 디바이스와 연결되어 외부에서도 집을 원격관리가 가능하다는 것이다. 그리고 집안 상태를 모니터링하면서 각 기기의 교체주기 및 수명도 알아서 챙겨 줄 수 있다.

60만 가구의 1800만 개 기기를 무선으로 연결시킨 스마트 홈 시장의 유럽 선두주자인 독일 이큐3(eQ-3)는 차세대 스마트 홈 시스템을 알렉사로 제어할 수 있게 만들었다. 세계적 가전업체 필립스도 애플 시리와 아마존 에코를 통해 음성제어가 가능하고 사용자 위치를 파악해 자동으로 밖에서도 서비스 받을 수 있다. 샤오미는 샤오미미밴드를 통해서 스마트 홈 시장에 진출했다. 메이드와 에어컨을 합작 개발하여 미밴드를 통해 자동으로 습도, 온도, 풍속 등을 조절한다.

통신사에서도 스마트 홈에 대한 움직임이 빠르게 일어나고 있다. 에스케이텔레콤(SKT)은 인공지능 서비스 '누구'를 통해 티브이를 켜고, 채널을 옮기고, 음악을 들려주는 것이 가능하다. 케이티(KT)도 음성인식 비서 '기가지니'를 플랫폼으로 하는 스마트 홈 환경 구축에 나서고 있다. 엘지유플러스(LG U+)도 엘지(LG)전자나 구글과 협력 관계를 맺고 스마트 홈 허브 역할을 할 수 있는 인공지능 음성비서 서비스를 도입할 계획을 세워놓고 있다.

2) 스마트 시티

도시화율의 증가가 전 세계적으로 높아짐에 따라 다양한 도시문제가 발생하고 있다, 인구 증가와 도시화로 공급이 부족해지고 기후변화와 환경오염으로 지구 생태계의 지속가능성을 위협하고 있다. 도시인구 증가에 따라 도시 인프라를 무한대로 증대시킬 수 없기 때문에, 기존 도시 인프라에 ICT 기술을 접목해 도시문제를 해결하고 효율성을 극대화하는 스마트 시티가 최근 주목받고 있다.

스마트 시티란 도시 관련 모든 자원에 첨단 ICT기술을 접목하여 경제발전과 삶의 질을 향상하는 미래형 도시라고 할 수 있다. 도시행정, 교육, 복지 등 다양한 도시 부분에 첨단 인프라가 적용되어 도시의 효율성을 제고하고 지속가능한 부가가치를 창출한다. 미국이 연방정부 주도하에 '스마트 시티(Smart Cities)' 계획을 발표했다. 각 주마다 스마트 시티의 후보가 되기 위해 경쟁이 뜨거운 현상은 그동안 IT와 거리가 멀었던 부동산의 패러다임이 바뀌면서 기존 도시의 가치를 높이는 새로운 트렌드가 되고 있기 때문이다. 현재 세계의 도시 인구의 50%가 도시에 집중되어 있다고 할 때 스마트 빌딩, 스마트 헬스케어, 스마트 교통, 스마트 보안, 스마트 에너지 등이 유기적으로 연결되어 서비스를 제공하는 것은 커다란 파급력을 가질 수 있다. 신흥국의 급속한 도시화로 2020년까지 세계 인구의 58%에 해당하는 46억 인구가 도시지역에 거주할 것으로 예상된다. 인구 1000만 이상의 메가 시티

증가 수는 1975년 3개에서 2025년 37개로 예측된다. 이는 도심 인구 증가는 물론 교통난, 에너지 부족, 환경오염 등에 도시문제를 가중시킬 것으로 본다.

스마트화의 대상이 되는 인프라는 에너지, 교통 시스템, 상하수도 등 하드웨어뿐만 아니라 의료 서비스, 교육, 재난 방재 등의 소프트웨어도 포함하고 있다.

스마트 시티가 만들어지면 도시 스스로가 시스템적으로 교통정보를 수집하고 환경상태를 감시하고 에너지 효율을 높이기 위해 데이터를 수집 및 분석한다. 한국도 2000년대 중반부터 U-City 구축 사업이 진행되고 있고 세종 시, 인천경제자유구역(송도, 영종, 청라) 등이 대표적으로 진행 중이다.

도시 문제를 해결하고 자급자족할 수 있는 스마트 시티가 되려면 도시 자체가 기술이나 서비스를 이용하고 공공문제를 해결할 수 있어야 한다. 또한 지역의 특수성을 살린 우리만의 도시관광 콘텐츠가 필요하다. 도시에 거주하는 주민들이 직접 아이디어를 내고 문제를 해결할 수 있도록 도와 줄 수 있는 데이터나 시스템이 필요하다. 기술이나 하드웨어의 발달만큼이나 중요한 부분이 그 도시가 갖고 있는 어려움을 스스로 해결하고 독특한 장점을 살릴 수 있는 소프트웨어의 개발도 필요하기 때문이다.

3) 스마트 카

차가 이동을 위한 교통수단에서 스마트 카를 통해 편의성과 엔포테인먼트가 어우러진 새로운 창의적 공간으로 재탄생 하고 있다. 사물인터넷의 개념이 나오기 전에 자동차 산업에서는 무선통신을 결합한 차량의 실시간 위치추적, 인터넷 접속, 원격차량진단, 사고감지, 교통정보 등의 서비스를 제공하는 기술이 있었다. 안정성을 최우선으로 개발되어 다양한 기능들을 업그레이드하고 있었다. 다른 산업대비 투자 금액이 높기 때문에 진입 장벽 또한 커서 기존의 자동차 회사들 중심으로 이끌어 가고 있었다. 그런데 스마트 카는 운전자의 직접 운전을 감소시키고 자동차에 ICT기술이 융합되어 안전하고 편안한 운전을 할 수 있도록 도와준다. 세계보건기구의 조사 자료에 의하면 매년 전 세계 125만 명이 교통사고로 사망한다. 도시의 교통 혼잡과 교통사고로 매년 약 23조 원의 사회적 비용 발생하고 있다.

선진국들은 자체 성장동력 산업으로 스마트 카에 IoT 등을 활용한 지능형 교통 시스템 구축 등으로 교통 문제 해결을 시도하고 있다. 현대자동차그룹은 스마트 카 개발을 위해 국내외 업체와 제휴하여 차량 내 초고속 네트워크 환경을 구축하는 데 목적을 두고 있다. 현대자동차 그룹이 시스코와 개발 하는 '차량 네트워크 기술'은 용량 데이터 송수신은 물론 차량 내 여러 장치와의 통신 및 제어가 가능하다. LG전자는 제너럴모터스(GM)에 차세 전기차 핵심부품

을 공급하고 폭스바겐과 협력해 차세 콘셉트 서비스 플랫폼을 공동으로 개발한다. 가전제품 모니터링하는 커넥티드카, 스마트 가전기기에서 생성된 알람을 분석하고 조치사항 추천하는 것을 차량 내 디스플레이로 보여주는 기술, 커넥티드카를 위한 차세 인포테인먼트 기술 등이다. 삼성전자는 BMW 신형7시리즈 뒷좌석용 태블릿PC, 차량 시동 및 문이 열려 있는지 등을 실시간 스마트폰으로 확인 가능한 스마트 싱스(Smart Things)를 선보였다.

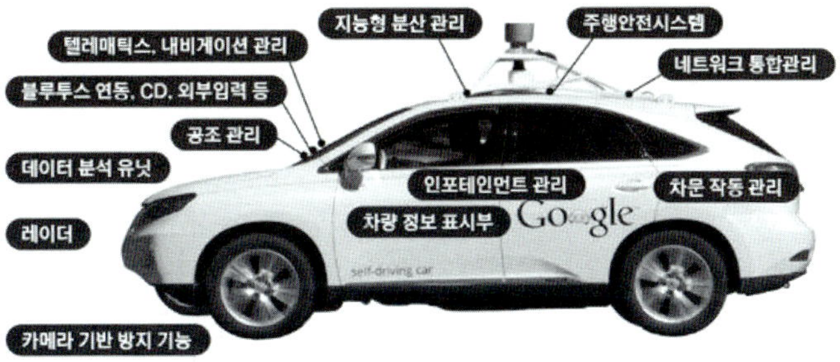

[그림 10-4] 스마트 카 개념도
출처: 중앙일보(2014. 5. 22.). 스마트카 시장, 삼성 · LG에 등 돌린 현대차.

또한 BMW는 반도체 기업 인텔과 중국 인터넷 포털 기업 바이두 등과 협력해 고성능 스마트 카를 출시하기 위한 계획을 진행 중이다. 도요타도 빅 데이터 분석 기술을 스마트 카에 접목시키기 위해 마이크로소프트와 제휴해 '도요 타 커넥티드'를 설립했다. 주행 중 주변 도로 상황뿐만 아니라 운전자의 운전습관과 건강정보까지 모니터링해서 맞춤형 정보를 제공한다. 예방안전을 위해 운전자의 눈 깜박임,

호흡 상태를 파악하여 졸음운전 시 경보를 울리거나 사이드미러로 볼 수 없는 영역을 비추어 준다. 부주의로 차선 이탈 시 경보를 울리거나 야간 전조등이 미치지 않는 거리에서 출현한 사람이나 동물을 미리 감지해 피해를 방지할 수 있다.

테슬라는 상용화된 자동차 중 세계 최초로 반자율주행인 '오토 파일럿(Auto pilot)'기능을 탑재하여 상용화했는데 주위 자동차 속도에 맞추어 주행 속도와 차선을 유지하고 방향지시등을 켜면 알아서 차선을 변경해 주는 기능을 가지고 있다. 구글 또한 오랜 기간에 걸쳐 스마트 카에 투자해서 차량에 장착된 카메라와 스캐너가 다양한 정보를 수집해서 인공지능 시스템 '쇼퍼'를 분석하여 차량을 제어한다. 글로벌 스마트 카 시장은 2016년 34조에서 2020년 93조로 예측하는바 계속해서 확대될 것으로 보인다.

4) 스마트 헬스케어

스마트폰을 사용하면서 데이터를 수집하고 데이터 기반으로 자동화를 통해 최적의 솔루션을 만들어 내는 데 가장 크게 확장되고 있는 분야가 스마트 헬스케어 시장이다. 사물인터넷이 적용된 웨어러블 기계들이 사람들의 건강 상태를 관찰하고 모니터링하게 되면 의료 산업은 치료의 목적인 아니라 질병과 통증으로부터 예방하는 개념으로 진화된다. 기존의 의사마다 다른 수기의 기록들이 중앙 컴퓨터에 입력되고 병원이 모두 연계되어 클라우드에 저장된다. 한 의사가 처방했던 내용을 다른 의사가 볼 수 있어 교차 진단이 가능하게 되며 위험한 약들의 처방도 하지 않을 수 있다. 장기적으로 의료 서비스의 비용을 낮추고 의료 과실이 줄어들고 진료가 투명해질 것이다.

병원에 입원했을 때 경험할 스마트 시스템은 환자의 상태를 진단할 수 있는 센서가 포함된 스마트 침와 같은 시스템이다. 이를 통해 의료진들은 긴급한 일이 발생했을 때 즉시 데이터를 받아 볼 수 있고 상황에 대한 파악도 더욱 구체적으로 자세히 할 수 있다. 로봇이 의사 역할을 대신해 수술을 하고 환자와 대화도 가능하므로 의료 서비스가 부족한 지역에 의료 혜택이 확장될 수 있다. 이렇게 유용한 스마트 헬스케어 시장 규모는 15년 82억 달러에서 2020년까지 2850억 달러로 성장할 것으로 보여 의료산업의 혁신적 변화가 크게 기된다.

애플의 헬스킷은 사람들의 건강 기록을 관리하는 서비스로 이 정보가 의사나 병원과 공유된다. 애플의 스마트 와치앱을 활용하여 우울증을 앓고 있는 환자를 대상으로 사전 인지 기능 평가 내용과 환자가 직접 입력한 테스트 결과 혹은 자동으로 수집되는 데이터를 비교 평가하여 치료할 수 있게 하였다. 노바티스사에서는 퀄컴과 함께 만성폐질환 환자들을 위해 맞춤형 센서를 개발하고 환자와 의사에게 핸드폰을 통해 정보를 제공한다. 또한 안과부분에서는 내장형 콘택트렌즈 기술을 인가받아 환자의 안구 눈물을 이용하여 혈당을 측정하고 모바일로 데이터를 전송하는 시스템을 개발하여 앞으로 노안에도 도움이 될 것으로 보인다.

화이자와 IBM은 모바일 기기, 센서, 머신러닝 기술을 활용하여 24시간 동안 환자의 질병 증상 정보를 제공하도록 개발되어 파킨스 병의 경과 및 치료 모니터링용으로 개발하고 있다.

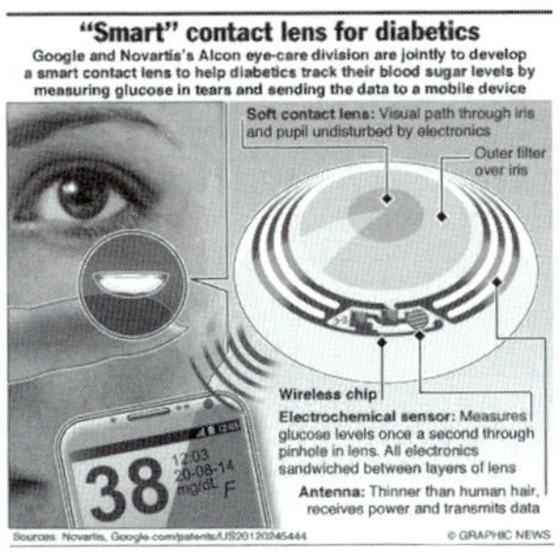

노바티스사 내장형 컨텍트렌즈

타케타사 애플의 스마트와치

화이자-IBM 파킨슨병 경과 모니터링 시스템

[그림 10-5] 스마트 헬스케어 제품들

5 사물인터넷의 미래

오프라인으로만 존재하던 수많은 사물들이 인터넷에 연결되어 다양한 분야에서 새로운 가치를 만들어 내고 있다. 앞으로 모든 산업과 사회 전반에 걸쳐 막대한 영향력을 미칠 것으로 예상된다. 모바일의 변화는 사용자들의 커뮤니케이션 및 생활 패턴에 많은 영향을 미쳤다면 사물인터넷은 산업과 사회 전반에 거대한 변화의 물결을 일으킬 것이다. 따라서 글로벌 사물인터넷 시장에 선점을 위해서는 IoT 생태계 조성 및 투자 확대가 필요하다.

1) 생태계 조성 및 글로벌 전문 기업 육성

해외진출가능성 및 파급효과 고려하여 IoT서비스 발굴 정부기관과 민간업체의 연결을 통해 시범사업 육성 및 글로벌 산업 주도권 선점을 위한 생태계 조성 및 투자 확대가 필요하다. IoT관련 국가 연구개발 사업 및 산학연 협력 연구에 대한 투자를 확대하는 등 정책적 지원을 확대하거나 다양한 산업과 융합하고 발전하려는 IoT 산업의 특성상 발생할 수 있는 한계를 해소하려는 노력이 필요하다. IoT 서비스가 전국에 확산되고 다양한 클라우드 서비스 모델을 적용하며 오픈 플랫폼 간 경쟁환경을 조성하여 국제 표준화 및 호환성을 제고한다. 한국 소비자의 신기술 수용력, IoT 인프라, 주거환경 등은 IoT 산업을 테스트하고 성장 시킬 수 있는 곳으로 충분히 검토해 볼 수 있다고 여겨진다.

2) 이용자 중심의 창의적 서비스 발굴

이용자 중심의 창의적 서비스를 발굴하기 위해서는 D.I.Y 플랫폼으로 HW / SW 킷을 만들고 오픈소스로 개방 및 공유할 수 있는 시스템을 마련한다. D.I.Y 시제품을 제작하고 SW개발환경을 구축하여 사업화를 적극 지원한다. 기발한 아이디어를 가지고 빨리 프로토타이핑(Prototyping)해서 상품화하고 시장성에 대한 검증 및 피드백을 통해 빠른 대응이 가능해야 시장의 변화에 앞서가는 상품 기획이 가능하다. 초기 시장을 선도할 수 있는 IoT 스타트업을 육성하는 것도 중요한 부분이다.

3) 스마트 디바이스 센서 산업 육성

스마트 디바이스 센서 산업 육성을 통한 IoT 제품의 확산이 필요하다. 디바이스 핵심 부품에 대한 소형화, 모듈화, 저전력화를 시도해야 한다. 사물인터넷 수요를 고려한 차세대 디바이스 핵심 기술 확보 및 확산 사업화가 이루어져야 발전이 가능하다. 스마트 센서 기반 서비스의 핵심 기술 개발을 확보하여 유망 스마트 센서(의료, 로봇, 홈, 군수)가 응용 분야를 발굴하고 IoT에 실제 사업과 연결되어 발전되어지는 것이 중요하다. 그러기에 대기업들이 에코 시스템을 끌고 갈 수 있는 주체가 되어 스타트업을 지원하고 모아주는 역할을 할 때 기반 산업들이 발전할 수 있다.

4) 기존 산업에 대한 가치 확대

IoT는 IT와 달리 새로운 사업 영역이 만들어지는 게 아니라 기존 산업이 변화(Transformation)하거나 확장되는 것이다. 여기서 가치가 나올 수 있으려면 기존 서비스나 제품에 가치가 추가될 수 있는지 여부가 핵심이다. 구글이 2013년 32억 달러(3조 4천억 원)에 인수한 Nest는 집안 온도 조절 장치로 온도계 제품 간에 표준화가 되어 있고, 온풍기와 냉풍기를 한 번에 제어할 수 있기 때문에 소비자가 호응이 있는 회사였다. Nest의 광고를 보면 'Nest를 일 년 정도 쓰시면 전기요금이나 가스비를 1년에 약 10%씩 절감할 수 있고 연간 약 $260 절약할 수 있으므로 본전을 뽑을 수 있다'는 내용이 나오는데 이 부분이 고객들을 움직이는 데 커다란 전환점이 되었다.

CCTV 업체 드롭캠(dropcam)의 경우도 과거부터 있었던 보안 시장을 확장한 경우이다. 출입문에 최소한의 침입을 막거나 감지할 수 있는 문 잠금장치를 달고 싶은 고객의 Needs를 반영하여 전문 보안 업체의 큰 비용을 낮추고 일반인들이 편리하게 사용할 수 있는 비용구조를 만들게 된 것이다. 한국에서도 IoT가 뿌리를 내리기 위해서는 국내 상황에 맞고 소비자들이 가치를 느낄 수 있는 제품이 IoT의 기술요소를 도입하거나 제휴를 통해 만들어 갈 때 경쟁력 있는 제품이 출시될 수 있다.

IoT의 발전이 생활에 주는 편리함은 상상 이상의 것이지만 사생활 침해와 보안이라는 부분에서 자유로울 수 없다. 사물인터넷의 발전과 촉진을 위해서 고려해야 할 사항이 있다.

수집된 다양한 정보에 대한 보안 이슈가 해결되어야 한다. 보안 이슈는 IoT뿐만 아니라 클라우드 등 기존의 IT 환경에서도 지속적으로 등장했던 이슈인데 연결된 사물의 수가 증가하는 만큼 개인정보의 수도 기하급수적으로 증가하고, 그 활용분야 또한 우리 실생활의 모든 사물에 직접 접목이 되기 때문에 그 심각성과 파급효과가 더욱 크다.

특히 서비스 관점의 IoT 환경에서는 센서 디바이스 공급자와 통신 · 네트워크 공급자, 서비스 개발자, API 개발자, 플랫폼 공급자, 데이터 소유자 등 다양한 주체가 존재하기 때문에 보안 및 프라이버시 보장이 더욱 어렵다.

만약에 보안 이슈가 스마트 그리드 해킹에 따른 대규모 블랙아웃 등의 국가적

차원으로 확대될 경우 이로 인해 결국 IoT뿐만 아니라 IT 산업전반의 발목이 잡힐 수 있다.

이러한 위험에도 불구하고 현재 IoT의 보안 수준은 거의 초기 단계라고 할 수 있어서 IoT 디바이스 기기의 70%가 암호화되지 않은 네트워크를 통해 데이터를 전송하는 것으로 나타났다.

첫째, 보안기술적인 측면에서는 IoT를 구성하는 모든 요소에 광범위하게 보안이 강구되어야 한다. 네트워크와 프로토콜, 기기나 센서, 서비스 플랫폼, 데이터 등 모든 요소가 해당한다.

IoT 보안은 인증이나 암호화 수준의 경량보안과 IoT 구성요소 간 상호인증 및 네트워크를 관리할 수 있는 end-to-end 네트워크 보안 아키텍처까지 요구되어야 합니다. 그리고 대상의 폭발적 증가로 인한 완벽한 보안 구성이 불가능해짐에 따라 실시간으로 패킷을 감시하고, 로깅 및 분석, 이상탐지나 행동분석 기능 등 머신러닝을 이용한 선제적 침입탐지 대응도 고려되어야 한다.

둘째, 비즈니스 측면에서는 개인의 데이터 보호가 IoT 비즈니스 시작 단계에서부터 필수적으로 고려해야 할 요소가 되어야 한다. 개인, 익명 데이터 구분 및 수집 시점 등 데이터 보호 규정의 모색이 필요하며, 서비스를 제공하는 기업은 데이터의 안전한 관리를 항상 밑바탕으로 하고 있어야 할 것이다. 네트워크를 구성하는 상당수의 기기가 간단한 통신 기능만 탑재되고 개별 보안 SW 설치가 어렵다는 점에서 외부 해킹 공격에 따른 시스템 오작동, 프라이버시 침해 등 사물인터넷의 태생적인 보안 취약성이 제기된다. 이에 IoT 활용의 부작용을 최소화할 수 있도록 IoT 보안 솔루션 개발 및 기술 개발 표준 정립 등이 필요하다.

또한 사회적 관점에서도 사물인터넷에 대한 윤리적 기준을 확립하여 사회적인 공감 및 책임의식을 불러일으키는 것도 중요하다.

6 관광과 사물인터넷

1) 사물인터넷 관광의 개념

정부는 국내 관광산업을 2020년까지 20조 원에서 30조 원 규모로 확대시키고 관광산업 국가경쟁 순위를 20위 밖에서 10위권에 근접하도록 끌어올리겠다는 방침을 이야기했다. 창조관광기반구축의 가장 중요한 부분인 '스마트 관광'은 여행정보네트워크, 디지털 관광 안내 플랫폼 구축, 다국어 지도 서비스 등이 있다. 스마트관광의 핵심은 통신, 기술 및 한류 콘텐츠를 기반으로 한 융합 관광이 될 것이다.

인터넷의 확장으로 예약 프로세스가 편리해지고 실시간 예약이 가능함에 따라 경제적인 가격의 당일예약도 활성화되었다. 관광산업의 사물인터넷 활용은 비콘(Beacon)은 블루투스를 활용한 근거리 위치 인식 기술로 일정 범위에 있는 사용자들에게 스마트폰을 활용해 쉽게 송수신이 가능하다. 이와 같은 기능을 통해 길찾기 서비스를 이용하고 주변 식당 및 관광시설물에 대한 정보 및 혜택 쿠폰 등을 받을 수 있다. 내가 원하는 곳을 미리 예약해서 찾아 갈 수도 있다. 호텔에서 객실 자동화시스템, 스마트키 등 다양한 편의 서비스를 제공하며 고객들의 편의성이 증대할 것이다.

2) 사물인터넷을 활용한 사례

(1) 로봇 접객을 통한 스마트 Check-in와 AI 스피커를 통한 객실 제어 시스템

일본의 HIT그룹은 로봇이 접객을 담당하며, 손님의 짐을 사물함에 보관하고 객실로 나른다. 그리고 로봇이 체크인이나 체크아웃, 청소확인 등의 업무를 하도록 하고 있다. 나가사키 현과 치바 현 두 곳에 지점을 내고 계속 확장 중이다. 그 결과 높아지는 인건비를 절약하여 고객들에게 경제적인 서비스를 제공함으로 재방문 고객들이 늘어나고 있다. 인공지능 스피커 네이버 '클로버', SKT '누구', KT의 '기가지니' 모두 숙박관련 업체들과 제휴를 맺고 스피커 음성인식을 통해 수면모드, 무중력모드, 모션감지 등으로 최적에 맞는 모드 메모리를 저장하여 핸드폰과 연동하고 컨트롤이 가능하게 한다. 호텔에서 핸드폰 앱을 통해 터치로 24시간 조명 및 냉난방제어, 객실 비품 신청, 호텔 시설 정보 확인, 음악 감상, 룸오더 등 많은 것이 고객들 맞춤형으로 제공된다. 또한 가상현실체험공간을 제공하고 디지털 AI 거울까지 설치하여 고객들에게 지속 가능한 엔터테인먼트 정보와 건강관리 솔루션까지 제안한다. 이로 인해 고객의 편의가 증대되었다.

[그림 10-6] HIT그룹 로봇 접객 호텔

출처: 이투데이 (2017. 7. 21.).

[그림 10-7] 노보텔 엠베서더의 AI 서비스

출처: 전자신문 (2018. 7. 18.).

(2) 문화유산 관광안내서비스 구축

문화재에 대한 설명은 주로 문화재 해설사 등을 통해 진행되거나 리플릿, 즉 오프라인으로 인쇄된 소개자료 등이 주로 이용되었다. 소개자료는 정보가 한정되고 해설사의 경우는 특정 시간대에만 제공되어 관광객들의 이용에 불편함이 많다. 사물인터넷을 통해 관광서비스가 진행되면 다국어를 지원하고 원하는 시간에 자유롭게 해설을 들을 수 있다. 또한 단순 텍스트 위주의 학술적인 설명에서 증강현실 등 첨단 ICT를 접목하여 비공개지역 건물 내부관람이 불가한 지역까지 입체적 복원이 가능하다. 현장에서 정보를 SNS로 체험 공유하고 어린이, 어른, 노인 등 대상에 따른 맞춤형 서비스가 가능하다.

3) 발전 방향

관광에서의 사물인터넷의 발전은 관광산업, IT, 콘텐츠 및 서비스가 잘 어우러져야 가능하며 스마트 관광의 성공적인 안착은 관광산업의 질을 높이고 관광객들의 만족도를 증가시킬 수 있으리라고 예측된다.

첫째, 엔터테인먼트 산업과의 융합을 통한 시너지 부분에서 한류 콘텐츠를 활용하여 차별화된 관광 상품 구축이 필요하다. KLIVE 홀로그램 전용관, 외국관광객 전용 콘서트 등과 같이 다양한 미디어 콘텐츠들이 생산되는데 이를 더 잘 체험하기 위한 사물인터넷과의 연계방안이 필요하다.

둘째, 맞춤형 서비스 제공을 위해 고객 만족 극대화에 대한 노력이 필요하다. 외국인을 중심으로 개별 여행이 증가하면서 스마트폰과 사물인터넷을 활용한 다양한 고객 편의 서비스 제공이 활발히 이루어져야 한다. 실시간 교통정보 및 다국어 지도 서비스, 검색 서비스 등 다양한 인프라를 사물인터넷과 연계한다면 우리나라의 관광산업은 빠르게 성장할 것이다.

■ ■ ■ 필수용어

- **ICT:** ICT(Information and Communications Technologies)는 창조경제의 기반이다. 특히 최근에는 빅데이터, 모바일, 웨어러블이 새로운 화두가 되고 있다. 더 나아가 사물인터넷은 인간과 인간 사이의 연결뿐만 아니라 인간과 사물의 연결, 사물과 사물의 연결도 가능하게 한다. 창조의 가능성이 무한하게 열려 있다 해도 과언이 아니다. 그러나 여기에 개인 정보 보호와 프라이버시 보호 등을 보완해야 진정한 창조경제를 만들 수 있다.
- **사물지능통신(Machine to Machine: M2M):** 만물인터넷(Internet of Everything: IoE), 단어 하나하나는 낯설지는 않지만, 전체를 보면 알 듯 모를 듯하다. 사물지능통신은 Machine to Machine, Man to Machine으로 M2M으로 줄여서 사용된다.
  모든 사물에 센서, 통신기능을 부여하여 정보를 수집하고, 상호 전달하는 기술이다. 원격지의 사물, 차량, 사람의 상태정보, 위치정보 등을 확인하여 관제시스템, 모니터링, 감시, 제어, 결제 등을 한다. 사물을 인터넷을 연결해 사물과 사물끼리 통신하는 기술이기도 하다. 휴대폰을 내비게이션에 연결해 동시에 구현을 할 수 있거나, 단말기를 가진 아이가 위급상황에 처해있을 때 기기의 버튼을 누르면 경보와 함께 부모의 스마트기기로 아이의 위치정보와 단말기에 찍힌 동영상이 전송되기도 한다.
- **ZigBee ZigBee:** 저속 전송 속도와 근거리 통신을 위하여 ZigBee Alliance에서 개발한 무선 네트워크 기술, 작은 크기로 전력 소모량이 적고 값이 저렴하여 홈네트워크 등 유비쿼터스 구축 솔루션으로 지능형 홈네트워크, 빌딩 등의 근거리 통신 시장과 산업용기기 자동화, 물류, 휴먼 인터페이스, 텔레매틱스, 환경 모니터링, 군사 등에 활용됨

CHAPTER 11

디지털 광고 마케팅

학습목차

1. 디지털 마케팅의 개념
2. 디지털 마케팅의 특징
3. 디지털 광고 특징과 프로세스
4. 디지털 광고의 상품 유형
5. 동영상 광고
6. 디지털 광고의 효과 측정

CHAPTER

11 디지털 광고 마케팅

학/습/목/표

1. 디지털 마케팅에 관한 일반적인 이해를 갖는다.
2. 디지털 광고의 특징과 유형에 대해 설명할 수 있다.
3. 디지털 광고 효과 측정에 대해 알 수 있다.

들어가는 말

불황에도 모바일 디지털 광고 폭풍 성장 기대, 인기 크리에이터를 활용한 콘텐츠 영상 급부상 예감

경기침체가 예상됨에도 80%에 달하는 중국 광고주들이 인터넷 모바일 등 디지털 광고 마케팅을 중심으로 마케팅 예산을 늘릴 계획인 것으로 알려졌다. 중국 인터넷 매체 제멘(界面)은 애드마스터(AdMaster)의 '중국 디지털 마케팅' 보고서를 인용, 조사 대상 110개 주요 브랜드 광고주 가운데 79%가 모바일 인터넷 SNS 등을 활용한 디지털 광고 마케팅 예산을 평균 20% 확대할 계획이라고 전했다. 그중 34%에 달하는 광고주는 디지털 마케팅 광고 예산을 2019년에 30%까지 확대 편성할 방침이라고 밝혔다. 이는 올해와 지난해 디지털 마케팅 예산 증가폭인 18% 17%보다 각각 2%, 3% 증가한 수치다. 적지 않은 기업들이 경기 불황과 산업 침체에도 인터넷을 기반으로 한 광고 마케팅 예산은 계속 확대해 나갈 계획임을 밝힌 것이다.

특히 왕훙(網紅, 인터넷스타)이나 연예인을 활용한 KOL(Key Opinion Leader) 마케팅과 쇼트클립(15초 이내 짧은 동영상) 등의 예산 비중이 확대될 것으로 보인다. 즉 인기 크리에티터를 활용한 콘텐츠 마케팅의 급부상이다. 따라서 71%의 광고주가 내년에는 사회관계망서비스(SNS) 위주의 광고 마케팅을 대폭 확대할 계획이라고 밝혔다. 또 젊은 층을 중심으로 틱톡(TikTok, 抖音) 샤오훙수(小紅書) 등 쇼트클립이 폭발적인 인기를 끌고 있는 만큼 이를 활용한 마케팅이 주요 전략으로 자리 잡을 것이라고 평가했다.

틱톡(TikTok, 抖音) 샤오홍수(小紅書) 등 쇼트클립을 이용한 마케팅

중국 대표 메신저 위챗(Wechat, 微信)의 공식 계정 공중하오(公眾號)를 이용한 마케팅은 여전히 높은 인기를 보였다. 공중하오는 정부기관 미디어 기업 단체 개인의 콘텐츠 공유를 위한 필수 플랫폼으로 카카오톡의 '플러스 친구' 및 페이스북의 '페이지'와 같은 기능이다. 전자상거래 애플리케이션(APP)이나 영상 프로그램에 대한 투자가 지속될 것으로 보이면서 콘텐츠 제작을 통한 광고 마케팅이 훨씬 경쟁력 있다"고 평가하고 있다.

출처: 뉴스핌(2018. 12. 26.).

1 디지털 마케팅의 개념

21세기는 정보화 시대로 정보화를 위한 기술의 발달은 기업 경영의 패러다임을 바꾸어 놓았다. 그 안에서 가장 큰 변화를 일으킨 요소는 시간과 공간을 초월하게 만든 인터넷의 출현으로 인한 경제, 사회, 문화 등에 걸친 새로운 패러다임의 형성이다. 언제, 어디서나 정보를 교환하는 것이 가능한 정보 네트워크 형성으로 경제 활동의 합리성을 결정하는 원리 자체가 근본적으로 달라지는 것이다. 이러한 변화는 생산자가 상품이나 서비스를 고객에게 유통시키는 데 필요한 일련의 활동을 이야기하는 기존 마케팅의 방식에도 많은 영향을 미치고 있다. 일반적으로 기존의 4대 매체(TV, 라디오, 신문, 잡지)는 모든 고객에게 동일한 메시지를 전달한다. 그러나 온라인이나 모바일을 통해서는 기업 및 고객이 서로 간에 메시지를 교환하는 방식이 양방향, 다대다로 가능하다. 다대다(many to many)는 마케팅 과정에서 개별 소비자의 니즈(needs)를 파악하여 욕구를 채워 줄 수 있고 고객은 적극적으로 여러 기업을 대상으로 온라인이나 모바일을 통해 다양한 아이디어(제품에 대한 체험, 개발, 평가)를 전달할 수 있다.

그렇다면 디지털 마케팅, 즉 온라인 및 모바일 마케팅이란 무엇인가? 마케팅의 목적을 달성하기 위해 개인이나 조직이 온라인이나 모바일을 연결하여 쌍방향 커뮤니케이션을 바탕으로 한 능동적 마케팅이라고 할 수 있다. 인터넷 마케팅, 온라인 마케팅, 모바일 마케팅, SNS 마케팅, e비즈니스 마케팅 등으로 불리는 디지털 마케팅은 적용 범위에 따라 다음의 몇 가지로 정의할 수 있다.

- 기업이나 조직 등 비즈니스 주체가 자신의 e비즈니스를 성공적으로 이끌기 위해 수행하는 모든 활동을 의미한다.
- 다양한 정보 기술 환경(컴퓨터, 모바일 등의 정보기기)이 제공하는 가상공간 및 실제 공간에서 실시간으로 이루어지는 소비자와의 관계형성 및 제반 마케팅 활동을 의미한다.
- 신규 고객을 창출하고 기존 고객의 관계를 강화 및 유지시키는 것을 목적으로 고객 니즈의 발견 및 욕구 충족에 정보 기술을 활용하는 마케팅 활동을 의미한다.
- 마케팅 형태에 따라 전자 카탈로그, 홈페이지 및 전사상거래, DB마케팅, 배너광고, 검색광고, SNS광고, 동영상광고 등을 포함한다.
- 인터넷, 무선 인터넷이나 이동통신망을 통해 이용자에게 다양한 형태의 광고를 노출시키거나 APP에 콘텐츠를 삽입하는 행위를 의미한다.

2 디지털 마케팅의 특징

1) 인터넷의 특징

그동안 주로 TV, 라디오, 신문, 잡지와 같은 일반 매체 위주로 이루어지던 의사소통이 컴퓨터와 인터넷망으로 형성된 가상공간을 활용하게 되면서 마케팅환경은 급속하게 변화하고 있다. 이러한 변화는 일반 오프라인 매체와 구별되는 인터넷 매체의 특징에서 기인하는 것으로 볼 수 있다.

첫째, 인터넷 매체에서는 다수 대 다수의 의사소통이 가능하며, 의사소통의 범위도 대중매체를 이용한 기업과 소비자 간에 주로 이루어지던 것이 기업과 기업, 기업과 소비자, 소비자와 소비자 등으로 확대되었다. 즉 인터넷은 네트워크로서 모든 인간과 집단 그리고 기업 등을 연결시키는 기능을 한다. 따라서 인터넷은 지위고하, 빈부의 격차에 관계없이 누구나 연결하여 사용이 가능하다는 특징이 있다.

둘째, 인터넷은 정보를 바탕으로 존재한다. 인터넷에는 인류역사상 가장 많은 정보들이 존재하고 있고 앞으로도 계속적으로 정보가 축적될 것이다. 인터넷에 존재하는 모든 정보는 공유를 목적으로 하는 경우가 대부분이며, 또한 정보가 없는 웹 사이트나 홈페이지는 무의미하다. 인터넷을 이루는 핵심은 '네트워크'와 '정보' 그리고 '사람'이다. 네트워크가 인터넷을 이루는 프레임이라면 정보는 인터넷을 이루는 다양한 서비스이다. 그리고 인터넷을 작동하는 주체는 사람이다.

셋째, 인터넷은 대기업이든, 작은 상점이든 동일한 출발점에서 시작한다. 물론 오프라인에서 브랜드 가치가 높은 기업에게 어느 정도의 이점이 있을 수 있겠으나, 대기업이라도 정보 제공을 소홀히 한다면 도태되는 것이 인터넷 공간이다. 작은 상점이라도 온라인상에서 유용한 정보를 제공한다면 인터넷에서 성공할 수 있다. 실제로 인터넷에서 보여줄 수 있는 넓이는 대기업이든, 작은 상점이든 하나의 웹 페이지일 뿐 대기업이라고 해서 보다 넓은 인터넷 영역을 차지하는 경우는 없다. 문제는 이용자들이 가치를 느낄 만큼의 유용한 정보 또는 서비스를 과연 제공할 수 있는가 하는 것이다.

넷째, 인터넷이란 가상공간은 철저하게 이용자 중심의 매체이다. 인터넷 이용자들은 자신에게 필요 없다고 판단되는 정보는 무시한다. 또한 핵심적으로 필요한 정보 또는 홈페이지만을 찾아다니는 습성이 있다. 이용자의 지속적인 정보 또는 홈페이지 이용을 유도하려면 좋은 정보와 좋은 서비스로 이용자들에게 이익을 줄 수 있어야 한다. 또한 그 이익을 이용자들이 인식할 수 있어야 한다.

다섯째, 가상공간에서의 의사소통은 메시지의 발신자와 수신자간의 상호작용이 가능하다는 것이다. 소비자는 가상공간에서 상품이나 서비스에 대한 정보를 취득하거나 구매를 할 수 있을 뿐만 아니라 해당 상품이나 서비스에 대한 의견이나 평가를 기록할 수 있다. 기업은 소비자의 이와 같은 의견이나 평가에 대하여 빠르게 대처함으로써 고객만족을 위한 전략적 접근이 가능하게 된다.

여섯째, 인터넷은 멀티미디어를 이용한 의사소통이 가능함과 동시에 정보의 반복적인 이용이 가능하다. 기존의 매체가 음성, 문자, 동영상 중 하나 또는 일부의 정보만 제공이 가능하였던 점과 비교할 때, 인터넷 매체는 음성, 문자, 동영상 및 다양한 복합적 정보를 제공할 수 있을 뿐만 아니라 언제든지 원하는 장소와 원하는 시간에 반복적으로 볼 수 있다는 특징을 가지고 있다.

일곱째, 인터넷은 시간과 공간에 제약이 없는 개방형 구조를 가지고 있다. 인터넷을 이용하는 이용자들은 시간제약 없이 가상공간을 활용한다. 이용자 관점에서 볼 때 바쁜 일상생활로 인하여 다양한 정보를 취득하는 데 시간과 공간의 제약으로 인하여 필요한 정보를 적기에 취득하지 못하는 것을 예방해 주는 효과가 있다. 제공자 관점에서는 소비자가 필요로 하는 정보를 언제든 필요에 따라 제공함으로써 고객서비스를 증진시키는 데 일조를 하게 된다.

2) 전통적인 마케팅과 디지털 마케팅의 비교

마케팅의 환경과 마케팅의 성공요인, 기업 내 마케팅의 위상과 고객에 대한 관점에서 서로 다른 차이점을 가지고 있다.

〈표 11-1〉 전통적 마케팅과 디지털 마케팅의 비교

	전통적 마케팅	디지털 마케팅
마케팅 환경	- 시장이 공간상으로 지역과 국가에 한정됨 - 기업이 주도적 역할을 함 - 기업 내부 사용으로 한정된 정보시스템	- 시장의 경계가 없어짐 - 고객이 주도적 역할을 함 - 외부와 연결되어 통합적으로 사용되는 정보시스템
마케팅 성공요인	- 선도기업의 주도적 역할이 중요함 - 기업 간의 협력은 중요치 않음 - 고객과의 커뮤니케이션은 필요하나 많은 비용이 발생하므로 제한적으로 유지됨	- 고객의 반응이 주요 성공요인임 - 기업 간의 전략적 제휴가 중요함 - 고객과의 커뮤니케이션이 중요함
기업 내 마케팅 위상	- 마케팅이 상품개발을 주도함 - 마케팅부서는 마케팅의 전위역할을 수행함	- 마케팅부서가 다른 업무부서와 기술적으로 통합됨 - 전사적 마케팅으로 그 중요성이 보다 강조됨
고객에 대한 관점	- 구객들은 상품에 대한 지식과 정보가 적음 - 고객의 형태와 기대가 어느 정도 예상 가능함	- 고객들의 학습증가로 상품에 대한 많은 지식과 정보 공유 - 고객을 집단이 아닌 개인 단위로 생각하여 기업활동에 이용함

출처: 이훈영(2002). e-플러스 마케팅.

3) 디지털 마케팅의 분류

과거의 대중 마케팅 시장에서는 대중 매체를 통한 의사소통에 기반을 둔 거래를 강조하였다. 하지만 최근에 중요성이 대두되고 있는 상호작용 마케팅은 개별고객의 니즈(needs)에 맞는 상품제안과 메시지를 강조하고 있다. 결과적으로 상호작용 마케팅은 소비자들의 욕구가 세분화되고 이러한 개별 소비자의 욕구를 만족시키려는 노력이 없이는 기업의 지속적인 생존이 불가능하다는 의식에서 비롯되었다.

(1) 상호작용 마케팅

이와 같은 상호작용 마케팅은 일반적으로 TV홈쇼핑, 인터넷 커뮤니케이션 매체, 비디오게임과 같은 쌍방향 매체를 이용한 마케팅을 말한다. 소비자가 소비에만 참여하는 단계를 넘어 제품의 생산과 유통에까지 참여하는 생산적 소비자, 즉 '프로슈머'의 등장에 맞추어 상호작용 마케팅의 중요성은 더욱 커지고 있는 실정이다. 예를 들어 레스토랑 기업들이 회사의 브랜드를 내건 인터넷 사이트나 블로그, 카페, 페이스북, 인스타그램를 개설하여 자사와 직접적인 관련이 있는 직원 및 가명점주는 물론이고 일반 소비자를 대상으로 기업을 홍보하고 메뉴개발 및 마케팅활동에까지 참여를 유도하는 것이 대표적인 외식산업에서의 상호작용 마케팅이다.

(2) 관계 마케팅

관계 마케팅이란 고객 등 이해관계자와의 강한 유대관계를 형성, 이를 유지해 가며 발전시키는 마케팅활동을 말한다. 고객만족 극대화를 위한 경영이념으로 최근 관심을 끌고 있다. 즉 마케팅은 기존의 판매위주의 거래 지향적 개념에서 탈피, 장기적으로 고객과 경제사회 기술적 유대관계를 강화함으로써 "고객을 동반자로 인식하여 신뢰하게 만드는 것"이다. 개별적 거래의 이익 극대화보다는 고객과의 호혜관계를 극대화하여 고객과 우호관계를 구축하면 이익은 절로 수반된다.

기존의 마케팅의 관점은 주로 신규고객의 확보에 초점을 맞추는 경우가 많았다. 그러나 신규고객을 창출하는 데는 많은 비용이 수반되는 것이 일반적이다. 즉 서비스나 제품에 있어 기술적인 차이가 점점 좁아지게 됨에 따라 고객들로 하여금 애호고객이 되게 하는 데 그만큼 많은 촉진비용, 유통비용, 서비스개발비용, 가격정책비용 등을 들여야 한다. 따라서 어느 정도의 시장점유율을 확보한 경우에는 신규고객의 창출보다는 관계 마케팅을 통한 기존고객의 유지가 중요한 마케팅전략이 되는 것이다. 이러한 관계 마케팅은 고객과의 계속적인 관계를 개발하고, 유지하여 자사의 서비스에 대한 로열티(Loyalty)를 구축할 수 있게 하는 것이다. 이러한 이유는 고객과 기업 간의 상호 호혜적인 이익을 증대시켜 나가는 것을 그 배경으로 하고 있다. 따라서 관계 마케팅에서 핵심은 바로 고객관계이다. 특히 서비스에선 고객 개개인에 대한 관심이다. 고객을 군중의 일부가 아니라 특별한 개체로 보아 그들의 욕구에 맞게 서비스를 제공하여 만족과 신뢰를 형성하고자 하는 것이다. 이와 같은 관계마케팅의 특징을 살펴보면 다음과 같다.

첫째, 제품의 질보다는 고객과의 관계의 질을 중시한다. 과거 고도성장시대에는 제품의 질만으로 시장을 개척하고 유지할 수 있었으나 제품의 품질에 동질화 경향이 나타나고 성장이 둔화되는 시대에는 고객과의 관계, 고객 밀착도 등이 시장유지 및 확대의 핵심이 된다는 것이다. 즉 제품의 관리, 판매 및 거래관리 중심에서 고객서비스 관리로 마케팅 관리의 중심을 이동해야 한다.

둘째, 시장점유율이 아니라 고객점유율을 핵심으로 한다는 점이다. 시장점유율은 전체 시장 속에서 우리의 상품 매출액이 얼마인가를 나타내는 규모 중심의 척도이지만 고객점유율은 한 고객의 구입액 중 우리 회사의 각종 상품 구입총액이 얼마인가를 나타내는 범위 중심의 척도이다. 즉 시장 속의 점유율이 아니라 고객 속의 점유율인 집중도가 중시되는 개념이다. 고객과의 밀착관리를 통하여 우리 회사 제품의 구입 빈도, 구입액의 비중을 높여 가는 개별 마케팅전략인 것이다.

셋째, 광고, 판촉 중심의 일방적 커뮤니케이션이 아니라 인적판매 중심의 상호커뮤니케이션 전략이다. 제품중심의 일방적인 정보제공이 아니라 고객의 인격을 존중하고 고객을 참가시켜 대화하고 호소하며, 고객을 진심으로 보호하는 고객만족 중심의 전략인 것이다. 고객관계 만족은 집중도의 심화를 낳고 집중도의 심화는 새로운 고객의 창조를 낳게 되는 것이다.

넷째, 본사 중심의 대규모 전략이 아니라 지역 상권 중심의 소규모 맞춤형 전략이라는 점이다. 앞으로의 전략은 본사중심, 전국중심의 광범위 전략의 유효성보다는 지역중심의 소규모 밀착전략이 더욱 위력을 발휘하게 될 전망이다. 원거리 관계가 아니라 근거리 관계의 초점이 보다 명확하기 때문이다.

관계 마케팅은 인터넷의 발전과 더불어 최근에는 인터넷 환경에 고객관계관리를 접목한 eCRM(Electronic Customer & Relationship management)의 형태로 진화하고 있다.

(3) 데이터베이스 마케팅

데이터베이스 마케팅(Database Marketing)이란 고객정보, 경쟁사정보, 산업정보 등 시장의 각종 1차적인 데이터를 직접 수집하고, 분석하여 그것을 바탕으로 마케팅 전략을 수립하는 하나의 방법을 의미한다. 어느 고객이 무엇을 얼마나 자주 구매하였는지, 어느 고객이 어느 매장에서 어떤 유형의 제품을 구매하였는지, 또는 어느 고객층이 언제 재구매, 대체구매를 할 것인지 등과 같은 데이터를 가지고 고객의 성향을 분석하고 향후 필요한 효율적인 마케팅 전략을 수립하는 것을 말한다. 즉 고객에 관한 데이터베이스를 구축하여 이용하면서 필요한 고객에게 필요한 제품을 판매하는 전략으로 '원 투 원(one-to-one) 마케팅'이라고도 한다.

이러한 최신 마케팅 전략기법은 컴퓨터시스템과 인터넷 기술의 발달로 인해 큰 영향을 받게 되었다. 컴퓨터가 고객의 복잡한 데이터를 보다 저렴하고 신속하게 일괄 처리할 수 있게 되자, 그날그날의 고객 구매 형태에 대한 데이터베이스가 신속하게 갖춰질 수 있었고, 이러한 데이터가 인터넷 환경을 이용하여 시간과 공간을 초월한 활용이 가능하게 됨으로써 보다 효과적인 마케팅 전략의 수립이 가능하게 되었다.

기업의 데이터베이스 마케팅을 위해서는 고객 데이터베이스의 구축이 필수적인데, 데이터베이스라는 것은 일종의 데이터 창고라고도 말할 수 있다. 데이터를 입력시키는 것과 출력시키는 것은 별개의 작업이라고 인식하기 쉽지만, 중요한 것은 꺼내기 쉽도록 잘 정리해 두는데 있다.

따라서 정보의 입출력은 체계화가 무척 중요하며, 이러한 것을 관리하는 것이 데이터베이스 관리시스템이다. 필요한 정보를 짧은 시간 내에 꺼낼 수 있도록 데이터를 관리해 주는 소프트웨어 시스템인 DBMS(Database Management System)는 파일 속의 서류와도 같다. 그래서 정리되지 않고 흐트러져 있는 서류는 서류를 찾는 효율성 측면에서 뿐만 아니라 정보가치 면에서도 엄청난 차이를 만들어 낸다. DBMS에 의해서 지원되는 고객 데이터베이스는 고객 마스터 파일, 판매파일, 고객판정 파일, 상품파일, 판촉파일 등으로 구성되어 있다.

이 파일들에는 고객의 특성, 고객의 과거 구입실적, 상품별 매출 실적 및 판촉활동의 성과 등 다양한 정보들이 축적이 되며, 이러한 정보들은 마케팅 전략수립을 위한 각종 분석의 기초자료로 제공된다. 또한 분석을 통해 도출된 결과는 체계적으로 정리되어 시장 세분화 또는 상품 차별화 전략을 위해 활용이 되기도 한다.

(4) 표적 마케팅

표적 마케팅이란 소비자의 인구통계적 속성과 라이프스타일에 관한 정보를 활용, 소비자의 욕구를 최대한 충족시키는 마케팅 전략을 말한다. 이를 위해 소비자들을 가장 작은 단위로 나눈 다음 계층별로 소비자 특성에 관한 데이터를 수집해 마케팅 계획을 세운다. 즉 표적집단을 선정한 후 매우 정교한 마케팅활동을 펼치는 것이 필요하다.

이와 같은 표적 마케팅은 대부분의 소비자와 연결된 인터넷망을 이용하면 일부 계층에 광고를 하기 위하여 우편으로 광고전단을 발송할 필요 없이 인터넷을 통하여 소비자에 대한 정확한 데이터를 수집, 분석하여 선택적인 마케팅전략을 펼칠 수 있다. 인터넷 마케팅에 있어서의 시장은 소비자 개개인의 다양한 요구와 밀접한 관계가 있으므로 시장의 상호작용성, 연계성을 갖게 되는 기준으로 세분화된다. 정보를 기반으로 하는 인터넷 마케팅에서 시장세분화의 목적은 더 많은 마케팅활동이 아니라 더 나은 마케팅활동이므로 기업의 경쟁가능성과 특징을 고려해 표적시장을 선택하는 것이 중요하다. 인터넷을 활용하게 됨으로써 기업은 세분시장의 기본욕구에 맞도록 마케팅프로그래밍을 조절하는 표적 마케팅이 수월하게 되었다.

(5) 위치 기반 마케팅

위치 기반 마케팅이란 소비자의 인구통계적 속성과 라이프스타일에 관한 정보를 활용, 소비자의 욕구를 최대한 충족시키는 마케팅 전략을 말한다. 이를 위해 소비자들을 가장 작은 단위로 나눈 다음 계층별로 소비자 특성에 관한 데이터를 수집해 마케팅 계획을 세운다. 즉 표적집단을 선정한 후 매우 정교한 마케팅활동을 펼치는 것이 필요하다. 소셜 미디어가 모바일을 기반으로 할 때 이동성, 위치 기반 및 실시간의 특성을 이용한 효과적인 마케팅을 전개할 수 있다. 이동통신망이나 GPS(global positioning system)를 기반으로 해서 무선 인터넷 이용자의 위치 변동에 따라 여러 가지 정보를 제공하는 시스템이나 서비스를 통칭해서 위치 기반 서비스(location based service: LBS)라고 부른다(최재호, 2008). LBS는 위치 서비스(location services: LCS)로 부르기도 한다. LBS는 무선 인터넷 사용자가 위치를 이동함에 따라 별다른 정보의 입력이나 조작 없이 자동적으로 위치가 파악되며 이에 따라 다양한 서비스를 제공할 수 있다는 것이 가장 큰 장점이다.

현재 LBS는 자동차와 휴대폰의 내비게이션(navigation), 실시간 교통정보 등과 같이 교통과 항법 분야에서 가장 많이 활용되고 있으나 사물인터넷의 성장과 함께 마케팅과 광고 분야에서도 서비스가 지속 개발되고 있으며 향후 유망 분야로 지목되고 있다.

현재 LBS는 위치 확인, 물류 · 관제, 주변 정보 검색, 엔터테인먼트, 교통 · 항법, 안전 · 구난, 광고 등 다양한 분야에 활용되고 있다(최재호, 2008). 구체적으로 위치 확인은 친구 찾기와 같은 사람 및 사물의 위치 정보를 파악할 수 있는 개인용 서비스다. 물류 · 관제는 화물차량 위치 추적, 법인 차량 관리 시스템, 공항 수화물 서비스와 같이 사람, 차량 및 물류의 위치 정보를 기반으로 한 기업용 서비스다. 주변 정보 검색은 날씨, 생활정보와 같이 개인의 위치 정보에 따른 주변 환경의 정보를 파악할 수 있는 개인용 서비스다. 엔터테인먼트는 개인의 위치 정보를 바탕으로 오락용 정보를 파악할 수 있는 개인용 서비스다.

교통 · 항법은 현재 가장 큰 시장을 이루고 있는 분야로 운전자의 위치에 따른 교통 및 길 안내 서비스로서 기업과 개인 모두 활용할 수 있다. 인터넷 포털 업계와 이동통신사가 지도 검색 서비스를 제공하고 있다. 안전 · 구난은 개인이나 기업의 재난 시에 사람이나 사물의 위치에 따른 안전 조치 및 구조와 관련된 개인 및 기업용 서비스다. 스마트폰이 보편화되고 오프라인과 온라인이 활발하게 연계되면서 위치 정보를 바탕으로 기업의 마케팅과 연계한 서비스 및 홍보가 늘어나고 있다. 특히 음식점, 카페, 미용실, 영화관, 학원 등의 오프라인 상점과 연계한 프로모션 공지 및 할인 쿠폰 등이 많이 활용되고 있다.

3 디지털 광고 특징과 프로세스

미디어가 주문형 플랫폼화, 다채널화, 개인화, 쌍방향으로 발전함에 따라 새로운 유형의 광고들이 속속히 등장하고 있다. 보상형 광고, 네이티브 광고, 프로그래머틱 광고, 증강현실 광고 등이다. 사무용 PC, 태블릿 PC, 스마트폰 등 사용자가 접하는 디바이스 패턴이 다양해지면서 Cross-platform의 확산에 따른 통합 마케팅(IMC)으로 시장의 규모와 성장세가 더욱 가속화될 전망이다.

1) 매체별 광고 특징 비교

매체별로 광고의 특징을 비교하면 다음과 같다.

구분	대중매체 광고	유선인터넷 광고	모바일 광고
광고단위	시공의 제한 있음	시공의 제한 없음	시공의 제한 없음
방향성	단방향	쌍방향	쌍방향
메시지생명	일시적	영구적	영구적
반복광고	불가능	가능	가능
정보의 전달	시공의 제한 있음	시공의 제한 없음	시공의 제한 없음
광고 목표 대상	대중	특정 그룹 혹은 개인	특정 그룹 혹은 개인
메시지의 시의성	낮음	높음	매우 높음
정보의 양	매우 제한적	무제한	제한적
즉각적인 효과 측정	확인 어려움	확인 가능	확인 가능
이동성	없음	제한적	높음
온/오프라인 연동성	없음	제한적	매우 높음
고객 밀착성	낮음	높음	매우 높음

2) 디지털 광고 사업자들의 역할

디지털 광고 사업의 주요 사업자들은 광고주, 대행사, 미디어랩사 플랫폼사, 매체사 이렇게 나뉘며 각각의 업무에 따른 특성을 다르게 가지고 있다. 그중에서 가장 기본이 되는 주요 사업자의 역할은 광고주, 대행사, 매체사라고 할 수 있다.

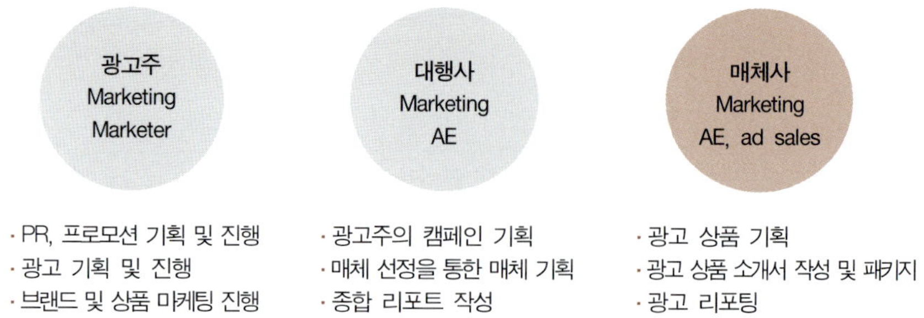

[그림 11-1] 주요 광고 사업자들의 역할

[그림 11-2] 온라인과 모바일 광고의 유통 구조

광고 시장의 규모가 확대되면서 AD Exchange가 주목받고 있고 단순이 광고주와 매체사를 연결하는 대행사의 역할에서 더 나아가 매체와 광고주가 서로 수익을 극대화 할 수 있도록 분석과 광고 집행을 대행하고 있다.

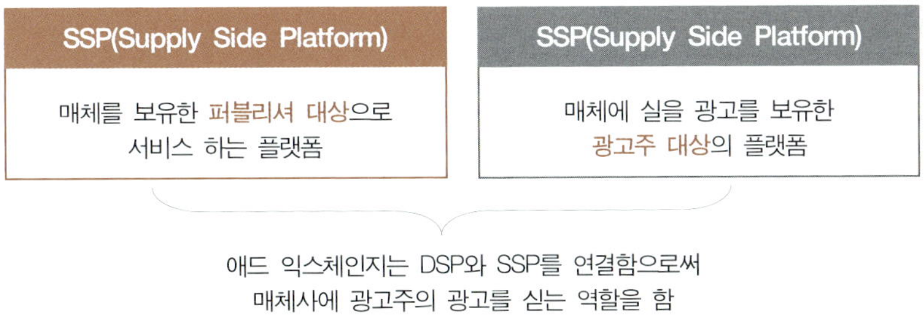

3) 디지털 광고 프로세스

디지털 광고는 오클릭이나 부정클릭 혹은 잘못된 추천광고나 실제 콘텐츠를 볼 수 없게 가리는 팝업 광고 등으로 부정적인 선입견을 갖고 있는 경우도 있는데 실제로는 유용한 정보를 제공하며 다양한 크리에이티브로 볼거리가 있고 고객들에게 혜택을 주는 광고도 많이 있다. 디지털 광고 시장이 커지는 만큼 고객의 성향을 잘 파악한 고객 친화적인 광고로 새로운 기술을 접목한 다양한 크리에티브가 많이 나오기를 기대한다. 시장의 경쟁이 치열해지면서 광고주의 목표는 더욱 높아지고 있다. 기존에는 매체 중심으로 매체 브랜드에 의존해서 광고를 집행했다면 지금은 기술에 기반한 광고 플랫폼의 발전으로 퍼포먼스(performance)를 세밀하게 측정하여 광고를 집행하는 경향이 눈에 띄게 많아지고 있다.

다음과 같은 광고 계획에서 송출 및 리포팅까지의 일련의 과정에서 어떻게 캠페인을 최적화시켜 효율을 상승시킬 수 있을 것인가가 디지털 광고의 핵심이다.

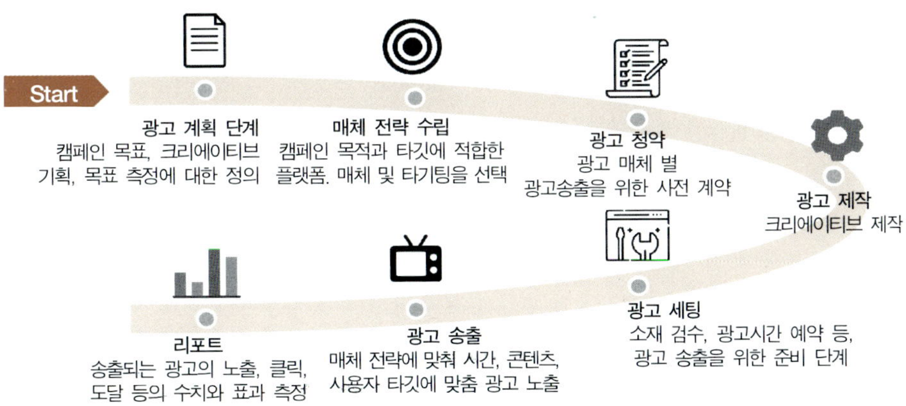

캠페인 최적화는 크리에이티브, 미디어, 상품, 시간 등과 같은 요소들을 캠페인 목표에 맞게 세팅하여 기존에 광고 결과 보다 효율을 상승하는 형태로의 변화이다.

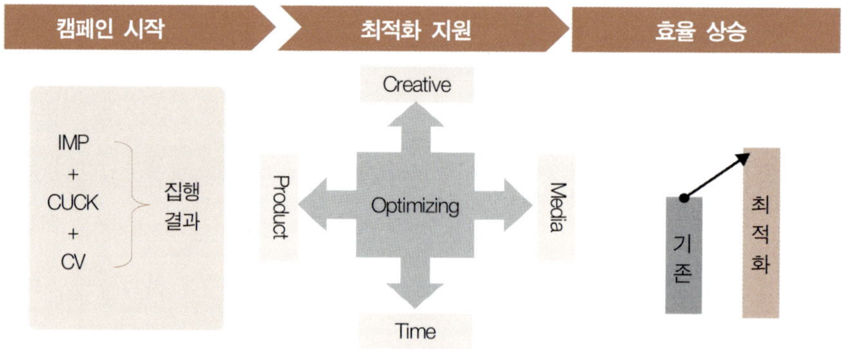

4 디지털 광고의 상품 유형

디지털 광고 상품의 유형에는 검색광고(SA), 배너광고(DA), 소셜 네트워크 광고(SNS), Targeting 광고, Performance 기반의 광고, 동영상 광고 등이 있다. 최초 디지털 광고는 1994년 10월 미국의 핫와이어드(HotWired)에서 배너(Banner)라는 이름으로 처음 등장한 이래 많은 성장과 변화를 거듭해 왔다. 국내 인터넷 광고는 멀티미디어의 발전에 따라 더 많은 메시지를 전달할 수 있는 배너, E-Mail, 웹진 등의 형태로 발전하였으며, 이후 인터넷 보급이 빠르게 확산됨에 따라 인터랙티브 배너, 리치미디어, 동영상, 키워드 검색, 바이럴 형태 등 다양한 광고가 생겨나게 되었다.

1) 검색광고

검색광고는 광고주가 타깃으로 하고 있는 키워드의 검색 결과에 광고주 정보를 노출시킴으로 마케팅의 효과를 보는 방법으로 구매의지가 높은 고객을 만날 수 있는 빠른 마케팅 수단 중 하나이다. 그 이유는 검색 결과 중에 가장 높은 비중을 차지하고 최상단에 노출되기 때문이다. 검색광고는 능동형 광고로 타깃고객, 구매의지가 높은 고객을 만날 수 있는 가장 빠른 마케팅 수단이다. 잠재구매자가 스스로 검색을 통하여 유입이 되는 형태이기 때문에 타 광고에 비해 전환율이 높은 편이고 전환에 이르기까지 시간도 짧은 편이지만 경쟁이 많은 키워드인 경우 클릭당 비용이 상승하여 신규 사업자나 전환율이 낮은 사업자들의 경우에는 진입하기에 어렵고 특히 고관여상품의 경우 유입비용이 비싸고 시간도 오래 걸리는 단점이 있다. 광고주들의 광고는 관련 키워드가 검색될 때마다 검색 페이지에 이미 입찰된 광고비에 따라 정렬되는데 입찰 금액이 크면 리스트의 상단에 위치하게 된다. 키워드 광고를 통해서 키워드 별로 얼마나 많은 유입이 있었는지 그리고 전환은 얼마나 이루어졌는지를 알 수 있다.

2) 배너광고

배너광고는 다양한 사이트 및 app에 게재하는 방식으로 막대 모양의 이미지 광고를 주로 말한다. 보통 다른 웹 콘텐츠와 링크되도록 구성되어 클릭할 경우 광고주의 특정 사이트로 들어가도록 되어 있는 것이 일반적이다. 광고료는 일반적으로 사이트 방문자수 회원 수 배너광고 클릭 수 등을 기준으로 결정된다. 일반적으로 배너광고는 다양한 리치 미디어 광고가 가능하여 검색광고에 비해 타깃률이 낮고 도달률이 높아서 브랜딩 광고, 즉 직접적인 매출상승보다는 잠재고객을 확보하는 방안으로 운영되었다. 최근에 애드네트워크(ad network) 광고로 전환되면서 다양한 타기팅이 가능해짐에 따라 배너광고도 전환율을 높여 효율성을 극대화하는 방안으로 집행되고 있다. 배너광고는 형태에 따라 이미지배너와 플래시배너로 게재위치에 따라 내부배너, 외부배너광고로 나누어 볼 수 있다. 이미지배너는 정적 이미지 또는 동적 GIF이미지를 이용한 배너로서 클릭 시 한 가지 이동경로를 가진다. 플래시 배너의 형태는 기존의 이미지배너 광고와는 달리 사용자와의 상호 작용이 가능하며 멀티미디어적인 요소를 가지고 기존 GIF 이미지 배너와는 다르게 적은 용량과 뛰어난 화질로 높은 클릭률을 가진다.

구분	세부유형	내용
DA (디스플레이 광고)	PC DA 광고	- 인벤토리(광고 게시 공간)와 같이, 모바일 웹페이지에 표시되는 배너 - 전형적으로 그래픽 배너, 텍스트 링크를 포함하는 그래픽 배너, 텍스트 기반의 배너가 포함됨
	모바일 In-app 광고	- In-app DA 광고, 모바일 어플리케이션 배너 광고는 모바일 어플리케이션상에 디스플레이 되는 일반 그래픽 광고 유형 - 모바일 어플리케이션 구동 시 노출되는 전체화면 광고, 어플리케이션 시작 및 종료를 위한 '범퍼'화면 또는 어플리케이션 내에 있는 스플래쉬 페이지나 점프 페이지로 노출됨
	텍스트 광고	- 텍스트만을 디스플레이하는 보완적 광고 단위 - 텍스트 링크는 광고의 클릭 특성을 강조하기 위해 모바일 웹배너 광고로, 아래에 사용하는 것이 일반적임
	VOD	- 비디오 콘텐츠를 활용한 광고(전, 중, 후, 고정 등을 모두 포함함)
	보상형 광고	- 모바일 기기 전용으로 제작된 광고 제공업 등을 통해 광고를 시청하고 포인트 등 소비자가 지급받는 유형

3) SNS 광고

SNS라 함은 Social Network Service를 활용한 광고를 의미하는데 주로 페이스북, 트위터, 인스타그램, 카카오스토리 등의 서비스를 활용한 광고이다. 매스미디어 시대에서 고객은 정보 소비자로 국한되었는데 인터넷의 발달로 인해 1인 미디어 시대가 본격화 되었다. 그 결과 기업은 논리적인 정보가 중요한 시대가 되었고 소비자 차원에서의 정보 생산이 구매에 직접적인 영향을 미치고 있다. 그러나 여전히 정보를 생산하고 유통하는 부분에 대해서는 진정한 대중화가 어려웠는데 SNS가 그 역할을 하고 있다. SNS의 전파력과 의사소통 능력은 정제되지 않은 콘텐츠라 하더라도 이슈가 된다면 매우 빠르게 확산된다. 얼마나 많은 사람들이 공유하고 보았는지가 가장 중요한 지표가 된다.

구분	주요미디어	디바이스	소비자 역할	홍보 방법
매스미디어	TV, 신문, 잡지	TV, 신문	정보 수용자	광고 언론 홍보
블로그	블로그	PC	정보 생산자	리뷰
소셜 미디어	SNS	스마트폰	정보 유통자	이벤트

4) 타기팅 광고

광고 기술이 고도화되면서 기존 배너광고에 타기팅 기술을 접목한 광고가 주목받고 있다. PC모바일 Web과 app, 관심사, 잠재고객 타기팅 등 다양한 형태로 세분화 되고 있다. 그 유저가 관심 있었던 상품 목록을 다시 보여주기 때문에 다시 재 방문해서 구매할 확률을 높여준다. 타기팅 광고는 디바이스와 노출형태, 타기팅 옵션을 가지고 광고의 목적에 따라 더욱 세분화된 선택이 가능하다. 이를 위해서는 매체 커버리지가 높아야 하는데, ad network시장이 형성되면서 다양한 매체에 태그나 SDK를 삽입하여 하나의 시스템으로 타기팅 광고를 제어할 수 있게 되면서 그 시장이 더욱 매력적으로 확대되고 있다. 특히 리타기팅 상품은 쿠키 정보를 활용하여 광고주 사이트 방문자에게 해당 광고를 우선적으로 노출하는 것으로 고효율 상품으로 주목을 끌고 있다. 광고주의 클릭을 유도하거나 예측하고 타깃을 세분화하여 고객에 맞는 광고 상품을 노출하기도 한다. 또한 타 상품과 결합하여 신규 유저를 유치하면서 효율을 증가시키는 다양한 방식으로 집행된다.

5) 퍼포먼스 광고

퍼포먼스 광고는 노출이나 클릭 수에 의해 광고비를 책정하던 방식에서 다운로드나 회원가입 등에 대한 결과로 광고비를 정산하는 방식을 의미한다. 광고주 사이드에서 매우 유리한 광고 집행 방식이지만 진성 고객을 확보하느냐의 차원에서 논란의 소지가 있다. 그럼에도 불구하고 집행율이 높은 이유는 ROI에 대한 담보가 가능한 광고 집행 방식이기 때문이다. 또한 모바일 광고의 경우 앱스토어에서 순위를 끌어올려 주목도를 높임으로 추후 진성 고객을 확보하는 데 영향력을 미칠 수 있다고 생각하기 때문이다. 퍼모먼스 광고의 종류에는 광고 다운로드 당 광고비용과 고객 리워드를 포함하여 지불하는 CPI(Cost per Install), CPI와 매우 유사하지만 app이 실행되었을 때 광고비와 리워드를 부가하는 CPE(Cost per Execution), 회원가입, 이벤트 참여 등과 같은 DB 획득 시 광고비를 제공하는 CPA(Cost per Action)이다.

5 동영상 광고

동영상 유통, 제작 및 소비패턴에 큰 변화가 생기기 시작했다. 모바일 소셜 영상 중심으로 콘텐츠 소비 패턴이 변화함에 따라서 짧은 포맷의 스택형 영상을 선호하고 비디오로거의 영향력 증대로 1인 미디어가 급부상 하고 있다. 따라서 새로운 형태의 독자와 청중을 고려한 취재, 세로 타입의 동영상 요약 뉴스 제공 등 동영상 서비스 경쟁은 매우 치열해질 전망이다. 경쟁력 강화를 위해 플랫폼 채널에서 콘텐츠 중심으로의 변화가 필요하다. 채널 다양화로 남들과는 차별화된 채널 브랜드의 중요성과 함께 소비자의 니즈가 콘텐츠 중심으로 이동하고 있기 때문이다. 다채널 시대를 맞이하여 과거 지상파 방송국이 제공하는 한정된 콘텐츠를 일방적으로 받아들이는 소극적 자세에서 다양한 채널을 능동적으로 선택해서 즐기는 고객들이 많아지고 있다. 한 가지 콘텐츠가 성공하면 다양한 플랫폼으로 출시하는 경향인 OSMU(One Source Multi Use)가 커지고 있다.

1) 동영상 플랫폼의 변화

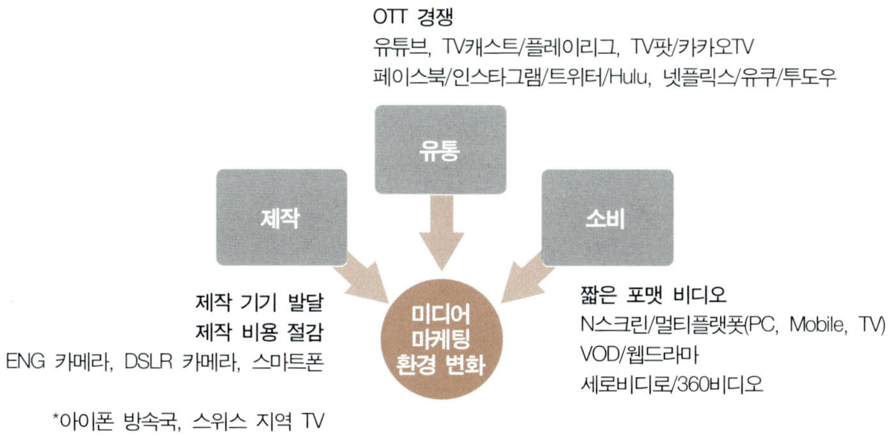

동영상은 검색만큼이나 일상적인 일이 되어 쉬는 시간, 집, 자기 전, 출퇴근길에 동영상 시청을 많이 하는 것으로 나타났다. 또한 편의성 때문에 주로 스마트폰으로 감상하며 PC나 태블릿 PC를 이용하는 경우에는 '화면의 크기'가 영향을 미치며 유투브, 페이스북, 네이버 TV캐스트 순으로 시청률이 높았다.

2) 동영상 광고 유형

네이버는 이미지 / 동영상 중심의 디스플레이 광고에서 벗어나 최근 동영상 기반의 신규서비스를 런칭하는 등 동영상 광고서비스에 주력하고 있다. 네이버의 동영상광고는 크게 동영상 확장형과 자동재생형으로 구분된다. 페이스북은 뉴스피드에서 광고 동영상이 자동재생되는 기능을 제공, 광고영상에 대한 부정적 시각을 최소화하기 위해 동영상이 재생될 때 소리는 무음으로 나타낸다.

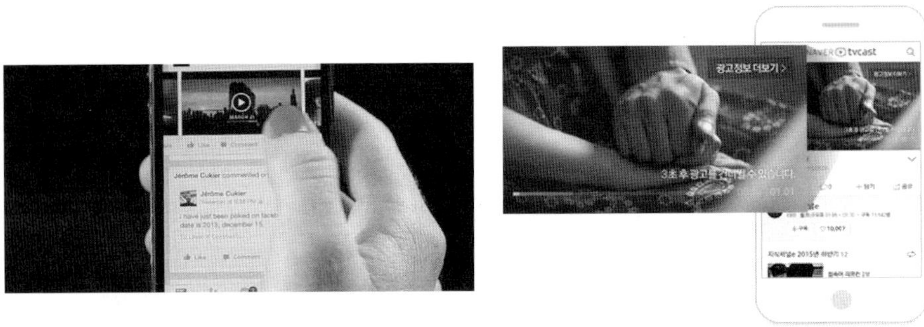

▲ 페이스북과 네이버의 동영상 광고

유튜브는 최대 동영상 광고 플랫폼이라는 명성에 걸맞게 다양한 유형의 광고를 제공하고 있어, 광고의 목적과 특성에 따라 적합한 광고형식을 선택할 수 있다.

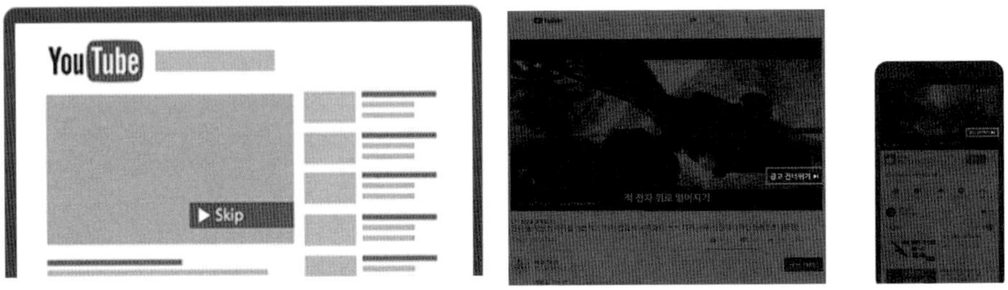

▲ 유투브

- **트루뷰 인스트림**: 가장 대표적인 유튜브 광고 상품으로, 영상 시청 전과 중간에 '5초 건너뛰기' 버튼과 함께 노출, 영상 옆에 이미지/비디오 컴패니언 배너를 추가하여 영상이 끝나도 지속적으로 광고를 노출할 수 있고 모바일의 경우 영상 하단에 앱 설치를 유도하는 배너를 노출할 수 있다. 유저의 시청시간 또는 클릭에 따라 비용이 발생한다.
- **범퍼 광고**: 6초 동안 건너뛸 수 없는 광고가 노출된다. 광고 재생시간이 짧아 거부감이 적고 비용대비 많은 광고 노출량을 확보한다.
- **트루뷰 동영상 검색 광고**: 유튜브 검색 결과, 시청 페이지의 추천 영상에 노

출되는 광고 상품, 영상을 시청할 의도가 있는 유저들이 클릭하기 때문에 일반적으로 시청시간이 길다. 클릭 시 이동되는 시청페이지에서 좋아요, 구독하기 등 다양한 engagement를 유도 가능하며, 클릭 시 비용이 발생한다.

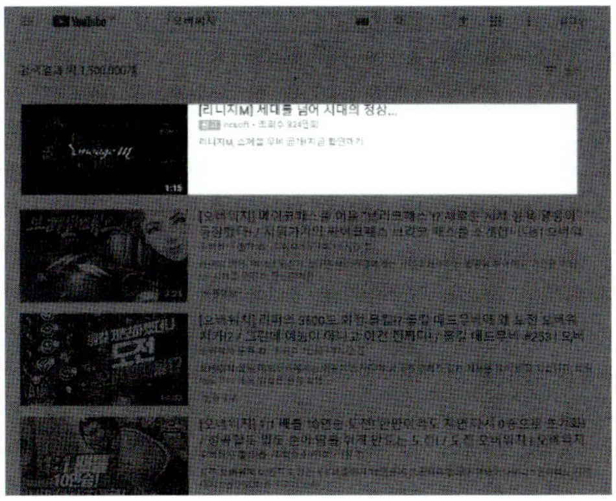

구분		광고가 실리는 콘텐츠	광고 콘텐츠의 종류	광고위치	개념
동영상 기반 광고	Linear Video ads	동영상	동영상	Pre-roll	영상이 시작하기 전에 나오는 광고
				Mid-roll	중간에 영상을 멈추고 나오는 광고
				Post-roll	영상이 끝나고 나오는 광고
	on-Linear Video ads		텍스트배너 동영상	During	영상 재생 중 하단에 배치되는 광고
				OVER	동영상 위에 마우스를 올리면 뜨는 광고
				Within	영상콘텐츠 안에 포함된 광고(PPL)
	Companion ads		텍스트배너 동영상	동영상	동영상 주변에 텍스트 배너, 스킨 형식의 광고를 배치하거나 마우스를 올리면 펼쳐지도록 함

3) 동영상 광고 집행 전략

누적 비디오 시청 시간, 타이틀, 태그, 다른 사이트에 삽입된 비디오 시간의 총합, 외부 사이트에 링크된 수, 설명 문구, 비디오 제작 시기, 스크립트 문구 등이 최적화하는 데 영향을 미친다.

지역별 성별 관심사항 주제별 키워드별 타기팅을 통해 유효 영상 조회수를 극대화 하고 영상 콘텐츠와 채널을 프로모션시킬 수 있도록 동영상 광고를 운영하는 것이 중요하다.

① **차별화된 콘텐츠**: 타깃과 전달하고자 하는 명확한 메시지를 담은 독창적인 콘텐츠의 기획 및 제작
② **높은 전환율**: 고객들이 어떠한 행동으로 이어질 수 있도록 하는 것이 중요
③ **잠재 고객 분석**: 기업의 제품 및 서비스에 대한 콘텐츠 시청, 잠재고객들을 분석하여 실제 구매와의 상환 관계 분석
④ **최적화된 노출**: 하나의 제작물로 다양한 채널을 통해 서비스할 수 있으므로 효과적으로 노출할 수 있는 운영 필요

4) 광고 효과 측정

- **노출수**: 광고가 화면의 표시 가능한 영역에 노출된 횟수
- **동영상 재생 클릭수**: 누군가 광고를 클릭하여 재생한 횟수, 이 지표는 자동 재생되는 동영상에는 제공되지 않음
- **동영상 재생 클릭수당 비용**: 광고의 결과로 발생한 동영상 재생 클릭수별 평균 비용, 이 지표는 자동 재생되는 동영상에는 제공되지 않음
- **동영상 조회**: 광고가 3초 이상 재생된 횟수
- **평균 동영상 재생 %**: 동영상 조회 시 재생된 평균 퍼센트, 동영상에 대한 총 동영상 조회 비율을 동영상이 재생된 총 횟수로 나눈 수
- **평균 동영상 재생 시간**: 사람들이 동영상을 본 평균 재생 시간, 동영상에 대한 총 동영상 조회 시간을 동영상이 재생된 총 횟수로 나눈 수
- **동영상 조회당 비용**: 동영상 재생당 평균 비용으로 지출 금액을 발생한 동영상 조회 수로 나눠 계산한 비용
- **동영상이 10초 까지 재생된 횟수**: 동영상이 10초까지 재생된 횟수, 전체 재생 시간이 10초보다 짧은 동영상의 경우 이 숫자는 동영상의 97% 분량까지 재생

된 횟수

- **동영상 10초 재생당 비용:** 동영상 10초 재생당 평균 비용으로 지출 금액을 10초 동안 발생한 동영상 조회 수로 나눠 계산한 비용
- **30초 동안 재생된 횟수:** 동영상이 30초 이상 또는 끝까지 재생될 때 둘 중 먼저 발생한 경우의 총 횟수를 표시
- **동영상이 25% / 50% / 75% / 90%까지 재생된 횟수:** 동영상이 전체 길이의 xx%까지 재생된 횟수로, 이 지점까지 건너뛴 재생 횟수도 포함

6 디지털 광고의 효과 측정

광고의 목적은 다양하고 특히 디지털 광고는 목적에 따른 다양한 집행 방식을 선택할 수 있다. 대부분의 광고주는 최소한의 집행금액으로 최대의 효과를 보고 싶은 욕구가 있으므로 가망 고객에게 노출하여 진성 유저를 확보하고자 고객이 어디에 있는지 어떻게 노출할지 효과를 극대화하기 위해서 소재에 대한 크리에티브 및 광고 메시지 전달에 많은 에너지를 쏟고 있다. 광고가 게재된 후 계약에 맞게 정상적으로 노출 및 클릭이 이루어지는지 그에 따른 전환율이 얼마나 발생하고 있는지를 트래킹하는 것은 매우 중요하고 활발히 이루어지고 있다.

1) CPM광고(Cost Per-Mill)

광고 1,000회 노출에 따른 비용을 의미하며 노출을 기준으로 광고비가 책정되어 효과에 대한 부분을 노출로 보는 것이다. CPM=1,000원이라는 이야기는 광고가 1,000회 노출될 때 1,000원의 비용이 책정된다는 뜻으로 새로운 이벤트의 알림, 브랜딩 등의 목적으로 진행하는 경우가 대부분이다. CPM광고는 노출자체만으로도 광고 효과를 얻어야 하기 때문에 CTR(Click Through Rate), 즉 노출대비 사용자가

배너를 보고 클릭하여 광고주의 사이트를 방문한 비율에 대한 지수가 매우 중요하다. CTR이 높을수록 광고 효과가 더 좋다고 평가할 수 있기 때문에 광고가 노출되는 위치, 광고 소재의 사이즈, 노출되는 방법 등에 대해서 대체로 눈에 잘 띄는 지면에 광고가 진행되는 경우가 많고 이에 따른 CPM가격이 모두 다르다.

2) CPP광고(Cost Per Period)

일정 기간 동안 광고를 노출시켜 주는 데 따른 비용 정책으로 통상 1개월이 기준인 경우가 대부분이다. CPP광고는 기간 보장형 상품으로 이해하면 되는데 일정 기간 동안 특정 위치에 노출시켜 주는 것이므로 그 기간 동안 얼마나 많은 노출이 발생하는지, 클릭이 발생하는지에 대해서는 보장해 주지 않는다. 1개월 동안 얼마의 노출이 예상되는지를 제안을 받고 진행되기에 노출 및 클릭수가 많이 가변적이지는 않다. CPP광고에도 고정형과 랜덤형이 있어서 고정형은 특정 위치에 붙박이로 한 가지의 광고만 계속 노출되는 형태이고 랜덤형은 특정 위치에 다수의 광고가 돌아가는 형태이다. 주로 광고 서버가 아직 잘 갖추어지지 않은 매체사로 어느 정도의 방문자수와 목적성을 확실하게 가진 곳에서 주로 가지고 있는 상품이다.

3) CPC광고(Cost Per Click)

광고 1회 클릭에 따른 비용이다. 광고가 노출된 후 클릭이 되어야 비용이 책정되는 방식으로 노출이 얼마가 되든지에 대해서는 과금하지 않는다. 즉 클릭을 보장하는 상품이다. CPC=1,000원인데 1,000만 원의 예산으로 광고를 집행한다면 10만 클릭을 보장해 준다는 의미가 된다. 모바일 네트워크 광고나 검색 광고에서 주로 쓰이는 방식이다. CTR이 너무 높은 지면에서는 오히려 CPM 광고가 유리할 수 있기 때문에 구매 방식을 선택할 수 있다면 광고 집행 전에 어떤 방식이 유리할지에 대한 시뮬레이션이 필요하다.

4) CPA광고(Cost Per Acquisition)

광고를 통해 획득한 고객의 DB에 따른 비용이다. CPA광고는 광고가 아무리 많이 노출되고 클릭이 되어도 과금되지 않는다. 말하자면 DB 보장형 상품이다. 만약 CPA=1만 원인데 500만 원의 예산으로 광고를 집행한다면 500개의 DB를 확보할 수 있다는 의미가 된다. 광고의 실적이 나와야만 그에 따른 비용을 지불하는 것으로 광고주 입장에서는 손해 볼 것이 없지만 매체사 입장에서는 특정 지면에 노출과 클릭이 많아도 광고 집행 금액은 매우 저조할 수 있다.

5) CPS광고(Cost Per Sales)

광고를 통해 발생되는 '매출'에 따른 비용이다. CPS 광고는 광고가 노출 및 클릭이 되어도 광고를 통해 DB확보가 되어도 그에 따른 비용을 보장하지 않는다. CPS는 매출에 따른 수수료의 비중으로 광고비를 받기 때문에 매출액의 몇 %로 계약 시 결정하여 지급한다. 일반적인 광고 모델이라고 보는 것보다는 주로 제휴 모델로 집행할 때 많이 사용되며 매체사에 입점방식, 즉 쇼핑 세션 안에 인링크 형태로 들어가서 매체사의 사이트의 일부로 여겨지게 하는 방식이 주로 많다.

6) CPI / CPE광고(Cost Per Install / Execution)

광고를 통해 발생되는 앱(app) 다운로드 수에 따라 광고를 집행하거나 다운로드 후 앱을 실행하는 것까지 집행하는 방식이다. 주로 모바일 광고에서 진행되며 두 가지 방식으로 진행되는데 다운로드를 하거나 다운로드 후 실행을 한 고객에게 리워드를 부과하느냐 부과하지 않느냐의 경우이다. 리워드를 부과할 경우 진성유저 확보가 어려울 수 있다는 단점이 있지만 app store에서 상위에 링크되어 진성유저 확보를 할 수 있는 기반이 마련된다는 장점이 있다. 또한 광고 단가가 리워드를 주지 않고 모으는 방식에 비해 단가가 저렴하고 단기간에 많은 고객을 확보하기 수월하다. 리워드가 없이 고객을 확보하는 방식은 단가는 비싸지만 진성유저를 확보할 수 있고 보장이 가능하다는 점에서 선호한다. 브랜드가 있는 광고주들의 광고 효과가 더 좋을 가능성이 높다.

7) CPVC(Cost Per View and Click)

동영상 광고의 과금 방식으로 동영상 광고를 5-15초 광고를 시청했을 때 과금하거나 혹은 광고 정보 더보기, 즉 동영상 광고를 클릭해서 광고주 사이트로 넘어갈 경우 광고비를 지불하는 방식이다. 공중파 방송 기준 15초 광고를 한 번 노출하기 위해 1회당 최소 500만~600만 원이 필요하지만 모바일 동영상 광고의 경우 50원~200원 사이에 결정되므로 TV광고 대비 매우 저렴하여 많은 광고주들이 선호하고 있다. 적은 예산으로 집행 할 수 있으므로 동영상 광고에 대한 진입장벽이 낮아짐에 집행하는 광고주 수가 늘어나고 있다.

국내 및 해외 광고 플랫폼 시장은 빠르게 발전하고 변화하고 있고 이에 따라 기술과 크리에이티브가 결합된 다양한 광고가 출현할 것으로 예상된다. 데이터를 기반으로 한 실시간 자동 인벤토리 매입 시스템으로 광고주가 해당 제품에 관심 있는 고객들에게 광고를 노출함으로 효과적인 광고 집행을 할 수 있도록 한다. 시장환경 변화에 따라 판매 방식도 변화(CPM / CPC / CPA / CPI, CPE) 등으로 광고 효율을 측정하는 지표나 방식도 많이 달라지고 있다. 특정 웹사이트나 앱에 방문한 사용자가 그 안에 얼마나 머물렀다 가는지 체류시간으로 측정하는 D.T(Duration Time)이나 방문한 사용자가 바로 웹사이트나 앱을 떠난 비율을 측정한 이탈률(Bounce Rate)에 대한 측정도 기업 내부적으로 진행되고 확대되고 있다.

매체 관리가 다양해지고 기술이 발전함에 따라 정확한 광고 측정이 가능한 매체부터 IPTV, TV, 옥외 등 정확한 측정이 어려운 분야까지 통합적으로 분석 가능한 플랫폼으로의 발전이 예상된다. 해외 시장해서는 Programmatic buying을 통한 디지털 광고 구매가 점차 증가하며 국내 시장도 DA, 모바일, 동영상 등 그 분야가 점차 확장되고 있다. 특히 DSP, SSP 플랫폼의 영향력 확대를 위해 많은 양질의 광고주와 매체 확보에 지속적인 시간 투자가 필요하다. RTB(Real Time Bidding)방식으로 실시간 거래 방식이 증가함에 따라 실시간 구매에 활용 가능한 광고 효과 분석 및 입찰 비용 데이터의 정확성을 높이려는 작업도 함께 진행되고 있다. 다양한 콘텐츠 및 크리에이티브를 수용할 수 있는 네이티브 광고, 3D, VR광고로의 확대도 기대해 볼만 하다.

그러나 무엇보다 중요한 것은 광고가 고객에게 피하고 싶은 광고가 아닌 자발적인 참여를 일으킬 수 있는 재미와 유용한 정보를 디지털 요소와 함께 결합하여 기술이 발전하는 만큼 거대한 디지털 광고 생태계 안에서 친소비자적인 광고 에코시스템을 구축하는 것이 필요하다고 본다.

필수용어

- **네이티브 광고(native ad):** 해당 웹사이트에 맞게 고유한 방식으로 기획 및 제작된 광고를 말한다. 기존 광고와는 달리 웹사이트 이용자가 경험하는 콘텐츠 일부로 작동하여 기존 광고보다 사용자의 관심을 적극적으로 끄는 형식을 사용한다.
- **애드네트워크(ad network):** 광고매체 웹사이트를 모아서 광고 전송 시스템을 만들고 하나의 플랫폼에서 광고 크리에이티브를 등록하고 광고 송출을 제어할 수 있게 만든 광고로 수주, 게재, 리포트가 하나로 이루어 질 수 있다. 매체사에서도 광고 인벤토리를 효율화하여 사용할 수 있고 광고주에서도 다양한 사이트에 한꺼번에 나갈 수 있다는 장점을 가지고 있다.
- **애드익스체인지(ad exchange):** 여러 애드네트워크의 인벤토리를 비딩 방식으로 사고 팔수 있는 기능을 하는 플랫폼이다. DSP나 SSP와 연동되어 사용되어 매체에게는 거래채널로 광고주에게는 통합 인벤토리 제공으로 사용되어 진다.
- **행동타기팅 광고(Behavior Targeting ad):** 유저가 방문한 사이트의 페이지 정보(행동이력)을 기반으로 유저의 관심기반하에 세분화하여 광고하는 광고를 말한다. 대표적으로 리타겟팅 광고가 있다.
- **리타기팅 광고(Re-Targeting ad):** 유저가 한 번 방문한 사이트 혹은 한 번 클릭한 컨텐츠의 이력을 가지고 광고전송을 하는 광고로 일반적으로 높은 효율을 보여줌

참고문헌

김영호 (2008). 인터넷 관광정보론. 서울: 남두도서.

김은환, 백금란, 민소연 (2014). 정보통신과 컴퓨터 네트워크. 서울: 북스홀릭퍼블리싱.

김재석 (2008). 디지털관광론. 서울: 새로미.

노규성 외 (2013). 전자상거래. 파주: 생능.

문화재청 (2014). 사물인터넷(IoT)을 이용한 문화유산 관광안내서비스 구축 제안요청서.

미래전략정책연구원 (2016). 10년 후 4차 산업혁명의 미래. 서울: 일상이상.

박세환 (2014). 사물인터넷 핵심기술 및 시장성분석. ICT기획시리즈. 정보통신산업진흥원.

보안기술연구팀 (2017). 국내 · 외 블록체인 기반 사물인터넷 동향. 금융보안원.

소상공인시장진흥공단 (2018). 상권정보시스템 홍보자료.

손대현 외 (2009). 관광산업론. 파주: 형설출판사.

송명규, 하은실, 이상건 (2008). 정보통신 네트워크. 서울: 한산.

신현석, 정우진 (2012). 글로벌 트렌드 클라우드 컴퓨팅 지속성장을 위한 혁신 솔루션. 서울: 지앤선.

오세현, 김종승 (2018). 블록체인노믹스. 서울: 한국경제신문.

원유석 (2014). 호텔기업의 정보시스템. 파주: 대왕사.

이봉규 외 (2018). 대한민국ICT의 미래 어떻게 준비할 것인가. 서울: 한울아카데미.

이상문 외 (2013). 경영정보시스템. 파주: 형설출판사.

이승엽 (2012). 스마트TV앱 관련 주요 사업자 동향 및 시장 활성화의 저해요인 분석. 한국방송통신전파진흥원.

이웅규 외 (2015). 관광정보시스템론. 파주: 대왕사.

이정희 외 (2012). 관광정보론. 서울: 새로미.

이헌주, 김화숙 (2018). 가상 · 증강현실 기술 및 산업 동향. 정보통신기술진흥센터.

인더스트리포커스 (2018). 지능형 IOT, 딜로이트컨설팅.

임정선 (2015). IoT-가속화되는 연결의 빅뱅과 플랫폼 경쟁의 서막, 2015 ICT 10대 주목이슈. KT 경제경영연구소, Special Report.

장원규, 이성협 (2013). 국내외 사물인터넷 정책 및 시장동향과 주요 서비스 사례. 방송 · 통신 · 전파, 64.

전자공학회지 (2016). 사물인터넷기술.

정경수 외 (2012). 인터넷시대의 정보시스템. 서울: 이프레스.
정석찬 외 (2012). e비즈니스의 이해. 파주: 생능.
정석찬, 배혜림, 이무봉, 박성제 (2015). 스마트경영 시대의 e-비즈니스 이해. 파주: 생능.
정준화 (2017). 클라우드 컴퓨팅의 현황과 과제. 국회입법조사처 NARS, 313.
정호진 (2016). 항공예약실무. 서울: 한올출판사.
조남재 외 (2018). 호텔경영의 이해. 파주: 형설출판사.
최기종, 박상현, 김영갑, 문승일 (2011). 관광정보론. 서울: 백산출판사.
최윤철, 한탁돈, 임순범 (2016). 컴퓨터와 IT기술의 이해. 파주: 생능
크로스테크랩 (2019). ICT트랜드. 서울: 한스미디어.
한국보건산업진흥원 (2017). 헬스케어에 활용되는 10가지 IoT기술.
한국통신전파학회 (2014). 무선 센서 네트워크 기반 IoT를 위한 통신 기술.
함유근 (2016). 이것이 빅데이터 기업이다. 삼성경제연구소.
함유근, 채승병 (2013). 빅데이터 경영을 바꾸다. 삼성경제연구소.
허정봉 외 (2008). 관광경영정보의 이해. 파주: 대왕사.
Berger, R. (2017). 4차산업혁명 이미 와 있는 미래. 김정희, 조원영 공역. 다산북스.
Schatsky, D., Muraskin, C., & Gurumurthy, R. (2015). Cognitive technologies: The real opportunities for business. *Deloitte Review, 16*.
Schwab, K. (2016). 클라우드 슈밥의 제4차산업혁명. 송경진 옮김. 서울: 새로운 현재.
Sheldon (1997). *Tourism Information Technology*. NY: CAB International.
Walsh, T. (2018). AI의 미래 생각하는 기계. 이기동 옮김. 서울: 도서출판 프리뷰.

경향신문 (2019. 1. 3.). 호텔서비스도 인공지능(AI)이 한다.
http://sports.khan.co.kr/bizlife/sk_index.html?art_id=201901030301003&sec_id=561050&pt=nv에서 검색.
뉴스핌 (2018. 12. 26.). [2019년 중국 대예측] '종이 신문 광고 짜이젠' 불황에도 모바일 디지털 광고는 폭발성장.
http://www.newspim.com/news/view/20181226000191에서 검색.
디지털데일리 (2017. 9. 12.). KT 빅데이터 기반 관광분석솔루션, GS인증 획득.
http://www.ddaily.co.kr/news/article.html?no=160153에서 검색.
매일경제 (2018. 9. 3.). "오프라인 희망 없다… 살길은 모바일" 유통업계 최후의 전쟁.
http://news.mk.co.kr/newsRead.php?year=2018&no=555002에서 검색.
머니투데이 (2018. 8. 21.) 외식 상권지도 제작, 성공 창업 지름길 안내.
http://news.mt.co.kr/mtview.php?no=2018081714393199950에서 검색.

비즈니스포스트 (2018. 11. 11.). 대한항공 아시아나항공 제주항공, 4차 산업혁명 바람 타기 분주. http://www.businesspost.co.kr/BP?command=article_view&num=102038에서 검색.

빛을 보는 여행 (2015. 12. 12). 빛을 보는 여행이란. [인터넷 블로그]. http://blog.naver.com/lightseeing에서 검색.

삼성뉴스룸 (2014. 1. 6.). 삼성전자, CES서 '삼성 스마트 홈' 닻 올린다. https://news.samsung.com/kr/?p=163803에서 검색.

이뉴스투데이 (2018. 12. 31.). DIY 패키지 · 유트래블 시대… 2019년 해외여행 7대 트렌드 예측. http://www.enewstoday.co.kr/news/articleView.html?idxno=1258769에서 검색.

이투데이 (2017. 7. 21.). 일본 호텔업계, '로봇 · AI' 최첨단 IT기술로 인력난 타개. http://www.etoday.co.kr/news/section/newsview.php?idxno=1517637에서 검색.

전자신문 (2018. 7. 18.). KT-KT에스테이트, 국내 첫 'AI 호텔' 공개, 리조트 · 병원 등으로 확대. http://www.etnews.com/20180718000222에서 검색.

중앙일보 (2017. 1. 13.). 야놀자 프랜차이즈, 직 · 가맹점 120호점 돌파. https://news.joins.com/article/21118339에서 검색.

파이낸셜뉴스 (2018. 10. 4.). 서울시 관광체육국장 "서울, 세계 최고 관광도시 만들 것". http://www.fnnews.com/news/201810041705549410에서 검색.

한겨레 (2017. 3. 1.). 인공지능+사물인터넷, 스마트홈의 미래 보여준 MWC.

한국경제 (2018. 12. 30.). 2022년까지 AI · 빅데이터, 클라우드 정보화사업 비중 21→35% 확대. http://news.hankyung.com/article/201812305192Y에서 검색.

한국경제 매거진(2018. 9. 12). 빅데이터 시대의 무선통신 '라이파이'. http://magazine.hankyung.com/business/apps/news?popup=0&nid=01&c1=1013&nkey=2018091001189000071&mode=sub_view에서 검색.

한국일보 (2017. 5. 2.). 여행 판도 바꾸는 앱…2년 새 다운로드 50% 증가. http://www.hankookilbo.com/News/Read/201705021186200442에서 검색.

호텔앤레스토랑 매거진 (2015. 7. 28). 호텔 프린스가 선보이는 PMS-Cody, the Manager. https://blog.naver.com/hoteltrend/220433570676에서 검색.

CIO (2014. 11. 13.). 구글 고(Go)의 위력을 입증하는 오픈소스 프로젝트 10가지. http://www.ciokorea.com/slideshow/22991#csidx03c0c5d6ae699c7b34604bf523473ae에서 검색.

coroko (2011. 8. 27.). 클라우드 컴퓨팅이 '그린' 클라우드 컴퓨팅. https://ecoroko.tistory.com/615에서 검색.

Dodd, A. Z. (2007). 최신 정보통신 네트워크. 이종락, 김정곤, 김평수 공역. 아이티씨 http://www.hani.co.kr/arti/economy/it/784699.html#csidx9f78b3852b24ba6ba75c70d2871c61f에서 검색.

IT korea It times (2014. 9. 3.). LG전자, 진일보한 스마트 홈 서비스 선보인다. http://www.koreaittimes.com/news/articleView.html?idxno=40343에서 검색.

ITworld (2015. 2. 27.). 마이크로소프트, "사물 인터넷과 빅데이터의 본질은 같다". http://www.itworld.co.kr/news/92073에서 검색.

ITworld (2017. 10. 24.). 2018년에 대비해야 할 클라우드 컴퓨팅 트렌드 5가지. http://www.itworld.co.kr/t/34/%ED%81%B4%EB%9D%BC%EC%9A%B0%EB%93%9C/106880#csidxc72a286b7b5ddefaacf5ae7bcce29be에서 검색.

ITworld (2018. 1. 16.). 20돌 맞은 오픈소스의 현주소와 미래 방향. http://www.itworld.co.kr/news/107891#csidx8edd89ada3dd3bca5935686ce8b3763에서 검색.

IT조선 (2018. 12. 19.). 기술윤리가 글로벌 경제 좌우하는 세상…"AI 기술 규제 공론화 필요". http://it.chosun.com/site/data/html_dir/2018/12/19/2018121902070.html 에서 검색.

IT조선 (2019. 2. 11.). '100조 시대' 이커머스 시장 누가 잡을까…쿠팡 · 네이버 '주목'. http://it.chosun.com/site/data/html_dir/2019/02/11/2019021100324.html에서 검색.

naleejang (2013. 12. 19.). 클라우드가 뭐지? https://naleejang.tistory.com/89에서 검색.

Platum (2018. 4. 24.). 사용자가 극찬하는 해외여행 가이드앱. https://platum.kr/archives/98968에서 검색.

ZDnet (2017. 9. 4.). NBP, 국내 의료 · 관광 사업에 클라우드 제공. http://www.zdnet.co.kr/view/?no=20170904111626에서 검색.

[인터넷 사이트]

관광지식시스템(http://tour.go.kr).

노랑풍선여행사(http://www.ybtour.co.kr)

보령머드축제(http://www.mudfestival.or.kr)

스카이스캐너(https://www.skyscanner.co.kr)

아난타라 호텔앤리조트(https://www.anantara.com).

아시아나세이버(https://www.asianasabre.co.kr/Product/workspace).

알타미라 국립박물관 이미지 연구센터(https://www.culturaydeporte.gob.es).

오라클(https://www.oracle.com).
토파스 페이지(https://www.topasweb.com).
트래피아(http://www.trapia.co.kr).
하나투어(http://www.hanatour.com).
하나투어(http://www.hanatourcompany.com/asp/biz/online/manager.asp).
호텔스컴바인(https://www.hotelscombined.co.kr).
dezeen(https://www.dezeen.com).
Engadget(https://www.engadget.com)
infineon(https://www.infineon.com).
Virgin Galactic(https://www.virgingalactic.com).

찾/아/보/기

저/자/약/력

박상현

■ 경력: 한양사이버대학교 관광호텔경영학과 교수
마르퀴즈 후즈후 세계인명사전 등재(2018, 2019)
뉴질랜드 Waikato University 방문학자(Visiting Scholar)
일본 立命館アジア太平洋大学(APU) 객원연구원(Visiting Research Fellow)
문화체육관광부 축제 평가위원
고용노동부 직업능력개발훈련사업 심사평가위원
한국관광공사 평가 및 자문위원
한국관광학회 이사
NCS 국가직무능력표준 집필위원, 검토위원, 개선위원

■ 학력: 한양대학교 일반대학원 관광학과 박사
한양대학교 일반대학원 관광학과 석사

■ 저서: 관광학개론, CRS항공예약업무, Tourism English A to Z 등

■ 논문: 관광지 웹사이트에서의 플로우(FLOW) 선행변수와 결과변수에 관한 연구, (SSCI) A Study of the Negotiation Factors for Korean Tourists Visiting Japan Since the Fukushima Nuclear Accident Using Q-methodology 외 다수

문승일

■ 경력: 한양대학교 호스피탈리티 아카데미 교수
한양대학교 관광연구소 책임연구원
안양대학교 관광경영학과 겸임교수
베니키아(BENIKEA) 호텔운영본부 웹마스터 / e-business 실장
고려대학교 의과대학 여행의학 수료
한국호텔관광학회 이사
한국산학기술학회 이사
한국호텔외식경영학회 이사
경찰청 인터넷 명예경찰관
무선종사자 국가자격

■ 학력: 한양대학교 일반대학원 관광학과 박사수료
한양대학교 일반대학원 관광학과 석사

■ 저서: 관광학개론, 관광정보론, 호텔경영의 이해, 외식사업 성공하기 등

■ 논문: 환경 친화적인 호텔 객실 속성에 관한 연구, 외식산업진흥을 위한 관련 법률 제정의 타당성에 대한 입법학적 연구, 의료관광 활성화를 위한 제도적 개선 방안에 관한 연구 외 다수

서민정

- **경력:** 한양대학교 국제관광대학원 겸임교수
  한양사이버대학교 호텔관광경영학과 강의교수
  The University of Manchester Metropolitan, UK, Visiting Researcher
  SK Planet Marketing Technology 사업본부 팀장
  Microsoft Consumer & On-line 사업본부 부장
  Daum Communication e-Marketing 사업본부 실장
- **학력:** 한양대학교 대학원 관광학과 박사, 한양대학교 국제관광대학원 석사
- **논문:** 인터넷 마케팅의 심리적 광고효과 분석, 웹서비스 질이 브랜드인지도에 미치는 영향, 노년층의 인터넷 여가 유형 연구, 국내 저가 항공사 발전방향연구 외 다수

관광경영정보시스템과 e-Business

초판발행 2019년 3월 5일 1판 **1쇄 인쇄** | 2019년 3월 10일 1판 **1쇄 발행**

지은이 박상현 문승일 서민정
펴낸이 최용구 | **펴낸곳** 도서출판 **이프레스**
주소 (04316) 서울시 용산구 원효로 89길 19(원효로1가)
전화 02) 537-1720(영업부), 537-1721(편집부), 537-1711(팩스)
이메일 epress01@naver.com | **홈페이지** www.epress1.com
등록 2009년 12월 10일 제16-2710호
기획마케팅 최용구 장만동 송대용 최충구 | **책임편집** 석기은 황가연 | **표지** SDY

ISBN 979-11-87570-41-7 93980
정가 20,000원